2022

기출

기출을 보면
합격이 보인다.

비
(旣습)

기출문제집

9급 군무원

행정학

군무원시험편집부 편저

15
개년

예문사

군무원이란

● **의의**

군 부대에서 군인과 함께 근무하는 공무원으로서 신분은 국가공무원법상 특정직 공무원으로 분류된다.

● **근무처**

국방부 직할부대(정보사, 기무사, 국통사, 의무사 등), 육군 · 해군 · 공군본부 및 예하부대

● **종류**

▶ 일반군무원

– 기술 · 연구 또는 행정일반에 대한 업무담당

– 행정, 군사정보 등 46개 직렬

– 계급구조 : 1~9급

▶ 전문군무경력관

– 특정업무담당

– 교관 등

– 계급구조 : 가군, 나군, 다군

▶ 임기제군무원

● **직렬별 주요 업무내용**

직군	직렬	업무내용
행정(6)	행정	– 국방정책, 군사전략, 체계분석, 평가, 제도, 계획, 연구업무 – 일반행정, 정훈, 심리업무 – 법제, 송무, 행정소송업무 – 세입 · 세출결산, 재정금융 조사분석, 계산증명, 급여업무 – 국유재산, 부동산 관리유지 · 처분에 관한 업무
	사서	– 도서의 수집 · 선택 · 분류 · 목록작성 · 보관 · 열람에 관한 업무
	군수	– 군수품의 소요 · 조달, 보급 · 재고관리, 정비계획, 물자수불(청구, 불출) 업무 – 물품의 생산 · 공정 · 품질 · 안전관리 · 지원활용 등 작업계획, 생산시설 유지, 생산품 처리 업무
	군사정보	– 주변국 및 대북 군사정보 수집, 생산관리, 부대전파 및 군사보안 업무
	기술정보	– 외국정보 및 산업, 경제, 과학기술 정보의 수집, 생산관리 보안 업무 – 정보용 장비, 기기 등에 의한 정보수집 업무
	수사	– 범죄수사, 비위조사, 범죄예방, 계몽활동 등에 관한 업무

※ 그 외 시설, 정보통신, 공업, 함정, 항공, 기상, 보건 직군별 직렬의 업무내용 생략

군무원 시험 정보

● 2021년 공개경쟁채용일정(참고용)

원서접수	응시서류 제출	서류전형 합격자 발표	필기시험 계획 공고	필기시험	필기시험 합격자 발표	면접시험	합격자 발표
5.7(금) ~5.12(수)	※ 해당없음		7.9(금) + 장소/ 시간 동시 안내	7.24(토)	8.20(금) + 면접계획 동시안내	9.6(월) ~10.7(목)	10.14(목)

※ 시험장소 공고 등 시험시행관련 사항은 국방부채용관리홈페이지(http://recruit.mnd.go.kr/main.do)공지사항을 참조하세요.
※ 상기일정은 시험주관기관의 사정에 따라 변경될 수 있으며, 변경 시 사전공지 합니다.

● 결격사유
 – 대한민국의 국적을 가지지 아니한 사람
 – 대한민국 국적과 외국 국적을 함께 가지고 있는 사람
 – 「국가공무원법」 제33조 각 호의 어느 하나에 해당하는 사람

● 공개경쟁채용 시험과목(영어는 영어능력검정시험으로, 한국사는 한국사검정능력시험으로 대체)

직군	직렬	계급	시험과목
행정	행정	5급	국어, 행정법, 행정학, 경제학, 헌법
		7급	국어, 행정법, 행정학, 경제학
		9급	국어, 행정법, 행정학
	사서	5급	국어, 자료조직론, 도서관경영론, 정보학개론, 참고봉사론
		7급	국어, 자료조직론, 도서관경영론, 정보봉사론
		9급	국어, 자료조직론, 정보봉사론
	군수	5급	국어, 행정법, 행정학, 경제학, 경영학
		7급	국어, 행정법, 행정학, 경영학
		9급	국어, 행정법, 경영학
	군사정보	5급	국어, 국가정보학, 정보사회론, 정치학, 심리학
		7급	국어, 국가정보학, 정보사회론, 심리학
		9급	국어, 국가정보학, 정보사회론
	기술정보	5급	국어, 국가정보학, 정보사회론, 정보체계론, 암호학
		7급	국어, 국가정보학, 정보사회론, 암호학
		9급	국어, 국가정보학, 정보사회론
	수사	5급	국어, 형법, 형사소송법, 행정법, 교정학
		7급	국어, 형법, 형사소송법, 행정법
		9급	국어, 형법, 형사소송법

- **시험 출제수준**
  - 5급 이상 : 정책의 기획 및 관리에 필요한 능력·지식을 검정할 수 있는 정도
  - 6~7급 : 전문적 업무수행 능력·지식을 검정할 수 있는 정도
  - 8~9급 : 업무수행에 필요한 기본적 능력·지식을 검정할 수 있는 정도

- **영어능력검정시험 기준점수**

시험 종류		응시계급별 기준점수		
		5급	7급	9급
토익 (TOEIC)	기준점수	700점 이상	570점 이상	470점 이상
	청각장애	350점 이상	285점 이상	235점 이상
토플 (TOEFL)	기준점수	PBT 530점 이상 CBT 197점 이상 IBT 71점 이상	PBT 480점 이상 CBT 157점 이상 IBT 54점 이상	PBT 440점 이상 CBT 123점 이상 IBT 41점 이상
	청각장애	PBT 352점 이상 CBT 131점 이상	PBT 319점 이상 CBT 104점 이상	PBT 292점 이상 CBT 82점 이상
텝스 (TEPS) (2018.5.12. 전에 실시 된 시험)	기준점수	625점 이상	500점 이상	400점 이상
	청각장애	375점 이상	300점 이상	240점 이상
新텝스 (新TEPS) (2018.5.12. 이후에 실시 된 시험) 新텝스	기준점수	340점 이상	268점 이상	211점 이상
	청각장애	204점 이상	161점 이상	127점 이상
지텔프 (G-TELP)	기준점수	Level 2 65점 이상	Level 2 47점 이상	Level 2 32점 이상
플렉스 (FLEX)	기준점수	625점 이상	500점 이상	400점 이상
	청각장애	375점 이상	300점 이상	240점 이상

※ 듣기점수 적용 제외 청각장애 대상 범위 안내
  - 두 귀의 청력손실 80dB 이상(기존 청각장애 2·3급)인 사람
  - 두 귀의 청력손실 60dB 이상이면서 두 귀에 들리는 보통 말소리의 최대 명료도가 50% 이하인 사람

● 한국사능력시험 응시 계급별 기준등급

시험의 종류	기준등급	
	7급 응시	9급 응시
한국사능력검정시험	3급 이상	4급 이상

※ 2020년 5월 이후 한국사능력검정시험 급수체계 개편에 따른 시험 종류의 변동(초 · 중 · 고급 3종 → 기본 · 심화 2종)과 상
관없이 기준(인증)등급을 그대로 적용함

● 채용절차

공개경쟁채용	필기시험(1차) ⇒ 면접시험(2차)
경력경쟁채용	서류전형(1차) ⇒ 필기시험(2차) ⇒ 면접시험(3차) ※ 필기시험 합격자 일부직위는 연구강의 또는 실기평가 병행 ※ 연구강의 또는 실기평가 합격자에 한해 면접시험 응시 가능

● 합격자 결정

서류전형 (경력경쟁채용 응시자)	응시요건 구비 여부 심사하여 합격, 불합격으로 판정
필기시험 (공개경쟁채용시험 응시자, 경력경쟁채용 응시자)	필기시험 성적순으로 선발예정인원의 1.5배수(150%) 범위 내 ※ 단, 선발예정인원이 3명 이하인 경우, 선발예정인원에 2명을 합한 인원의 범위 ※ 합격기준에 해당하는 동점자는 합격처리함
면접시험 (필기시험 합격지)	• 평가요소 　– 군무원으로서의 정신자세　　　　– 전문지식과 그 응용능력 　– 의사표현의 정확성 · 논리성　　　– 창의력 · 의지력 · 발전 가능성 　– 예의 · 품행 · 준법성 · 도덕성 및 성실성 * 7급 공개경쟁채용시험 응시자는 개인발표 후 개별면접 순으로 진행
합격자 결정	필기시험 점수(50%)와 면접시험 점수(50%)를 합산하여 높은 점수를 받는 사람 순으로 최종합격자를 결정

※ 이후 '신원조사'와 '공무원채용신체검사'에서 모두 '적격' 판정을 받은 사람을 최종합격자로 확정

도서의 활용

| 문제편 |

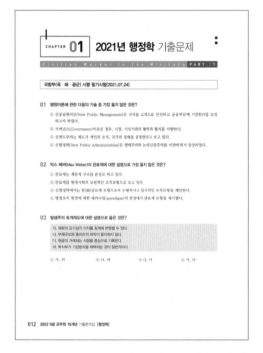

- 2021~2007년 15개년 기출문제를 최대한 실제 시험과 가깝도록 복원하여 수록하였습니다.
- 기출문제를 통해 군무원 시험에 대한 실전 감각을 익힐 수 있습니다.

- 기출문제의 출제 경향 및 난이도를 반영한 실전 모의고사 3회분을 수록하였습니다.
- 실전 모의고사를 통해 시험 전 취약한 부분을 미리 파악하고 이를 대비할 수 있습니다.

- 자주 출제되는 행정원칙, 주요인물, 법령 등을 정리하였습니다.
- 마지막까지 명확한 개념 정리를 통해 학습 효과를 증대시킬 수 있도록 구성하였습니다.

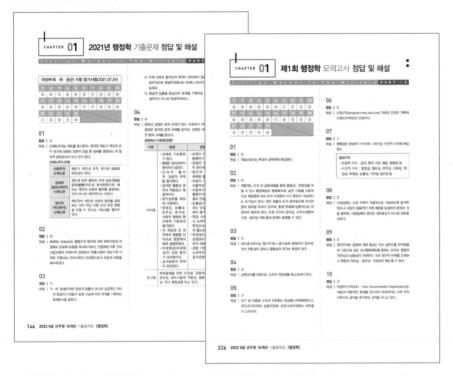

정답 및 해설편

• 정답뿐 아니라 오답에 대한 해설도 상세히 수록하여 문제를 정확하게 파악할 수 있도록 구성하였습니다.
• TIP 박스를 통해 각 문제관련 핵심정보를 추가 수록하여 이해와 암기를 동시에 할 수 있도록 하였습니다.

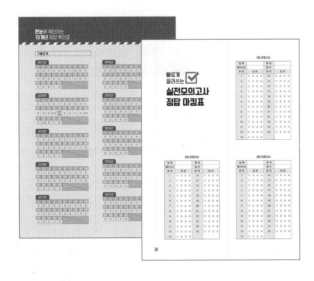

• 15개년 기출문제와 모의고사 3회분에 대한 정답 만을 수록하여 빠르고 편리하게 채점할 수 있도 록 하였습니다.
• 모의고사 3회분에 대한 OMR카드를 수록하여 최 종 마무리 점검을 할 수 있도록 구성하였습니다.

CONTENTS

📖 문제편   💡 정답 및 해설편

문제편

2022 9급 군무원 15개년 기출문제집 행정학

P / A / R / T

01

행정학 기출문제

국방부(육 · 해 · 공군) 시행 필기시험(2021.07.24)

01 행정이론에 관한 다음의 기술 중 가장 옳지 않은 것은?

① 신공공관리론(New Public Management)은 국민을 고객으로 인식하고 공공부문에 시장원리를 도입하고자 하였다.

② 거버넌스(Governance)이론은 정부, 시장, 시민사회의 협력과 협치를 지향한다.

③ 신제도주의는 제도가 개인과 조직, 국가의 성패를 결정한다고 보고 있다.

④ 신행정학(New Public Administration)은 행태주의와 논리실증주의를 비판하면서 등장하였다.

02 막스 베버(Max Weber)의 관료제에 대한 설명으로 가장 옳지 않은 것은?

① 관료제는 계층제 구조를 본질로 하고 있다.

② 관료제를 현대사회의 보편적인 조직모형으로 보고 있다.

③ 신행정학에서는 탈(脫)관료제 모형으로서 수평적이고 임시적인 조직모형을 제안한다.

④ 행정조직 발전에 대한 패러다임(paradigm)의 관점에서 관료제 모형을 제시했다.

03 발생주의 회계제도에 대한 설명으로 옳은 것은?

> 가. 재화의 감가상각 가치를 회계에 반영할 수 있다.
> 나. 부채규모와 총자산의 파악이 용이하지 않다.
> 다. 현금이 거래되는 시점을 중심으로 기록한다.
> 라. 복식부기 기장방식을 채택하는 것이 일반적이다.

① 가, 라   ② 나, 라   ③ 나, 다   ④ 가, 다

04 행정과 경영의 유사점에 대한 설명으로 가장 옳지 않은 것은?

① 행정과 경영은 어느 정도 관료제적 성격을 지니고 있다.

② 행정과 경영은 관리기술이 유사하다.

③ 행정과 경영은 목표는 다르지만 목표달성을 위한 수단으로 작동한다.

④ 행정과 경영은 비슷한 수준의 법적 규제를 받는다.

05 행정이념에 대한 설명으로 가장 옳지 않은 것은?

① 행정이념은 절대적인 것이 아니라 시대적 상황과 정치체제에 따라 변할 수 있다.

② 능률성은 투입 대비 산출의 비율을, 효과성은 목표의 달성도를 나타내는 개념이다.

③ 행정의 민주성은 대외적으로 국민 의사를 존중하고 수렴하며 대내적으로 행정조직을 민주적으로 운영한다는 두 가지 측면을 가지고 있다.

④ 수평적 형평성이란 동등하지 않은 것을 서로 다르게 취급하는 것, 수직적 형평성이란 동등한 것을 동등하게 취급하는 것을 의미한다.

06 신공공관리에 대한 설명으로 가장 옳지 않은 것은?

① 신공공관리는 전통적이고 관료적인 관리방식을 개혁하기 위해 1980년대부터 진행된 개혁프로그램이다.

② 신공공관리는 정부의 크기와 관계없이 시장 지향적인 효율적인 정부를 만들 수 있는 개혁방안에 관심을 갖는다.

③ 시장성 테스트, 경쟁의 도입, 민영화나 규제 완화 등 일련의 정부개혁 아이디어가 적용된다.

④ 신공공관리 옹호론자들은 기존 관료제 중심의 패러다임을 대체할 수 있는 새로운 패러다임이 될 수 있다고 주장한다.

07 구성원에 대한 동기부여는 미충족 시 불만이 제기되는 요인(불만요인)의 충족과 함께 적극적으로 동기를 자극하는 요인(동기요인)이 동시에 충족되었을 때 가능하다고 주장한 학자로 옳은 것은?

① F. Herzberg

② C. Argyris

③ A. H. Maslow

④ V. H. Vroom

08 행정현상에 대한 접근방법의 설명으로 가장 옳지 않은 것은?

① 과학적 방법은 동작연구, 시간연구 등에서 같이 행정현상에 존재하는 규칙성을 찾아내 보편타당한 법칙성을 도출하는 데 가장 유용한 방법이다.

② 생태론적 접근방법은 행정변수 중에서 특히 환경변화와 사람의 행태를 연구대상으로 한다.

③ 역사적 접근방법과 법적 · 제도적 접근방법은 제도와 구조에 보다 초점을 맞춘 것으로 볼 수 있다.

④ 시스템적 방법의 장점은 시스템을 이루는 부분들 각각의 기능과 부분간 유기적 상호작용을 잘 이해할 수 있다는 데 있다.

09 정책에 대한 설명으로 가장 옳지 않은 것은?

① 정책은 행정학의 발달과정에 있어 통치기능설과 관계가 있다.

② 정책은 공정성과 가치중립성(value-free)을 지향한다.

③ 정책은 행정국가화 경향의 산물이다.

④ 정책은 정부실패의 원인이 될 수 있다.

10 우리나라 공직자윤리법에 규정된 내용에 해당하지 않는 것은?

① 주식백지신탁
② 퇴직공직자의 취업제한
③ 선물신고
④ 상벌사항 공개

11 정책결정의 장에 대한 이론 설명으로 가장 옳지 않은 것은?

① 다원주의는 소수의 개인이나 집단이 아니라 다수의 집단이 정책결정의 장을 주도하고 이들이 정치적 조정과 타협을 거쳐 도달한 합의가 정책이 된다고 본다.

② 엘리트주의는 대중에게 영향력을 행사할 수 있는 위치에 있는 소수의 리더들에 의해서 정책결정이 지배된다고 본다.

③ 정책결정에서 정부의 역할을 줄이고 이익집단과의 상호협력을 보다 중시하는 이론이 조합주의이다.

④ 철의 삼각(iron triangle) 논의는 정부관료, 선출직 의원, 그리고 이익집단의 3자가 장기적이고 안정적이며 우호적인 연합을 형성하면서 정책결정을 지배하는 것으로 본다.

12 리더십에 대한 설명으로 가장 옳지 않은 것은?

① 리더십에 있어 자질론적 접근은 리더가 만들어지기보다는 특별한 역량을 타고나는 것임을 강조한다.

② 민주형 리더십은 권위와 최종책임을 위임하며 부하가 의사결정에 참여하도록 하는 쌍방향 의사전달의 특징을 지닌다.

③ 리더십에 있어 경로-목표모형은 리더의 행태가 어떻게 조직원으로 하여금 목표를 달성시키도록 하는 리더십 효과로 이어지는지를 설명해준다.

④ 상황론적 관점에서 보면 부하의 지식이 부족하고 공식적 규정이 마련되어 있지 않은 과업환경에서는 지원적 리더십보다 지시적 리더십이 보다 부하의 만족을 높이고 효과적일 수 있다.

13 조직형태나 구조에 대한 설명으로 가장 옳지 않은 것은?

① 학습조직은 시스템적 사고에 의한 유기적, 체제적 조직관을 바탕으로 한다.

② 네트워크 조직에서는 서비스나 재화의 생산과 공급, 유통 등을 서로 다양한 조직에서 따로 수행한다.

③ 매트릭스 구조는 기능구조와 계층구조를 결합시킨 이원적 형태이다.

④ 가상조직은 영구적이라기보다는 잠정적이고 임시적 조직으로 볼 수 있다.

14 참여적(민주적) 관리와 가장 관련이 없는 것은?

① ZBB(영기준예산)   ② MBO(목표에 의한 관리)

③ 브레인스토밍(brainstorming)   ④ PPBS(계획예산)

15 계급제와 직위분류제에 대한 설명으로 가장 옳지 않은 것은?

① 계급제는 사람의 자격과 능력을 기준으로 분류하는 것이다.

② 직위분류제는 사람이 맡아 수행하는 직무와 그 직무수행에 수반되는 책임을 기준으로 하는 것이다.

③ 직위분류제는 전체 조직업무를 체계적으로 분업화하고 한 사람의 적정 업무량을 조직상 위계에서 고려하는 구조중심의 접근이다.

④ '동일업무에 대한 동일보수'라는 보수의 형평성 요구가 직위분류제의 출발을 촉진시켰다고 할 수 있다.

16 인사행정제도에 대한 설명으로 가장 옳지 않은 것은?

① 공직충원의 개방성을 확대하면 직업공무원제 확립에 보다 더 기여할 수 있다.

② 계급제는 직위분류제에 비해 인적자원의 탄력적 활용이 용이하다.

③ 엽관주의는 행정의 민주성을 강화하는 측면도 있다.

④ 대표관료제는 출신집단의 가치와 이익을 정책 과정에 반영시킬 수 있다는 전제에서 출발한다.

17 예산과정 중에서 재정민주주의(fiscal democracy)와 가장 관련이 깊은 것은?

① 예산심의
② 예산집행
③ 회계검사
④ 예비타당성조사

18 예산제도에 대한 설명으로 가장 옳은 것은?

① 성과주의 예산제도는 업무단위 비용과 업무량의 파악을 통해 효과성을 높이고자 한다.
② 품목별 예산제도의 분석의 초점은 지출대상이며 이를 통해 통제성을 높이고자 한다.
③ 새로운 성과주의 예산제도는 산출물에 관심이 있으며 이를 통해 효율성을 높이고자 한다.
④ 계획 예산제도는 목표와 예산의 연결을 통해 투명성과 대응성을 높이고자 한다.

19 지방분권의 장점으로 가장 옳지 않은 것은?

① 행정의 민주화 진작
② 지역 간 격차 완화
③ 행정의 대응성 강화
④ 지방공무원의 사기진작

20 단체자치에 대한 설명으로 옳은 것만을 모두 고르면?

> 가. 자치권에 대한 인식은 전래권으로 본다.
> 나. 권한부여 방식은 포괄적 위임주의이다.
> 다. 중앙정부와 지방자치단체의 관계는 기능적 협력관계이다.
> 라. 유럽대륙을 중심으로 발전해 왔다.

① 가, 나
② 가, 다, 라
③ 나, 다, 라
④ 가, 나, 다, 라

21 다음 중 예산과 관련된 이론으로 가장 옳지 않은 것은?

① 욕구체계이론
② 다중합리성 모형
③ 단절균형이론
④ 점증주의

22 지방재정 지표 중 총세입(總歲入)에서 자율적으로 사용가능한 재원의 비율을 나타내는 것은?

① 재정자립도
② 재정탄력도
③ 재정자주도
④ 재정력지수

23 조직이론과 인간관에 대한 설명으로 가장 옳지 않은 것은?

① 조직이론의 시작은 테일러의 과학적 관리론에서 찾을 수 있으며, 1900년대 초까지 효율성과 구조 중심의 사상을 담고 있었다.

② 기계적 조직으로서의 관료제는 합리적 경제인의 인간관을 반영하고 있는데 테일러의 차등성과급제가 이러한 인간관에 기초한 보상 시스템이다.

③ 계층구조는 피라미드 모양의 구조를 가지며 명령과 통제가 위로부터 아래로 전달되는 특성을 가진다.

④ 관료제하에서 구성원들은 인간으로서의 감정이나 충동을 멀리하는 정의적 행동(personal conduct)이 기대된다.

24 공공선택론(public choice theory)에 대한 설명으로 가장 옳지 않은 것은?

① 방법론적 집단주의를 지향한다.

② 정치 · 행정현상을 경제학적 논리를 통해 분석하고자 한다.

③ 개인 선호를 중시하여 공공서비스 관할권을 중첩시킬 수도 있다.

④ 중위투표자이론(median vote theorem)도 공공선택론의 일종이다.

25 우리나라 예산편성절차에 대한 설명으로 가장 옳지 않은 것은?

① 우리나라 예산담당부처인 기획재정부는 예산안 편성지침과 국가재정운용계획을 사전에 준비하고 범부처 예산사정을 담당한다.

② 각 중앙행정기관은 기획재정부의 지침에 따라 사업계획서와 예산요구서 작성을 준비한다.

③ 기획재정부는 총액배분자율편성제도에 따라 각 부처의 세부사업에 대한 심사보다 부처예산요구 총액의 적정성을 집중적으로 심의한다.

④ 기획재정부는 조정된 정부예산안을 회계연도 개시 120일 전까지 국회에 제출한다.

국방부(육·해·공군) 시행 필기시험(2020.07.18)

01 행정학의 기술성과 과학성에 대한 설명으로 옳지 않은 것은?

① 왈도(D. Waldo)가 'practice'란 용어로 지칭한 기술성은 정해진 목표를 어떻게 효율적으로 달성하는가 하는 방법을 의미한다.

② 윌슨(W. Wilson) 등 초기 행정학자들은 관리기술이나 행정의 원리 등을 발견하는 데 초점을 두고 행정학의 기술성을 강조하였다.

③ 행태주의 학자들은 행정학 연구에서 처방보다는 학문의 과학화에 역점을 두고 가설의 경험적 검증 등을 강조했다.

④ 현실 문제의 해결은 언제나 과학에만 의존할 수 없으므로 행정학은 기술성과 과학성을 동시에 고려하여야 한다.

02 디목(M. Dimock)의 사회적 능률에 대한 설명으로 가장 적절하지 않은 것은?

① 사회적 형평성을 보장하기 위한 개념이다.

② 행정의 사회 목적 실현과 관련이 있다.

③ 경제성과 연계될 수 있는 개념이다.

④ 최소의 투입으로 최대의 산출을 추구한다.

03 레비트(H. Levitt)가 제시하는 조직 혁신의 주요 대상 변수로 옳지 않은 것은?

① 과업   ② 인간   ③ 구조   ④ 규범

04 지방자치단체의 사무배분에서 특례가 적용되는 경우로 옳지 않은 것은?

① 자치구   ② 인구 30만 이상의 도시
③ 인구 50만 이상의 도시   ④ 특별자치도

05 행정학에서 가치에 관한 연구가 본격적으로 관심을 끌기 시작한 학문적 계기로 옳은 것은?

① 신행정론의 시작
② 발전행정론의 대두
③ 뉴거버넌스 이론의 등장
④ 공공선택론의 태동

06 사이먼(H. A. Simon)의 정책결정만족모형에 대한 설명으로 옳지 않은 것은?

① 사이먼(H. A. Simon)은 합리모형의 의사결정자를 경제인으로, 자신이 제시한 의사결정자를 행정인으로 제시한다.
② 경제인은 목표달성의 극대화를, 행정인은 만족하는 선에서 그친다.
③ 경제인은 합리적 분석적 결정을, 행정인은 직관, 영감에 기초한 결정을 한다.
④ 경제인은 복잡하고 동태적인 모든 상황을 고려하지만, 행정인은 실제 상황을 단순화시키고, 무작위적이고 순차적으로 대안을 탐색한다.

07 민영화에 대한 문제점으로 가장 옳지 않은 것은?

① 공공성의 침해
② 서비스 품질의 저하
③ 경쟁의 심화
④ 행정책임확보의 곤란성

08 조세지출예산제도에 대한 설명으로 옳지 않은 것은?

① 비과세, 감면 등의 세제혜택을 통해 포기한 액수를 조세지출이라 한다.
② 지방재정에는 지방세지출제도가 도입되지 않았다.
③ 조세지출의 내용과 규모를 주기적으로 공표해 관리하는 제도이다.
④ 국가재정법에 따라 조세지출예산서를 작성해 국가에 보고한다.

09 에치오니(A. Etzioni)의 조직목표 유형으로 옳지 않은 것은?

① 질서 목표
② 문화적 목표
③ 경제적 목표
④ 사회적 목표

10 테일러(F. W. Taylor)의 과학적 관리론에 대한 설명으로 옳지 않은 것은?

① 테일러(F. W. Taylor)는 과학적 관리의 핵심을 개인적 기술에 두고, 노동자가 발전된 과학적 방법에 따라 작업이 되도록 한다.

② 어림식 방법을 지양하고 작업의 기본 요소 발견과 수행 방법에 대해 과학적 방법을 발전시킨다.

③ 과업은 일류의 노동자만이 달성할 수 있는 충분한 것이어야 한다.

④ 노동자가 과업을 완수하는 경우 높은 보상을 실패하는 경우 손실을 받게 된다.

11 매트릭스 조직에 대한 설명으로 옳지 않은 것은?

① 이중의 명령 및 보고체제가 허용되어야 한다.

② 기능부서의 장과 사업부서의 장이 자원 배분권을 공유할 수 있어야 한다.

③ 조직구성원 간 원만한 인간관계 형성에 기여한다.

④ 조직의 성과를 저해하는 권력투쟁이 발생하기 쉽다.

12 파슨스(T. Parsons)의 조직유형 중 조직체제의 목표달성기능과 관련된 유형으로 옳은 것은?

① 경제적 생산조직   ② 정치조직

③ 통합조직   ④ 형상유지조직

13 통상적인 근무시간보다 짧은 시간(주 15~35시간)을 근무하는 공무원으로서 일반 공무원처럼 시험을 통해 채용되고 정년이 보장되는 공무원으로 옳은 것은?

① 시간선택제전환공무원   ② 시간선택제임기제공무원

③ 시간선택제채용공무원   ④ 한시임기제공무원

14 정부조직 개편으로 예산을 조직간 상호 이용하는 것으로 예산의 원칙 중 목적 외 사용 금지원칙의 예외인 것으로 옳은 것은?

① 예산의 전용   ② 예산의 이체

③ 예산의 이월   ④ 예산의 이용

15 현대적 행정이념에 가장 적절하지 않은 것은?

① 민주성   ② 가외성

③ 신뢰성   ④ 성찰성

2021년
2020년
2019년
2018년
2017년
2016년
2015년
2014년
2013년
2012년
2011년
2010년
2009년
2008년
2007년

16 윈터(S. Winter)가 제시하는 정책집행 성과를 좌우하는 주요 변수로 옳지 않은 것은?

① 정책형성과정의 특성　　　　　　　　② 일선관료의 행태

③ 조직 상호간의 집행행태　　　　　　　④ 정책결정자의 행태

17 시·군 통합의 긍정적 효과에 대한 설명으로 옳지 않은 것은?

① 행정의 대응성 제고　　　　　　　　　② 규모의 경제 실현

③ 생활권과 행정권의 일치　　　　　　　④ 광역적 문제의 효과적 해결

18 진보주의 정부에서 선호하는 정책으로 가장 적절하지 않은 것은?

① 조세 감면 확대　　　　　　　　　　　② 정부규제 강화

③ 소득재분배 강조　　　　　　　　　　　④ 소수민족 기회 확보

19 옴브즈만(Ombudsman)제도에 대한 설명으로 옳지 않은 것은?

① 스웨덴에서 처음 도입된 제도이다.

② 행정 내부 통제의 한계를 보완하는 제도이다.

③ 시정을 촉구하거나 건의함으로써 국민의 권리를 구제하는 제도이다.

④ 대부분의 국가에서는 입법부에 소속되어 있다.

20 공무원의 임용에 대한 설명으로 옳지 않은 것은?

① 신규채용은 공개경쟁 채용시험을 통해 채용하지만 퇴식 공무원의 재임용의 경우에는 경력경생재용시험에 의한다.

② 전입은 국회·행정부·지방자치단체 등 서로 다른 기관에 소속되어 있는 공무원의 인사이동을 의미한다.

③ 고위공무원단이나 그에 상응하는 계급으로의 승진은 능력과 경력을 고려하며, 5급으로의 승진은 별도의 승진시험을 거쳐야 한다.

④ 국가직은 고위공무원단을 포함한 1급~2급에 해당하는 직위 모두를 개방형 직위로 간주한다.

21 예산집행의 신축성을 확보하기 위한 제도에 대한 설명으로 옳지 않은 것은?

① 총괄예산제도　　　　　　　　　　　　② 예산의 이용

③ 예산의 전용　　　　　　　　　　　　　④ 예산의 재배정

22 우리나라 지방자치법이 인정하는 주민직접참여제도로 옳은 것은?

① 주민발안, 주민소환　　　　　　　　② 주민소환, 주민참여예산

③ 주민투표, 주민감사청구　　　　　　④ 주민소송, 주민총회

23 엽관주의 인사제도가 필요한 이유로 가장 옳은 것은?

① 행정의 안정성과 계속성 확보

② 행정의 공정성 확보

③ 국민의 요구에 대한 관료적 대응성 향상

④ 유능한 인재 등용

24 정책유형별 사례의 연결이 옳지 않은 것은?

① 구성정책 : 국경일의 제정, 정부기관 개편

② 보호적 규제정책 : 최저임금제, 장시간 근로 제한

③ 추출정책 : 조세, 병역

④ 분배정책 : 보조금, 사회간접자본

25 공직자윤리법상 재산등록 및 공개에 대한 설명으로 가장 옳지 않은 것은?

① 공직유관 단체에는 공기업이 포함된다.

② 재산등록의무자는 5급 이상의 국가공무원 및 지방공무원과 이에 상당하는 보수를 받는 별정직 공무원이다.

③ 등록할 재산에는 본인의 직계존속 것도 포함된다.

④ 등록할 재산에 혼인한 직계비속인 여성 것은 제외한다.

CHAPTER **03** 2019년 행정학 기출문제

C i v i l i a n   W o r k e r   I n   T h e   M i l i t a r y   **PART** 01

국방부(육 · 해 · 공군) 시행 필기시험(2019.06.22)

01 행정의 개념에 대한 설명으로 옳지 않은 것은?

① 행정은 공익목적의 달성을 위한 공공문제의 해결 및 공공서비스의 생산 · 분배와 관련된 정부의 여러 가지 활동이다.

② 사이먼(H.A Simon)은 행정을 합리적인 의사결정의 행태라고 주장했다.

③ 초기 미국 행정학은 정치학으로부터 출발했다.

④ 행정은 행정 수요의 다원성을 목표로 하지만 경영은 이윤추구라는 단일의 목표를 추구한다.

02 다음 중 코브(R.W Cobb)의 정책의제설정 모형 중 〈보기〉에 해당하는 모형은?

〈보기〉
내부관료 또는 소수외부집단이 주도하여 주도집단이 정책의 내용을 미리 정하고, 최고정책결정자에게 접근하여 문제를 정부의제화(정책의제화)한다. 결정된 정책 내용을 최소한의 수정만으로 집행하려고 하며 이 과정에서 반대할 가능성이 있는 사람에게는 이를 숨기려 한다. 부나 권력이 집중된 불평등사회에서 주로 나타난다.

① 일반형   ② 외부주도형   ③ 내부주도형   ④ 동원형

03 지방자치 행정의 특징으로 옳지 않은 것은?

① 지방의 개별성과 다양성을 존중하는 행정이 가능하다.

② 지방자치 행정은 전문성보다 포괄성을 더욱 중시한다.

③ 중앙행정에 비해 지방행정은 형평성을 강조한다.

④ 주민의 참여를 통한 책임성과 능률성을 향상시킬 수 있다.

04 지방자치단체의 계층구조 중 단층제의 장점이 아닌 것은?

① 중앙정부와 지역주민들과의 의사소통 거리가 단축된다.

② 행정책임의 명확성을 파악하는 데 용이하다.

③ 중앙정부기능의 비대화 현상을 예방할 수 있다.

④ 기초자치단체의 자치권과 개별성을 존중한다.

05 다음 중 계획예산제도(PPBS)의 특징으로 옳지 않은 것은?

① 자원 배분의 최적화를 가능하게 하고 낭비를 최소화해서 자원의 절약을 가능하게 한다.

② 영기준예산제도(ZBB)에 비해 전문성이 낮기 때문에 모든 조직 구성원들이 진지하게 참여한다.

③ 장기적인 계획에 대한 신뢰도를 높인다.

④ 목표 달성에 있어서 환류(Feedback)가 활발하게 이루어진다.

06 다음 중 우리나라의 행정개혁 순서로 옳은 것은?

① 행정쇄신위원회 – 정부 3.0 – 정부혁신지방분권위원회 – 열린 혁신

② 행정쇄신위원회 – 정부혁신지방분권위원회 – 열린 혁신 – 정부 3.0

③ 행정쇄신위원회 – 정부혁신지방분권위원회 – 정부 3.0 – 열린 혁신

④ 열린 혁신 – 행정쇄신위원회 – 정부혁신지방분권위원회 – 정부 3.0

07 직업공무원제을 개선하고 발전시키기 위한 방안 중 직접적으로 관련성이 없는 것은?

① 공무원직장협의회 설립 · 운영

② 고위공무원단 도입

③ 경력개방형 직위 확대

④ 개방형 직위에 대한 성과급 강화

08 정책집행의 성공요건으로 거리가 먼 것은?

① 정치의 기술적 타당성

② 법에 따른 절차 · 규정 명확성

③ 정책목표 우선순위의 유동성

④ 집단의 지속적인 지지

09 근무성적평정제도에 관한 설명으로 옳지 않은 것은?

① 5급 이상 공무원도 성과계약평가제에 적용된다.

② 다면평가는 객관성·공정성을 제고시킨다.

③ 연초에 성과계약을 체결하고 매년 말 기준으로 연 1회 평가한다.

④ 미리 성적분포를 정해 놓고 집중화 및 관대화 경향을 원천적으로 방지하는 방식은 강제배분법이다.

10 행태론적 접근방법의 특징이 아닌 것은?

① 종합학문성(다학문성)　　　　　　　② 과학적 방법의 적용

③ 가치와 사실의 분리　　　　　　　　④ 자율적 인간관

11 다음 〈보기〉에서 실적주의와 관련이 없는 것은?

〈보기〉
㉠ 정치적 중립을 통해 행정의 전문화에 기여한다.
㉡ 엽관제의 활성화를 통해 정치적 이해관계가 있는 정치가들의 정책수행을 도울 수 있다.
㉢ 국민에 대한 관료의 대응성 확보에 유리하다.
㉣ 고위공무원이나 장관 임명에는 한정적으로 엽관주의를 활용하고, 대다수의 직업공무원들은 실적에 의해 임용하는 것이 행정의 능률성 확보 등에 유리하다.

①　㉠, ㉡　　　　　　②　㉡, ㉢　　　　　　③　㉡, ㉣　　　　　　④　㉢, ㉣

12 다음 중 대통령 소속의 위원회는?

① 국민권익위원회　　　　　　　　　　② 방송통신위원회

③ 금융위원회　　　　　　　　　　　　④ 공정거래위원회

13 다음 중 학습조직의 특징으로 적절하지 않은 것은?

① 외부의 압력에 의한 억압적 동형화와 전문화 과정을 통한 규범적 동형화 현상이 나타난다.

② 조직문화의 환경적응력과 경쟁력의 증대되어 가는 조직이다.

③ 중간관리자의 기능을 강화해 조직의 효율성을 강조한다.

④ 조직의 업무 프로세스를 바라보는 새로운 관점, 새로운 사고방식으로의 전환을 의미한다.

14 대통령의 권한과 관련하여 옳지 않은 것은?

① 우리나라 정부구성은 대통령제를 원칙으로 의원내각제 요소를 기미하고 있다.

② 역대 정부는 대통령의 인사권을 줄이고 국무총리에게 권한을 위임했다.

③ 여당이 다수당의 지위를 상실하게 되면 레임덕 현상이 가속화된다.

④ 시민단체는 비공식적 외부통제에 해당하며 주인−대리인문제를 시정하여 행정윤리를 강화한다.

15 〈보기〉 중 한정성 예산원칙의 예외에 해당하는 것은?

〈보기〉			
㉠ 이용과 전용	㉡ 기금	㉢ 신임예산	㉣ 예비비

① ㉠, ㉡ 　　　② ㉡, ㉢ 　　　③ ㉠, ㉣ 　　　④ ㉡, ㉣

16 다음 중 신제도주의에 대한 설명으로 가장 옳지 않은 것은?

① 역사적 신제도주의는 시간의 경로의존성을 인정한다.

② 비공식적인 규범 및 관습은 범주에 포함되지 않는다.

③ 구제도주의와 달리 신제도주의에서는 제도를 동적인 것으로 본다.

④ 사회학적 신제도주의의 동형화 이론에는 강압적 동형화, 모방적 동형화, 규범적 동형화가 있다.

17 조직구조와 관련된 내용으로 옳지 않은 것은?

① 조직 구성원의 유형화된 교호작용의 구조를 말한다.

② 공식화의 수준이 낮아지면 조직 구성원의 재량 또한 줄어든다.

③ 집권화의 수준이 높은 조직의 의사결정 권한은 조직의 상층부에 집중된다.

④ 조직구조의 규모가 커질수록 조직의 분화 정도도 높아진다.

18 성인지예산에 관한 내용으로 옳지 않은 것은?

① 여성 위주의 예산 편성과 집행으로 성평등에 기여한다.

② 예산 편성, 집행, 심의, 결산의 모든 과정에 적용된다.

③ 정부 예산이 여성과 남성에게 미치는 영향을 평가하고 이를 반영한다.

④ 세출예산정책의 남녀차별효과에 대한 무지를 타파하기 위해 예산정책의 영향에 대한 다양한 분석을 한다.

19 신공공서비스론(New Public Servise)의 내용과 거리가 먼 것은?

① 전통적 관료제에 의한 정부 운영 방식의 한계를 극복하고 효율성을 확보하기 위해 공공 부문에 기업 운영 방식을 접목했다.

② 협력적 국정 거버넌스에서 정부는 조정자 역할을 한다.

③ 고객 위주인 신공공관리론과 달리 신공공서비스론은 시민 중심적 공직제도의 구축을 중시한다.

④ 정부는 성과지향적 책임과 공동체적 책임을 모두 지향한다.

20 다음 〈보기〉 중 공직분류에 관한 내용으로 옳은 것은?

〈보기〉
㉠ 자치경찰은 경력직 공무원 중 특정직 공무원이다.
㉡ 차관은 특수경력직 중 별정직이다.
㉢ 국가직과 지방직 모두 고위공무원단이 있다.
㉣ 국가직과 지방직 공무원은 모두 공무원 연금법의 적용을 받는다.

① ㉠, ㉡   ② ㉡, ㉣   ③ ㉠, ㉣   ④ ㉢, ㉣

21 다음 중 우리나라 예산심의에 관한 내용으로 옳지 않은 것은?

① 우리나라는 대통령중심제여서 의원내각제보다 예산심의 과정이 엄격하지 않다.

② 우리나라 예산은 법률보다 하위규범으로서 효력을 가진다.

③ 본회의 중심이 아니라 상임위원회와 예산결산특별위원회 중심이다.

④ 국회는 정부의 동의 없이 정부가 제출한 지출예산 각 항의 금액을 증액할 수 없다.

22 공공선택론에 대한 설명으로 옳지 않은 것은?

① 뷰캐넌(J. Buchanan)과 튤럭(G. Tullock)이 대표적인 학자이다.

② 정부를 공공재의 생산자로, 시민을 소비자로 규정한다.

③ 경제학적인 분석도구를 국가이론, 투표규칙, 정당정치 등의 연구에 적용하고 있다.

④ 시장실패의 원인을 분석하였으나 정부실패를 고려하지 않았다.

23 사회적 자본의 특징으로 옳지 않은 것은?

① 사회적 자본은 사용할수록 감소한다.

② 구성원들의 신뢰와 협력을 중시한다.

③ 사회자본은 공동체주의를 지향한다.

④ 사회에 내재되어 있는 집단행동의 딜레마와 공유지의 비극을 해소하기 위한 방안으로 논의되고 있다.

24 다음 〈보기〉에서 설명하고 있는 집단적 의사결정기법은?

〈보기〉
토론집단을 대립적인 두 개의 팀으로 나누어 한 팀이 제시한 의견에 대해서 반론자로 지명된 팀의 반론을 듣고 토론을 벌여 본래의 안을 수정하고 보완하는 일련의 과정을 거친 후 합의를 형성해 최종 대안을 도출하는 방법

① 델파이기법   ② 브레인스토밍   ③ 지명반론자기법   ④ 명목집단기법

25 다음 중 집단적 의사결정의 한계가 아닌 것은?

① 다양한 의견을 제시하지 못한다.

② 소수의 강한 사람에 의해 주도될 수 있다.

③ 결정이 지연되거나 시간과 비용이 많이 소요된다.

④ 결정책임이 불분명하여 무책임한 행태가 나타난다.

CHAPTER **04** 2018년 행정학 기출문제

Civilian Worker In The Military **PART** 01

2021년

2020년

2019년

2018년

2017년

2016년

2015년

2014년

2013년

2012년

2011년

2010년

2009년

2008년

2007년

국방부(육·해·공군) 시행 필기시험(2018.08.11)

01 정책네트워크에 대한 내용으로 옳지 않은 것은?

① 정책네트워크란 특정한 정책 분야에 참여하는 관련 행위자들 간의 상호작용을 위한 관계를 말한다.

② 정책커튼모형은 정책과정이 정부기구 내의 권력장악자에 의해 독점되고 외부로부터의 참여는 전적으로 배제되는 형태이다.

③ 정책네트워크는 네거티브섬(negative sum) 게임을, 이슈네트워크는 포지티브섬(positive sum) 게임을 한다.

④ 이슈네트워크는 유동적이고 특정한 경계가 없는 광범위한 정책 연계망이다.

02 「정부조직법」상 중앙행정기관의 보좌기관에 해당하는 것은?

① 차관보   ② 실장   ③ 국장   ④ 과장

03 직무의 종류가 유사하고 그 책임과 곤란성의 정도가 서로 다른 직급의 군을 나타내는 용어는?

① 직렬(職列)   ② 직류(職類)   ③ 직위(職位)   ④ 직무등급

04 「국가공무원법」상 공무원의 의무에 대한 내용으로 옳지 않은 것은?

① 공무원은 종교에 따른 차별 없이 직무를 수행하여야 한다.

② 공무원은 직무를 수행할 때 소속 상관의 직무상 명령에 복종하여야 한다.

③ 공무원은 외국 정부로부터 영예나 증여를 받을 수 없다.

④ 공무원은 재직 중은 물론 퇴직 후에도 직무상 알게 된 비밀을 엄수(嚴守)하여야 한다.

05 cobb의 정책의제설정모형 중 〈보기〉에 해당하는 것은?

〈보기〉
정부기관 내의 집단 또는 정책결정자에게 쉽게 접근할 수 있는 외부집단에 의하여 주도되어 정책결정자에게 접근하여 문제를 정부의제화하는 유형으로, 정부의제를 일반 대중에게 알리지 않는다는 점에서 '음모형'에 속한다.

① 외부주도형(Outside Initiative Model) ② 동원형(Mobilization Model)
③ 내부접근형(Inside Access Model) ④ 굳히기형

06 다음 중 옳지 않은 것은?

① 목표관리(MBO)는 목표 설정 과정에 부하를 참여하도록 하여 동기를 이끌어내고 사기를 돋울 수 있다.
② 목표관리제는 목표를 계량적으로 측정하기 쉬운 조직에서 성공하기 쉽다.
③ 목표의 승계는 조직이 어떠한 목표를 달성하는 중에 그 목표를 달성하기 위한 수단이 목표가 되고, 달성할 목표는 오히려 수단이 되어 버리는 현상을 말한다.
④ 목표의 비중 변동이란 상황의 변화로 인하여 동일 수준의 목표 간에 그 비중이 변동되는 것이다.

07 수직적 연결기제에 해당하는 것은?

① 규칙과 계획 ② 직접 접촉
③ 정보시스템 ④ 프로젝트 매니저

08 우리나라의 지방자치에 대한 내용으로 옳지 않은 것은?

① 자치구는 특별시와 광역시의 관할 구역 안의 구만을 말한다.
② 특정한 목적을 수행하기 위하여 필요하면 따로 특별지방자치단체를 설치할 수 있다.
③ 세종특별자치시의 자치계층과 행정계층은 일치한다.
④ 특별시·광역시 및 특별자치시가 아닌 인구 50만 이상의 시에는 자치구가 아닌 구를 둘 수 있고, 군에는 읍·면을 두며, 시와 구(자치구를 포함)에는 동을, 읍·면에는 리를 둔다.

09 지방정부에 대한 중앙정부의 통제와 관련된 내용으로 옳지 않은 것은?

① 지방자치단체의 사무에 관한 그 장의 명령이나 처분이 법령에 위반되거나 현저히 부당하여 공익을 해친다고 인정되면 시·도에 대하여는 주무부장관이, 시·군 및 자치구에 대하여는 시·도지사가 기간을 정하여 서면으로 시정할 것을 명하고, 그 기간에 이행하지 아니하면 이를 취소하거나 정지할 수 있다.

② 지방자치단체의 장은 자치사무에 관한 명령이나 처분의 취소 또는 정지에 대하여 이의가 있으면 그 취소처분 또는 정지처분을 통보받은 날부터 15일 이내에 행정법원에 소(訴)를 제기할 수 있다.

③ 행정안전부장관이나 시·도지사는 지방자치단체의 자치사무에 관하여 보고를 받거나 서류·장부 또는 회계를 감사할 수 있으며, 이 경우 감사는 법령위반사항에 대하여만 실시한다.

④ 행정안전부장관 또는 시·도지사는 감사를 실시하기 전에 해당 사무의 처리가 법령에 위반되는지 여부 등을 확인하여야 한다.

10 대표관료제의 특징으로 옳지 않은 것은?

① 실적주의 폐단 시정　　　　　　　② 외부통제의 강화

③ 기회 균등의 보장　　　　　　　　④ 정부관료제의 대표성 강화

11 정부예산집행의 신축성 확보 방안으로 옳지 않은 것은?

① 추가경정예산　　　　　　　　　　② 총괄예산제도

③ 예산의 배정·재배정　　　　　　　④ 예산의 이용·전용

12 스미스(H. D. Smith)의 현대적 예산원칙에 해당하지 않는 것은?

① 명확성의 원칙론　　　　　　　　　② 보고의 원칙

③ 행정부 계획의 원칙　　　　　　　④ 다원적 절차의 원칙

13 신공공관리론에 대한 내용으로 옳지 않은 것은?

① 신공공관리론은 신자유주의에 기초한다.

② 절차(투입)보다 결과(성과)에 초점을 두어 예산을 배분한다.

③ 정부의 주된 역할을 방향키(steering)로 인식한다.

④ 내부규제를 강화하여 통제를 중시한다.

14 직위분류제에 대한 내용으로 옳지 않은 것은?

① 직무의 종류 및 그 난이도 · 책임도에 따라 공직을 분류하여 인력을 배치 · 관리하는 시스템을 말한다.

② 개인이 지니고 있는 역량, 즉 해당 직무에 대한 업무수행능력과 지식을 중시한다.

③ 전문행정가보다는 넓은 시야를 가진 일반행정가의 양성에 용이하다.

④ 외부 인사의 임용이 자유로운 개방형 충원체계를 보인다.

15 「국가공무원법」상 인사행정에 관한 기본정책의 수립과 「국가공무원법」의 시행 · 운영에 관한 사무를 관장하는 중앙인사관장기관의 연결로 옳지 않은 것은?

① 국회 – 국회사무총장

② 법원 – 대법원장

③ 헌법재판소 – 헌법재판소사무처장

④ 행정부 – 인사혁신처장

16 계획과 예산에 대한 내용으로 옳지 않은 것은?

① 계획담당자는 단기적, 예산담당자는 장기적 관점을 가진다.

② 일반적으로 계획담당자는 쇄신적, 소비지향적, 예산담당자는 보수적, 저축 지향적이라는 특성이 있다.

③ 재원의 부족은 계획과 예산의 괴리를 초래한다.

④ 계획과 예산의 유기적 통합이 결여될 경우 기획과 예산은 괴리된다.

17 네트워크 조직에 대한 내용으로 옳지 않은 것은?

① 조직활동을 상대적 비교 우위가 있는 핵심 역량 위주로 구성하고, 나머지 활동 분야는 아웃소싱 또는 전략적 제휴 등을 통하여 외부 전문가에게 맡기는 조직을 말한다.

② 네트워크 조직은 정보통신기술이 확보될 것을 요한다.

③ 조직 간의 경계가 명확하고, 제품을 안정적으로 공급할 수 있다.

④ 환경의 불확실성에 대응하기가 용이하다.

18 신엘리트이론에서 무의사결정론에 대한 내용으로 옳지 않은 것은?

① 사회문제 중 어떤 문제는 정책문제로 채택되고, 어떤 문제는 왜 방치 또는 기각되는지에 대한 물음에서 출발한 이론이다.

② 주로 정책의제설정 단계에서 나타나지만 결정 · 집행 · 평가 등 정책과정 전반에 걸쳐 나타난다.

③ 무의사결정론의 대표적인 학자로는 바흐라흐(Bachrach)와 바라츠(Baratz)가 있다.

④ 정책결정자들의 무관심으로 인하여 발생한다.

19 공무원임용령에 따른 보직관리의 기준 중 직위의 직무요건에 해당하지 않는 것은?

① 직위의 성과책임
② 직렬 및 직류
③ 직무수행요건
④ 직무수행의 난이도

20 행정개혁의 접근방법에 대한 내용으로 옳지 않은 것은?

① 구조적 접근방법은 조직의 구조적 설계 변경에 초점을 둔다.
② 기술적 접근방법은 관리과학 등 계량화 기법을 활용한다.
③ 행태적 접근방법은 권위주의 성향이 높은 국가에 적합하다.
④ 종합적 접근방법은 정치인과 국민의 협조 및 지지가 중요하다.

21 예산 편성 과정에 대한 내용으로 옳지 않은 것은?

① 정부는 회계연도마다 예산안을 편성하여 회계연도 개시 90일 전까지 국회에 제출하고, 국회는 회계연도 개시 30일 전까지 이를 의결하여야 한다.
② 각 중앙관서의 장은 매년 1월 31일까지 당해 회계연도부터 5회계연도 이상의 기간 동안의 계속사업에 대한 중기사업계획서를 국무회의에 보고해야 한다.
③ 정부는 예산안을 국회에 제출한 후 부득이한 사유로 인하여 그 내용의 일부를 수정하고자 하는 때에는 국무회의의 심의를 거쳐 대통령의 승인을 얻은 수정예산안을 국회에 제출할 수 있다.
④ 국가가 특정한 목적을 위하여 특정한 자금을 신축적으로 운용할 필요가 있을 때에 법률로써 설치하는 기금은 세입세출예산에 의하지 아니하고 운용할 수 있다.

22 「국가재정법」상 추가경정예산안을 편성할 수 있는 사유가 아닌 것은?

① 전쟁이나 대규모 재해가 발생한 경우
② 대량실업과 같은 중대한 변화가 발생한 경우
③ 세계잉여금이 남은 경우
④ 법령에 따라 국가가 지급하여야 하는 지출이 발생한 경우

23 공공기관에 대한 내용으로 옳지 않은 것은?

① 국무총리는 공공기관을 공기업·준정부기관과 기타공공기관으로 구분하여 지정한다.

② 공기업은 시장형 공기업과 준시장형 공기업으로 나누어 지정된다.

③ 준정부기관은 기금관리형 준정부기관과 위탁집행형 준정부기관으로 나누어 지정된다.

④ 공기업과 준정부기관은 직원 정원이 50인 이상인 공공기관 중에서 지정한다.

24 개방형 인사제도의 장점으로 옳지 않은 것은?

① 행정의 효율성   ② 행정의 일관성

③ 무사안일주의 방지   ④ 공직의 침체 방지

25 거래비용이론에 대한 내용으로 옳지 않은 것은?

① 거래비용이론에 따르면 조직은 거래비용을 감소하기 위한 장치이다.

② 거래비용의 최소화를 위해서는 거래를 외부화(outsourcing)하는 것이 효율적이다.

③ 거래비용이론은 원칙적으로 시장에서의 민간조직을 중심으로 하는 이론이다.

④ 조직통합이나 내부조직화는 거래비용이 조직 내부의 조정비용보다 클 때 효과적이다.

2021년
2020년
2019년
2018년
2017년
2016년
2015년
2014년
2013년
2012년
2011년
2010년
2009년
2008년
2007년

CHAPTER **05** 2017년 행정학 기출문제

Civilian Worker In The Military **PART 01**

국방부(육·해·공군) 시행 필기시험(2017.07.01)

01 신공공관리론과 관련된 것으로 옳은 것은?

① 과정 중시　　　　② 고객 지향　　　　③ 노 젓기　　　　④ 권력 행사

02 로위(Lowi)의 정책유형에 해당하지 않는 것은?

① 분배정책　　　　② 규제정책　　　　③ 상징정책　　　　④ 재분배정책

03 동기부여 이론의 구분이 다른 하나는?

① 브룸(V.H. Vroom)의 기대이론　　　　② 알더퍼(C.P. Alderfer)의 ERG이론

③ 매슬로우(A. Maslow)의 욕구단계이론　　　　④ 맥클리랜드(McClelland)의 성취동기이론

04 행정과 경영의 차이점으로 옳지 않은 것은?

① 행정은 공익을, 경영은 이윤이라는 목적을 갖는다.

② 행정은 경영에 비해 법적 규제 면에서 자유롭다.

③ 경영은 행정과 달리 고객 간의 차별대우가 용이하다.

④ 행정은 독점적, 비경쟁적이나, 경영은 비독점적, 경쟁적 성격을 갖는다.

05 다음 용어의 뜻으로 적절하지 않은 것은?

① 직급 - 직무의 종류·곤란성과 책임도가 상당히 유사한 직위의 군

② 정급 - 직위를 직급 또는 직무등급에 배정하는 것

③ 직류 - 같은 직렬 내에서 담당 분야가 같은 직무의 군

④ 직군 - 직무의 종류가 유사하고 그 책임과 곤란성의 정도가 서로 다른 직급의 군

06 한 회계연도의 모든 수입을 세입으로 하고, 모든 지출을 세출로 한다는 원칙은?

① 기금관리 · 운용의 원칙　　　　　　　② 예산 단일의 원칙

③ 예산 통일의 원칙　　　　　　　　　　④ 예산 총계주의의 원칙

07 예산제도에 관한 내용으로 옳지 않은 것은?

① 계획 예산제도(PPBS)는 장기적인 계획을 세우고, 이를 위한 사업을 구조화하여 이에 따라 예산을 편성하는 예산제도이다.

② 영기준 예산제도(ZBB)는 예산 편성 시 전년도 예산을 기준으로 하여 편성하는 예산제도이다.

③ 품목별 예산제도(LIBS)는 통제가 용이한 반면, 예산 집행 과정에서의 신축성에 제약이 발생할 수 있다.

④ 성과주의 예산제도(PBS)는 정부의 예산을 기능 · 활동 · 사업계획에 기초를 두고 평가하는 예산제도이다.

08 조직구조에 대한 내용으로 옳지 않은 것은?

① 네트워크 조직은 핵심기능은 조직 자체에서 구성 · 유지, 부수적 기능은 외부와의 계약을 통하여 수행한다.

② 수평 구조는 핵심업무과정을 중심으로 조직화한 구조이다.

③ 사업 구조는 조직을 기능부서별로 분류한 구조이다.

④ 매트릭스 구조는 기능 구조와 사업 구조의 이원적 체제이다.

09 비공식조직의 단점이 아닌 것은?

① 조직 내부에 파벌화를 조장할 수 있다.

② 공식조직의 경직성을 초래한다.

③ 조직 전체보다 집단의 이익을 앞세울 수 있다.

④ 조직의 공동 목표에 저항할 우려가 있다.

10 회계제도 중 복식부기제도에 대한 내용으로 옳지 않은 것은?

① 하나의 거래를 대차평균의 원리에 따라 차변과 대변에 동시에 기록한다.

② 자기검증기능(self-control function)이 있다.

③ 회계부정을 방지함으로써 책임성을 구현할 수 있다.

④ 현금주의 회계와 밀접하게 연관된다.

11 시장실패의 원인으로 옳지 않은 것은?

① 내부성   ② 공공재   ③ 불완전 경쟁   ④ 소득불균형

12 행정학자와 그 이론을 연결한 것으로 옳지 않은 것은?

① 가우스(J.M.Gaus) – 생태론

② 버나드(C.I.Barnard) – 행태론

③ 윌슨(W.Wilson) – 정치행정이원론

④ 애플비(P.H.Appleby) – 정치행정이원론

13 주민자치와 관련된 것을 모두 고른 것은?

ㄱ. 독립세주의	ㄴ. 지방분권
ㄷ. 단체자치의 배척	ㄹ. 정치적 의미의 자치
ㅁ. 영미계 국가에서 발달	

① ㄱ, ㄴ, ㄷ, ㄹ, ㅁ   ② ㄴ, ㄷ, ㄹ   ③ ㄱ, ㄹ, ㅁ   ④ ㄴ, ㅁ

14 리더십 이론에 대한 설명이 옳지 않은 것은?

① 블레이크와 머튼은 리더십을 4가지 유형으로 분류하였다.

② 오하이오 대학 리더십 연구는 행태주의를 기반으로 한다.

③ 서번트 리더십은 리더의 역할을 방향제시, 의견조율, 일과 삶을 지원해주는 조력으로 제시한다.

④ 변혁적 리더십은 조직의 변화를 중심개념으로 본다.

15 공공서비스에 대한 내용으로 옳지 않은 것은?

① 공유재는 소비는 경쟁적이나 배제가 불가능한 재화이다.

② 공공재는 민간투자가 곤란하고 시장에서는 공급되기가 힘든 재화이다.

③ 요금재는 공동으로 소비하지만 요금을 지불하지 않으면 배제가 가능하다.

④ 가치재는 시장에서 공급할 경우 무임승차가 발생할 수 있다.

16 조합주의에 대한 설명이 아닌 것은?

① 국가조합주의는 국가의 우월한 권력을 인정한다.

② 조합주의는 다양한 집단 간 경쟁성을 특징으로 한다.

③ 사회조합주의는 사회경제체제 변화에 순응하려는 이익집단의 자발적인 시도로 생성되었다.

④ 조합주의에서의 이익집단은 국가에 협조하여 특정 영역에서의 자신들의 요구가 정책과정에 영향을 미치도록 한다.

17 정책과정의 참여자 중 공식적 참여자에 해당하는 것은?

① 정당

② 시민단체

③ 사법부

④ 국민

18 행정이 불확실한 상황에서 할 수 있는 것으로 옳지 않은 것은?

① 중첩적인 부분의 제거

② 지식 및 정보를 수집

③ 환경에 대한 제어로 불확실성을 감소

④ 표준화를 통한 불확실성의 극복

19 비용편익분석에 대한 내용으로 옳지 않은 것은?

① 금전적 가치로 평가한다.

② 효과성을 측정할 수 있다.

③ 이종(異種) 사업 간의 우선순위 비교를 할 수 있다.

④ 기회비용의 관점에서 자원배분의 효율성을 달성하려는 기법이다.

20 실적주의에 대한 내용으로 옳지 않은 것은?

① 유능한 인재 및 능력 개발 등의 효율적 인사행정이 가능하다.

② 실적주의의 성립 요인으로는 정당정치의 부패와 엽관주의의 폐해를 들 수 있다.

③ 공무원의 정치적 중립성을 확보할 수 있다.

④ 공직 취임에서의 민주주의적 평등이념을 실현할 수 있다.

21 「국가공무원법」상 징계의 종류가 아닌 것은?

① 직권면직   ② 강등   ③ 감봉   ④ 해임

22 「공직자윤리법」에 대한 내용으로 잘못된 것은?

① 공직자는 공직을 이용하여 사적 이익을 추구하거나 개인이나 기관·단체에 부정한 특혜를 주어서는 아니 되며, 재직 중 취득한 정보를 부당하게 사적으로 이용하거나 타인으로 하여금 부당하게 사용하게 하여서는 아니 된다.

② 재산등록 의무자에 대한 성실등록의무가 규정되어 있다.

③ 재산등록의무자이던 공직자 등은 퇴직 전 5년 이내에 담당했던 직무와 관련 있는 기업체에 퇴직일로부터 3년간은 취업할 수 없다.

④ 공직자윤리위원회 위원장은 「공직자윤리법」에 따른 재산등록 및 공개, 주식의 매각 또는 신탁, 선물신고, 퇴직공직자의 취업제한 및 행위제한 등에 관한 기획·총괄업무를 관장한다.

23 신 성과주의예산에 관한 내용으로 옳지 않은 것은?

① 정치적, 도덕적 책임을 중시한다.

② 정보 생산을 위한 예산회계체제를 구축한다.

③ 집행에 대한 재량권과 관리자에 대한 권한을 부여한다.

④ 예산집행 결과 어떠한 산출물을 생산하고 어떠한 성과를 달성하였는지 측정한 후 이에 기초하여 책임을 묻거나 보상을 하는 결과중심 예산체계를 말한다.

24 정부실패의 원인으로 옳지 않은 것은?

① 규제의 완화   ② 정보의 부족

③ 권력분배의 불평등   ④ 관료제도의 비효율성

25 공모직위제도에 관한 내용으로 옳은 것은?

① 공모직위를 통해 행정부 내·외부에서 채용할 수 있다.

② 고위공무원단 직위 총수의 100분의 30 이내에서 임용한다.

③ 대상직종은 일반직·특정직·별정직이다.

④ 임용기간은 최장 5년 범위 내, 최소 2년 이상으로 한다.

C i v i l i a n   W o r k e r   I n   T h e   M i l i t a r y   **PART 01**

국방부(육·해·공군) 시행 필기시험(2016.07.02)

---

01 법규보다는 서비스, 서비스보다는 시민이 중심이 되는 것으로 공공기관보다 시민을 더 중시하는 것은?

① 신행정론 ② 뉴거버넌스

③ 공공관리론 ④ 신공공관리론

02 정책의제설정에 관한 내용으로 옳지 않은 것은?

① 무의사결정은 신엘리트론이라고도 불리우며, 미국의 다원주의를 비판한다.

② 체제이론은 정치체제 내부의 능력상 한계보다는 외부환경으로부터 발생한 요구의 다양성 때문에 문제가 의제화되는데 더 많은 영향을 미친다고 본다.

③ 엘리트론자들은 엘리트들이 정책과정의 전 과정을 압도할 뿐 아니라, 특히 정책의제의 채택 과정에서 그들의 권력을 행사한다고 주장한다.

④ 다원주의에서는 어떠한 사회문제든지 모두 정치체제 내로 진입할 수 있다고 주장한다.

03 가외성에 대한 내용으로 옳지 않은 것은?

① 동일한 기능이 여러 기관에서 혼합적으로 수행되는 상태를 말한다.

② 가외성은 불확실성에 대한 적응성을 증진한다.

③ 가외성은 효율성을 높인다.

④ 불확실한 상황하에서 행정의 신뢰성을 제고시킨다.

04 경합성과 배제성의 특징을 모두 가지고 있는 재화는?

① 시장재 ② 공유재 ③ 공공재 ④ 요금재

05 전자 거버넌스로서의 전자적 참여의 형태에 대해 3가지 형태로 진화 · 발전한 순서로 옳은 것은?

① 전자결정 – 전자자문 – 전자정보화

② 전자자문 – 전자결정 – 전자정보화

③ 전자자문 – 전자정보화 – 전자결정

④ 전자정보화 – 전자자문 – 전자결정

06 사회자본의 특징에 대한 내용으로 옳지 않은 것은?

① 사회자본은 국가 간의 이동성과 대체성이 낮다.

② 사회자본의 사회적 교환 관계는 동등한 가치의 등가교환이다.

③ 사회자본은 사회적 관계에서 거래비용을 감소시켜 주는 기능을 수행한다.

④ 사회자본은 지속적인 교환 과정을 거쳐서 유지되고 재생산된다.

07 후기 행태주의의 특징에 대한 내용으로 옳은 것은?

① 민주적 가치규범에 입각하여 가치평가적인 정책연구를 지향하였다.

② 집단의 고유한 특성을 인정하지 않는 방법론적 개체주의의 입장을 취한다.

③ 객관적인 현상만을 연구대상으로 삼기 때문에 개인적인 경험은 의식적으로 제외된다.

④ 개념의 조작적 정의를 통해 객관적인 측정 방법을 사용하며 자료를 계량적 방법에 의해 분석한다.

08 정책네트워크의 특징에 대한 내용으로 옳지 않은 것은?

① 다양한 참여자와 비참여자를 구분하는 경계가 있다.

② 내부 · 외부 요인에 의해 정책문제별로 형성되고 변동된다.

③ 정책네트워크는 제도적인 구조보다 개별구조를 고려하였다.

④ 다원주의, 엘리트주의, 조합주의에 대한 대안으로 등장하였다.

09 정책의제설정모형에 대한 내용으로 옳지 않은 것은?

① 외부주도형은 정책의제를 강요된 문제로 여긴다.

② 내부접근형은 동원형에 비해 낮은 지위의 고위관료가 주도한다.

③ 동원모형은 이익집단과 국가가 주도하여 정책의제를 채택하는 경우이다.

④ 굳히기형은 대중의 지지가 높은 정책문제에 대하여 정부가 그 과정을 주도하여 해결을 시도한다.

10 공공관리론에 대한 내용으로 옳지 않은 것은?

① 공공관리론에서는 행정의 효율성과 전문성을 강조한다.

② 공공관리론은 개인의 이익보다 집단의 이익을 중시하여 도덕적 해이, 역선택의 문제를 발생시킬 수 있다.

③ 공공관리론은 개인의 이익을 우선으로 하기 때문에 민간기업 등과의 계약에 따라 민간기업이 행정서비스를 제공하는 것이 능률적이라고 본다.

④ 공유지의 비극은 공공재의 과도한 사용으로 인하여 사회 전체적으로 비효율적인 결과가 초래되는 현상을 말한다.

11 정책결정의 모형에 대한 내용으로 옳지 않은 것은?

① 합리모형은 정치적 합리성은 고려하지 않으며 경제적 합리성만을 추구한다.

② 점증모형은 보수적 성격으로 인해 환경변화에 대한 적응력이 약하며, 답습적 예산이다.

③ 최적모형은 정책결정의 지침을 결정하는 데는 합리성을 중시하며, 체제주의는 배제한다.

④ 만족모형은 정책결정의 합리성을 제약하는 요인들을 고려할 때 한정된 대안의 비교분석을 통해 최선을 모색하는 선에서 만족하는 것이 합리적이라고 본다.

12 대통령 소속기관에 해당하는 것은?

① 금융위원회   ② 방송통신위원회

③ 국민권익위원회   ④ 공정거래위원회

13 공무원에 관한 내용으로 옳지 않은 것은?

① 국가공무원은 경력직공무원과 특정직공무원으로 구분하며, 특정직공무원에는 정무직공무원과 별정직공무원이 있다.

② 정무직은 국민의 입장에서 정치적 판단 등이 필요하므로 대부분 개방형 임용을 하고 있다.

③ 별정직은 특정한 업무를 담당하기 위하여 별도의 자격기준에 의하여 임용되는 공무원으로서 법령에서 별정직으로 지정하는 공무원을 말한다.

④ 특정직은 각 개별 법률에 의해 별도의 계급체계를 유지하고 있다.

14 전통적 예산원칙의 내용으로 옳지 않은 것은?

① 이용 : 한정성의 원칙에 대한 예외

② 이체 : 사전의결의 원칙에 대한 예외

③ 기금 : 완전성의 원칙에 대한 예외

④ 전용 : 사전의결의 원칙에 대한 예외

15 예산심의에 대한 내용으로 옳지 않은 것은?

① 정부는 회계연도마다 예산안을 편성하여 회계연도 개시 90일 전까지 국회에 제출하고, 국회는 회계연도 개시 30일 전까지 이를 의결하여야 한다.

② 예비비는 총액으로 국회의 의결을 얻어야 하며, 예비비의 지출은 차기국회의 승인을 얻어야 한다.

③ 예산심의절차는 상임위원회의 예비심사, 예산결산특별위원회 종합심사의 2단계로 이루어진다.

④ 한 회계연도를 넘어 계속하여 지출할 필요가 있을 때에는 정부는 연한을 정하여 계속비로서 국회의 의결을 얻어야 한다.

16 특별지방행정기관에 대한 내용으로 옳지 않은 것은?

① 우리나라에는 특별지방행정기관이 없다.

② 국가업무의 효율적·광역적 추진을 위해 설치되었다.

③ 지역주민의 의사를 반영시키는 제도적 연결장치가 결여되어 있다.

④ 현장의 정보를 중앙정부에 전달하거나 중앙정부와 지방자치단체 사이의 매개역할을 수행하기도 한다.

17 선진국처럼 국가의 경제력이 크고, 예측가능성이 높은 경우는?

① 점증적 행태 ② 보충적 행태

③ 반복적 행태 ④ 양입제출적 행태

18 조직에 관한 내용으로 옳지 않은 것은?

① 네트워크 조직은 조직 자체 기능은 핵심역량 위주로 하고 여타 기능은 외부계약관계를 통해서 수행한다.

② 학습 조직은 공동의 과업, 소수의 규정과 절차, 비공식적이고 분권적인 의사결정을 특징으로 하는 기능분립적 구조이다.

③ 삼엽 조직(shamrock organization)은 소규모 전문직 근로자들, 계약직 근로자들, 신축적인 근로자들로 구성된 조직의 형태이다.

④ 매트릭스 조직은 조직환경이 복잡해지면서, 기능부서의 기술적 전문성이 요구되는 동시에 사업부서의 신속한 대응성의 필요가 증대되면서 등장한 조직의 형태이다.

19 지방자치단체장의 권한에 대한 내용으로 옳지 않은 것은?

① 임시회의 소집요구권을 가진다.

② 지방자치단체의 장은 지방자치단체를 대표하고, 그 사무를 총괄한다.

③ 지방자치단체의 장은 소속 직원을 지휘·감독하고 법령과 조례·규칙으로 정하는 바에 따라 그 임면·교육훈련·복무·징계 등에 관한 사항을 처리한다.

④ 지방의회가 재의결한 내용이 법령에 위반된다고 인정되면 일시정지할 수 있다.

20 스웨덴식 옴부즈만 제도에 대한 내용으로 옳지 않은 것은?

① 옴부즈만은 내부통제이다.

② 직무수행에 있어서 독립성이 보장된다.

③ 법원의 경우와는 달리 신속히 처리되며 비용이 저렴하다.

④ 시민의 권리구제 신청이 없어도 직권조사 권한을 가진다.

21 개방형 직위에 대한 내용으로 옳지 않은 것은?

① 행정의 전문성과 효율적인 정책수립을 위해 공직 내·외부에서 인재를 공개적으로 선발하는 제도이다.

② 개방형 직위는 임용기회의 형평성을 제고한다.

③ 개방형 직위는 행정에 대한 민주적 통제가 어렵다.

④ 생산성과 능률성 저하를 초래한다는 비판이 있다.

22 지방자치법령에 대한 내용으로 가장 옳지 않은 것은?

① 지방자치단체가 갖는 권한으로 자치입법권이 있지만 제약이 많다.

② 지방자치단체의 장이 대통령령의 범위를 넘는 행정기구의 설치 시에는 대통령의 확인을 받아야 한다.

③ 지방자치단체가 조례를 제정할 때 상위 법령에서 아니 된다고 규정해 놓은 것은 조례로 제정할 수 없다.

④ 지방자치단체는 지방세의 세목(稅目), 과세대상, 과세표준, 세율, 그 밖에 부과·징수에 필요한 사항을 정할 때에는 「지방세기본법」 또는 「지방세관계법」에서 정하는 범위에서 조례로 정하여야 한다.

23 지방자치단체의 갈등해결에 대한 내용으로 가장 옳은 것은?

① 갈등관리에서 갈등조장방법에는 인사이동이 있다.

② 중앙정부와 지방정부 간의 인사교류의 활성화는 소모적 갈등의 완화에 기여한다.

③ 지방자치단체와 주민의 갈등을 해결하는 방법에는 협의회와 협약, 공청회, 공람 등이 있다.

④ 지방자치단체는 행정협의조정위원회, 국가와 지방자치단체는 분쟁조정위원회에서 다투는 것이 옳다.

24 지방자치법령에서 규정하는 내용으로 옳지 않은 것은?

① 다른 기관에서 감사하였거나 감사 중인 사항은 주민의 감사청구의 대상에 포함한다.

② 주민은 그 지방자치단체의 장 및 지방의회의원(비례대표 지방의회의원은 제외)을 소환할 권리를 가진다.

③ 행정처분인 해당 행위의 취소 또는 변경을 요구하거나 그 행위의 효력 유무 또는 존재 여부의 확인을 요구하는 소송은 주민이 제기할 수 있다.

④ 지방자치단체의 장은 주민에게 과도한 부담을 주거나 중대한 영향을 미치는 지방자치단체의 주요 결정사항 등에 대하여 주민투표에 부칠 수 있다.

25 대표관료제에 대한 내용으로 옳지 않은 것은?

① 대표관료제는 뉴거버넌스를 저해한다.

② 행정에 대한 비공식 내부통제의 한 방안이다.

③ 국민의 다양한 요구에 대한 정부의 대응성을 제고시킨다.

④ 공직임용에 있어 개인의 능력·자격을 2차적인 기준으로 삼기 때문에 행정의 전문성과 생산성을 저해할 우려가 있다.

국방부(육 · 해 · 공군) 시행 필기시험(2015.07.04)

01 임시체제(Adhocracy)의 특징으로 옳지 않은 것은?

① 의사결정권이 전문가로 구성된 팀에 분화되어 있다.

② 조직 내의 갈등과 긴장이 불가피하다.

③ 사회환경의 변화에 적응하기에 용이하다.

④ 구성원들 간 권한과 책임의 한계가 명확하다.

02 미국의 현대 행정학에 대한 내용으로 옳지 않은 것은?

① 해밀턴(Hamilton)은 중앙집권화에 의한 능률적인 행정방식이 최선이라고 주장하였다.

② 매디슨(Madison)은 견제와 균형에 의한 다원적 과정을 중시하였다.

③ 제퍼슨(Jefferson)은 강한 행정부에 의한 민주주의의 실현을 주장하였다.

④ 잭슨(Jackson)은 공직에 대한 기회균등으로써 민주주의의 실현을 강조하였다.

03 현재(2018년) 우리나라의 정부조직 구성 중 복수차관을 두지 않는 곳은?

① 외교부

② 기획재정부

③ 산업통상자원부

④ 문화체육관광부

04 정책네트워크모형 중 이슈네트워크와 구별되는 정책공동체의 특징으로 옳지 않은 것은?

① 정책공동체는 이슈네트워크에 비해 참여자가 광범위하고 다양하다.

② 정책공동체는 모든 참여자가 교환할 자원을 보유한다.

③ 정책공동체는 안정적인 네트워크, 이슈네트워크는 유동적인 네트워크로 볼 수 있다.

④ 정책공동체는 처음 의도한 정책 내용과 정책 산출이 크게 다르지 않은 반면, 이슈네트워크는 달라지는 경우가 많다.

05 귤릭(Gulick)의 최고관리자의 7대 기능에 해당하지 않는 것은?

① Planning(계획)
② Cooperation(협력)
③ Organizing(조직화)
④ Coordinating(조정)

06 수평적 조정기제가 아닌 것은?

① 계층제
② 직접접촉
③ 임시작업단
④ 프로젝트팀

07 포스트모더니즘에 대한 내용으로 옳지 않은 것은?

① 상상(imagination)은 규칙이 허용하는 한도 내에서의 사고를 요구한다.

② 해체(deconstruction)는 언어, 몸짓, 이야기, 이론 등의 근거를 파헤쳐 보는 것이다.

③ 영역해체(deterritorialization)는 모든 지식의 그 성격과 조직에서 갖고 있는 고유영역이 해체된다는 것이다.

④ 타자성(alterity)은 자신이 아닌 타인을 인식적 객체가 아닌 도덕적인 타자로 인정하는 것이다.

08 민츠버그의 조직 유형에 대한 내용으로 옳지 않은 것은?

① 사업부제 구조는 제한된 수직적 분권화 구조로, 조직의 중간 관리층이 핵심적 역할을 한다.

② 기계적 관료제는 업무의 표준화를 중시하며 주로 안정된 환경에서의 반복업무에 적합한 조직이다.

③ 전문적 관료제는 핵심운영층이 주도하여 조직을 이끄는 유형으로, 단순한 환경에 적합한 조직이다.

④ 애드호크라시(adhocracy)는 고정된 계층구조를 갖지 않고 표준화를 지양하는 조직이다.

09 국가기획에 대한 학자들의 태도로 옳지 않은 것은?

① 하이예크(Hayek)는 '노예의 길'에서 국가기획과 개인의 자유의 양립을 주장하며 국가기획을 찬성하였다.

② 만하임(K. Mannheim)은 '자유·권력 및 민주적 기획론'에서 국가기획의 필요성을 주장하며, 자유사회를 위한 민주적 기획일 것을 요구하였다.

③ 파이너(Finer)는 '반동의 길'에서 대공황의 파국적 효과를 지적하며 정부개입 및 국가기획의 필요성을 주장하였다.

④ 홀콤(A.N.Holcomb)은 '계획적 민주정부론'에서 정부의 적극적 정책 및 계획적 민주주의의 중요성을 강조하며 국가기획을 찬성하였다.

10 근무성적평정상의 오류 중 평정자의 평정 기준이 일정하지 않아 관대화 또는 엄격화 경향이 불규칙하게 나타나는 것은?

① 총계적 오류　　　　② 시간적 오류　　　　③ 연쇄 효과　　　　④ 규칙적 오류

11 우리나라의 예산에 대한 내용으로 옳지 않은 것은?

① 조세의 종목과 세율은 각 지방자치단체의 장이 정한다.

② 정부는 재정건전성의 확보를 위하여 최선을 다하여야 한다.

③ 한 회계연도의 모든 수입을 세입으로 하고, 모든 지출을 세출로 한다.

④ 중앙관서의 장은 다른 법률에 특별한 규정이 있는 경우를 제외하고는 그 소관 수입을 국고에 납입하여야 하며 이를 직접 사용하지 못한다.

12 엽관주의의 단점이 아닌 것은?

① 행정의 비능률성 야기　　　　　　② 정치적 중립성 훼손

③ 평등의 이념 침해　　　　　　　　④ 행정의 부패 초래

13 보조기관에 해당하지 않는 것은?

① 차관　　　　　　② 과장　　　　　　③ 실장　　　　　　④ 차관보

14 A. Schick가 주장한 것으로, 예산의 기능은 통제 · 관리 · 계획 기능으로 구분된다고 보는 것은?

① 정치적 기능　　　　　　　　　　② 행정관리적 기능

③ 경제적 기능　　　　　　　　　　④ 법적 기능

15 신공공관리론(NPM)과 뉴거버넌스에 대한 내용으로 옳지 않은 것은?

① 신공공관리론은 관리가치에 대하여 과정에, 뉴거버넌스는 결과에 그 초점을 두고 있다.

② 신공공관리론과 뉴거버넌스 모두 정부의 역할을 방향잡기로 본다.

③ 신공공관리론은 국민인식에 대하여 고객으로, 뉴거버넌스는 주인으로 본다.

④ 신공공관리론은 경쟁체제를, 뉴거버넌스는 협력체제를 통한 행정운영을 주장한다.

16 특별지방행정기관에 대한 내용으로 옳지 않은 것은?

① 특별지방행정기관은 당해 관할구역 내에서 시행되는 소속 지방행정기관의 권한에 속하는 행정사무를 관장하는 국가의 지방행정기관을 말한다.

② 행정의 전문성을 제고할 수 있는 효과가 있다.

③ 자치단체 간 이원적 업무수행으로 주민들의 불편을 초래할 수 있다.

④ 기능의 중복으로 인하여 효율성이 떨어질 수 있다.

17 지방자치단체의 기관 구성에 대한 설명 중 옳지 못한 것은?

① 기관통합형은 의결기관과 집행기관이 단일기관에 속하여 운영하는 방식을 말한다.

② 기관분립형은 의결기관과 집행기관이 분리되어 각각의 기능을 따로 수행하도록 하는 방식을 말한다.

③ 기관통합형은 보통 대통령제를 채택한 국가에서 많이 나타나고 있다.

④ 기관분립형은 권력분립의 원칙에 따라 지방의회와 자치단체의 장이 상호견제와 균형을 이루도록 하는 데 용이하다.

18 영기준 예산제도의 특징이 아닌 것은?

① 전년도 예산과는 별개로 사업의 우선순위를 정하여 예산을 편성한다.

② 추진 중인 사업에 대한 지속적인 평가가 가능하다.

③ 수평적 · 분권적 의사전달과 참여가 이루어진다.

④ 예산편성을 하나의 의사결정으로 통합하여 보다 합리적인 결정을 내릴 수 있도록 한다.

19 행정학의 접근방법에 대한 내용으로 옳지 않은 것은?

① 법률적-제도론적 접근방법은 행정학 연구 초기부터의 접근방법이다.

② 관리기능적 접근방법은 행정의 효율성 및 생산성을 강조하는 견해이다.

③ 생태론적 접근방법은 행정현상을 자연적 · 사회적 · 문화적 환경과 관련시켜 이해하였다.

④ 접근방법들은 상호 배타적인 성격을 갖는다.

20 국고보조금의 특징으로 옳지 않은 것은?

① 국고보조금 제도는 보조금 관리에 관한 법률에 근거하여 국가 외의 자가 행하는 사무 또는 사업에 대하여 국가가 이를 조성하거나 재정상의 원조를 하기 위하여 재원을 교부하는 제도이다.

② 국고보조금은 사용 용도가 구체적이고 세분화되어 있는 특정보조금이며, 일반보조금은 그러한 제한이 없는 것으로 지방교부세가 이에 해당한다.

③ 국가와 지방자치단체 간에 존재하는 수직적 재정불균형과 지방자치단체 간 수평적 재정불균형을 시정하는 기능을 한다.

④ 국고보조금의 수령을 위해서는 일정액 이상의 담보를 제공하여야 한다.

21 정치행정일원론과 정치행정이원론에 대한 내용으로 옳지 않은 것은?

① 정치행정일원론은 정치와 행정은 완전히 분리될 수 없는 불가분의 관계에 있다고 보고 있다.

② 정치행정이원론은 정책이 결정되면 행정은 단순히 이를 집행하는 것으로 인식한다.

③ 정치행정일원론은 행정의 전문화·기술화와 더불어 성립되었다.

④ 정치행정이원론에 따르면 정치와 행정의 완전한 분리가 가능하다.

22 정부 실패를 지적하기 시작한 이론은?

① 대리인이론
② 공공선택이론
③ 신제도론
④ 행태론

23 희소한 자원을 다수가 공동으로 사용하게 되면 그로 인한 혜택 등이 고갈되고 환경이 파괴된다는 것을 표현하는 것은?

① 대리인 이론
② 철의 삼각 이론
③ 죄수의 딜레마 이론
④ 공유재산의 비극 이론

24 행정가치 가운데 수단적 가치에 해당하는 것은?

① 공익성
② 자유
③ 민주성
④ 복지

25 정책 오류 중 제3종 오류에 해당하는 것은?

① 틀린 대립가설을 채택하는 오류
② 옳은 기무가설을 기각하는 오류
③ 옳은 대립가설을 기각하는 오류
④ 정책문제 자체가 잘못 정의된 경우

국방부(육 · 해 · 공군) 시행 필기시험(2014.07.05)

---

01 의사결정모형에 대한 내용으로 옳지 않은 것은?

① 만족모형은 인간의 절대적 합리성보다 제한된 합리성을 기준으로 한다.

② 점증모형은 인간이 이성과 합리성에 기반하여 정책을 결정한다는 이론으로, 합리모형과 맥락을 같이 한다.

③ 혼합모형은 합리모형의 이상주의적 성격과 점증모형의 보수성을 비판하고 양자를 절충한 것이다.

④ 쓰레기통모형은 조직화된 무정부 상태를 나타내는 것이다.

02 감사원에 대한 내용으로 옳지 않은 것은?

① 감사원장은 국가의 세입 · 세출의 결산검사를 한다.

② 감사원의 직무감찰에는 국회 · 법원 및 헌법재판소에 소속한 공무원이 포함된다.

③ 감사원은 대통령 소속이며, 직무에 관하여는 독립의 지위를 가진다.

④ 감사원은 세입 · 세출의 결산을 매년 검사하여 대통령과 차년도 국회에 그 결과를 보고하여야 한다.

03 예산과 관련하여 옳지 않은 것은?

① 정부는 회계연도마다 예산안을 편성하여 회계연도 개시 90일 전까지 국회에 제출하고, 국회는 회계연도 개시 30일 전까지 이를 의결하여야 한다.

② 국회는 정부의 동의 없이 정부가 제출한 지출예산의 금액을 증가하거나 새 비목을 설치할 수 없다.

③ 예비비는 기획재정부장관이 관리한다.

④ 예산은 예산총칙, 세입세출예산, 계속비, 명시이월비로 구성되며, 국고채무부담행위는 포함되지 않는다.

04 주관적 미래예측기법에 해당하는 것은?

① 시계열분석법   ② 선형계획법

③ 델파이기법   ④ 회귀분석법

05 정부예산집행의 신축성 확보 방안으로 옳지 않은 것은?

① 계속비   ② 총액계상예산

③ 예산의 배정 · 재배정   ④ 예산의 이용 · 전용

06 잘못 이루어진 정부 규제가 다른 정부 규제를 불러오는 현상을 지칭하는 것은?

① 거품 경제   ② 파킨슨 법칙

③ 피터의 법칙   ④ 타르 베이비 효과

07 변혁적 리더십의 특징이 아닌 것은?

① 개별적 배려   ② 영감적 리더십

③ 거래적 리더십   ④ 카리스마적 리더십

08 쓰레기통 모형에 관한 설명으로 옳지 않은 것은?

① 코헨(M. Cohen), 마치(J. March), 올슨(J. Olsen) 등이 주장하였다.

② 문제줄기, 정책줄기, 정치줄기가 각각 흘러 다니다가 우연한 계기로 결정이 이루어진다고 본다.

③ 쓰레기통 모형은 대학사회 또는 친목단체를 그 예로 들 수 있다.

④ 쓰레기통 모형에서의 4가지 요인은 문제(problem), 해결책(solutions), 참여자(participants), 선택기회(choice opportunities)이다.

09 지방자치단체가 중앙정부의 승인 없이 독자적으로 조례를 통하여 행사할 수 있는 자치권에 해당하는 것은?

① 지방채 발행   ② 법정 외 세목 신설

③ 인접 시 · 군의 경계 조정   ④ 주민감사청구가 가능한 주민 수 조정

2021년

2020년

2019년

2018년

2017년

2016년

2015년

2014년

2013년

2012년

2011년

2010년

2009년

2008년

2007년

10 지방공무원이 아닌 자를 짝지은 것은?

> ㄱ. 전라남도 행정부지사   ㄴ. 경상북도 정무부지사
> ㄷ. 은평구 부구청장   ㄹ. 경기도 교육청 부교육감
> ㅁ. 강원도 지방의회 부의장

① ㄱ, ㄹ   ② ㄱ, ㅁ   ③ ㄴ, ㄹ   ④ ㄹ, ㅁ

11 로위(T. J. Lowi)의 정책유형에 대한 내용으로 옳지 않은 것은?

① 배분정책은 정부가 적극적으로 국민이 필요로 하는 재화 또는 공공서비스를 제공하는 것이며, 정책과정이 갈라먹기식(pork-barrel) 싸움이 될 수도 있다.

② 규제정책은 정부가 개인이나 기업의 행위를 제한하는 것으로, 이로써 반사적으로 다수를 보호하는 것을 목적으로 한다.

③ 재분배정책은 소득, 재산 등의 분포 상태를 변화시키는 정책으로, 정치적 갈등이 완화되는 효과가 있다.

④ 구성정책은 주로 선거구의 조정과 같이 체제의 구조 · 운영과 관련된 정책이다.

12 행정에 관한 설명으로 옳지 않은 것은?

① 행정은 공익(public interest)을 지향한다.

② 넓은 의미에서 보면 행정은 어떤 조직에서든 찾아볼 수 있는 인간협동의 측면에서의 개념이다.

③ 좁은 의미에서의 행정은 정부 관료제를 중심으로 이루어지는 활동을 말한다.

④ 행정은 공공가치의 달성을 위하여 정부가 독점적으로 수행한다.

13 다면평가제에 대한 내용으로 옳지 않은 것은?

① 다면평가제는 상급자뿐만 아니라 동료, 하급자, 민원인의 평가의견도 반영하여 평가하는 제도이다.

② 다면평가의 실시는 평가의 형평성을 확보할 수 있다는 이점이 있다.

③ 주변 동료의 업적에 무임승차하려는 행태를 억제할 수 있다.

④ 피평가자는 자신의 능력을 인정받기 위하여 자신을 개발하는 것에 대한 강력한 동기부여가 될 수 있다.

14 가외성에 대한 내용으로 옳지 않은 것은?

① 가외성은 Martin Landau에 의해 행정학에 도입된 개념으로, 중첩성·초과분 등을 의미한다.

② 가외성을 고려할 때에는 능률성은 배제되어야 한다.

③ 가외성은 상황 변화가 불확실한 현대사회에 적합한 이념이다.

④ 가외성은 오류 발생 가능성을 감소시켜 조직의 신뢰성을 증대시킨다.

15 전략적 기획에 대한 내용으로 옳지 않은 것은?

① 전략적 기획은 역사적으로 사부문에서 주로 발전되고 활용되어 왔다.

② 조직의 전반적인 방향에 대한 일반적인 지침을 제공한다.

③ 하버드 정책모형은 공공부문에 가장 많은 영향을 미친 전략적 기획 접근법이다.

④ 전략적 기획은 주로 전문가에 의하여 수립된다.

16 직위분류제에 대한 내용으로 옳지 않은 것은?

① 직위분류제는 직무(job) 또는 직위(position)의 종류·책임성·곤란성 등을 평가하여 공직을 분류·정리하는 제도이다.

② 직위분류제는 계급제에 비해 인사이동이 제한적·경직적으로 이루어진다.

③ 직위분류제는 계급제에 비해 직무수행의 형평성이 높다.

④ 직위분류제는 보수 상승을 위하여 승진에 집착하는 경향이 나타난다.

17 다음 설명 중 옳지 않은 것은?

① 「공직자윤리법」에 내부고발자 보호제도가 규정되어 있다.

② 「공직자윤리법」상 재산등록 대상자는 본인, 배우자(사실상의 혼인관계 포함), 본인의 직계존·비속이다.

③ 공무원 청렴의 의무는 「국가공무원법」에서 명시적으로 규정하고 있다.

④ 공무원을 강임할 때에는 바로 하위 계급의 직위에 임용하여야 한다.

18 지식정보사회에 관한 설명 중 옳지 않은 것은?

① 지식정보사회는 정보의 생산, 유통이 급격히 증대되고 사회구조 전반에 걸쳐 지식과 정보의 가치가 높아지는 사회를 의미한다.

② 지식정보사회에서는 사회생활의 모든 영역에서 정보가 광범위하게 전달·습득·활용된다.

③ 지식정보사회의 발전에 따라 컴퓨터 범죄, 프라이버시 침해, 정보격차 발생 등의 부정적 측면도 발생하게 된다.

④ 지식정보사회에서는 개인의 역량은 고려하지 않으나, 조직의 협력이 강하게 요구된다.

19 예산제도의 변화 순서를 옳게 나열한 것은?

ㄱ. 계획 예산제도	ㄴ. 품목별 예산제도
ㄷ. 영기준 예산제도	ㄹ. 성과주의 예산제도
ㅁ. 신성과주의 예산제도	

① ㄴ - ㄹ - ㄱ - ㄷ - ㅁ
② ㄴ - ㄱ - ㄷ - ㄹ - ㅁ
③ ㄹ - ㄱ - ㄴ - ㅁ - ㄷ
④ ㄹ - ㄴ - ㅁ - ㄱ - ㄷ

20 지방의회의 자율권에 해당하지 않는 것은?

① 회의의 비공개 결정
② 의원에 대한 징계권
③ 국회의장에 대한 불신임권
④ 공무원의 출석요구권

21 경력평정의 원칙에 해당하지 않는 것은?

① 근시성의 원칙
② 친근성의 원칙
③ 연고성의 원칙
④ 발전성의 원칙

22 「국가재정법」상 예산에 대한 규정으로 옳지 않은 것은?

① 정부는 감사원의 세출예산요구액을 감액하고자 할 때에는 국무회의에서 감사원장의 의견을 구하여야 한다.

② 정부는 결산이 「국가회계법」에 따라 재정에 관한 유용하고 적정한 정보를 제공할 수 있도록 객관적인 자료와 증거에 따라 공정하게 이루어지게 하여야 한다.

③ 기획재정부장관은 예산요구서에 따라 예산안을 편성하여 국회의 동의를 얻은 후 대통령의 승인을 받아야 한다.

④ 각 중앙관서의 장은 세출예산이 정한 목적 외에 경비를 사용할 수 없다.

23 네트워크 조직의 특징으로 옳지 않은 것은?

① 공동 조직(hollow organization)　　② 구조의 유연

③ 권한 · 책임 소재의 명확　　④ 수평적 구조

24 민간위탁의 장점으로 볼 수 없는 것은?

① 행정의 효율성 증대　　② 행정의 책임성 확보

③ 전문성 증대　　④ 재정건전화

25 행정학에 관한 설명으로 옳지 않은 것은?

① 산업혁명 이후 산업화 · 도시화 현상의 심화로 행정의 역할이 증대되었다.

② 미국 행정학은 정실주의의 비효율을 제거하기 위하여 시작되었다.

③ 광의의 행정은 공공단체, 기업체, 민간단체 등 모든 조직활동에서 이루어진다.

④ 미국식 행정학의 본격적인 보급은 1959년 서울대학교 행정대학원이 설치되면서 이루어졌다.

국방부(육 · 해 · 공군) 시행 필기시험(2013.06.29)

01 행정과 경영에 대한 설명으로 옳지 않은 것은?

① 활동주체와 목적이 다르다.   ② 공개성과 독점성이 다르다.

③ 관리기법과 의사결정방식이 다르다.   ④ 권력성과 정치성이 다르다.

02 우리나라의 주민투표에 관한 설명으로 옳은 것은?

① 대한민국 국적을 취득할 때까지 외국인은 주민투표권자가 될 수 없다.

② 주민투표의 발의는 지방자치단체의 장에게만 인정되고 있다.

③ 전체 투표수가 주민투표권자 총수의 2분의 1에 미달되면 개표를 하지 않는다.

④ 주민투표권이 없는 자라도 투표운동을 할 수 있다.

03 우리나라의 정보공개제도에 관한 설명으로 옳은 것은?

① 일부 지방자치단체의 정보공개제도가 국가의 정보공개제도보다 앞서 도입되었다.

② 외국인은 우리나라의 정보공개제도를 이용할 수 없다.

③ 국회, 법원, 헌법재판소의 정보는 공개청구의 대상에서 제외되어 있다.

④ 지방자치단체를 포함한 공공기관은 직무상 작성 · 취득하여 관리하고 있는 정보에 대해 공개의 청구가 있으면 이에 따라야 한다.

04 윌슨(Wilson)의 규제정치 모형에서 기업가적 정치에 대한 설명으로 옳은 것을 모두 고르면?

> ㄱ. 정부에 의해 해당 사업에 대한 신규사업자의 진입이 제한된다.
> ㄴ. 편익을 기대할 수 있는 측은 집단행동의 딜레마에 빠진다.
> ㄷ. 비용이 소수의 동질적 집단에 집중된다.
> ㄹ. 규제의 수혜자들이 잘 조직화되어 있다.
> ㅁ. 환경오염규제, 자동차 안전규제, 위해물품 규제 등 주로 사회적 규제이며 의제채택이 어렵다.

① ㄱ, ㄷ, ㄹ   ② ㄱ, ㄴ, ㅁ   ③ ㄴ, ㄷ, ㅁ   ④ ㄷ, ㄹ, ㅁ

05 행태주의와 제도주의에 대한 설명으로 옳지 않은 것은?

① 행태주의 접근방법은 정치와 행정현장에서 개별 국가의 특수성을 중시하였다.

② 행태주의 접근방법은 사회로부터 정치체제에 대한 투입을 중시하였다.

③ 1950년대까지 정치와 정부연구의 주류를 이루었던 전통적 제도주의는 정부의 공식적 구조에만 관심을 가졌다.

④ 1970년 이후 부활한 신제도주의는 제도를 인간이 만들지만 아울러 거시적인 제도가 인간의 미시적인 행동을 제약한다고 본다.

06 예산제도에 대한 설명으로 옳지 않은 것은?

① 목표관리제는 감축관리를 추진할 때 그 의미가 특히 부각된다.

② 계획예산제도의 핵심 요소는 프로그램 예산 형식을 따른다는 것이다.

③ 품목별예산제도는 지출 항목에 대한 지출 이유 등의 정보 파악이 어렵다.

④ 성과주의 예산에서 재원들은 거리 청소, 노면 보수와 같은 활동단위를 중심으로 배분된다.

07 로위(T. J. Lowi)의 정책분류에 관한 설명으로 잘못된 것은?

① 분배정책의 비용부담자는 자신이 누구를 위해 얼마나 비용부담을 하고 있는지 인지하지 못한다.

② 보호적 규제정책의 경우 다수의 수혜집단이 적극적인 지지활동을 전개하는 경향을 보인다.

③ 재분배정책은 평등한 대우의 문제가 아닌 평등한 소유를 문제로 삼는다.

④ 규제정책은 정책결정 시에 정책으로부터 이득을 보는 자와 피해를 보는 자를 선택한다.

08 정책의제 설정에 대한 설명으로 옳지 않은 것은?

① 무의사결정은 정책의제 설정 단계에서만 이뤄진다.

② 사회 모든 문제가 다 정책의제가 되는 것은 아니다.

③ 정책의제 중 체제의제는 일반 국민이 정부의 소관사항에 속한다고 보는 관심사를 말한다.

④ 정책의제 중 제도의제는 정책결정자가 직접 검토하고 관심을 가지는 의제를 말한다.

09 신축성을 유지하기 위한 예산집행 장치로 옳지 않은 것은?

① 예산의 배정 · 재배정   ② 예산의 이체 · 이월

③ 예산의 이용 · 전용   ④ 총괄예산제도

10 공기업에 대한 설명으로 옳지 않은 것은?

① 공사형은 전액 정부가 출자하여 설립한 법인이다.

② 주식회사형은 정부가 주식의 일부를 소유하여 회사의 관리에 참여한다.

③ 정부기업형은 일반행정기관에 적용되는 조직, 인사, 예산에 관한 규정의 적용을 원칙적으로 받지 않는다.

④ 정부 주관으로 운영하는 조직이지만 정규직인 정부조직보다는 더 많은 자율성을 누린다.

11 립스키(Lipsky)의 일선관료제 이론은 다음 정책과정 중 어느 단계에 관한 설명인가?

① 정책결정   ② 의제설정   ③ 정책집행   ④ 정책평가

12 헤일로 효과(Halo effect)에 대한 설명으로 옳은 것은?

① 평정자의 편견이나 선입견 등에 의한 오차를 말한다.

② 최근의 실적 · 사건이 근무성적의 평정에 영향을 주는 오류를 말한다.

③ 특정 평정요소의 평정결과가 다른 평정요소에 영향을 주는 착오를 말한다.

④ 근무성적평정에서 평정자가 무난하게 중간점수를 주려는 경향을 말한다.

13 행정이념에 대한 설명으로 옳지 않은 것은?

① 합법성은 법치행정을 추구하여 국민의 자유와 권리를 보호해야 한다는 이념이다.

② 효율성은 행정목표의 달성도를 말하므로 수단적이고 과정적이 아니라 목적적이고 기능적인 이념이다.

③ 민주성은 국민의 의사를 행정에 반영하고 국민을 위한 행정을 수행하자는 이념이다.

④ 사회적 형평성은 가치배분의 공정성을 높여 모든 국민이 균등하게 잘 살게 해야 한다는 이념이다.

14 '민간화(Privatisation)'의 긍정적 효과로 볼 수 없는 것은?

① 공공서비스 제공에 대한 책임성 확보

② 서비스 공급의 융통성과 효율성 상승

③ 고객의 요구에 대한 대응성 제고

④ 정치적 · 재정적 부담 감소

15 예산의 구성 순서로 옳은 것은?

① 예산총칙 − 국고채무부담행위 − 계속비 − 세입세출예산 − 명시이월비

② 예산총칙 − 세입세출예산 − 계속비 − 명시이월비 − 국고채무부담행위

③ 세입세출예산 − 국고채무부담행위 − 예산총칙 − 명시이월비 − 계속비

④ 세입세출예산 − 명시이월비 − 국고채무부담행위 − 예산총칙 − 계속비

16 공직 부패(Corruption)의 원인에 대한 시각과 접근법의 설명으로 옳지 않은 것은?

① 제도적 접근법은 사회의 법과 제도상의 결함이나 운영상의 문제 등 부작용이 부패의 원인으로 작용한다고 본다.

② 시장 · 교환적 접근은 부패를 시장실패 등 시장경제의 근본적인 모순에서 찾는다.

③ 사회문화적 접근은 특정한 지배적 관습이나 경험적 습성이 부패를 조장한다고 본다.

④ 도덕적 접근은 부패의 원인을 공무원 개인의 윤리의식의 문제로 본다.

17 다음 예산 관련 내용 중 헌법 규정 사항이 아닌 것은?

① 예산총계주의   ② 추가경정예산

③ 계속비   ④ 예비비

18 정책의제 설정모형에 관한 설명으로 옳지 않은 것은?

① 내부접근형에서는 대중의 지지와 동원을 중시하지 않는다.

② 외부주도형에서는 언론과 정당의 역할이 중요하다.

③ 행정PR은 동원모형에서 가장 중요하게 여겨진다.

④ 동원모형의 과정은 사회문제 → 공중의제 → 정부의제의 순서로 진행된다.

19 리더십 이론에 대한 설명으로 옳지 않은 것은?

① 특성론은 신체, 성격, 사회적 배경 등에서 리더로서의 요인을 타고나는 것으로 보는 이론이다.

② 아이오와 대학 모델, 오하이오 대학 모델, 미시간 대학 모델 등은 리더십의 특성이론을 연구한 리더십 모델이다.

③ 형태론은 리더의 자질이 태어나면서부터 주어지는 것이 아니라 태어난 후에라도 리더의 행동 특성을 훈련시킴으로써 리더를 만들어 갈 수 있다는 이론이다.

④ 관리격자모델은 리더의 생산과 사람에 대한 관심을 중심으로 리더십을 분류하여 각각 부족한 리더십 을 훈련시키고자 하는 모델이다.

20 동기부여이론에 대한 설명으로 옳은 것은?

① 맥그리거(McGregor)가 제시한 X·Y 인간관은 매슬로우(Maslow)의 욕구단계이론과 관련이 없다.

② 브룸(Vroom)의 동기기대이론은 동기이론의 범주 가운데 내용이론에 포함된다.

③ 허즈버그(Herzberg)는 불만족을 야기시키는 위생요인이 충족되면 동기가 유발된다고 하였다.

④ 페리(Perry)는 공공선택이론에 대한 대안으로 신공공서비스이론에 입각하여 시민정신에의 부응을 통한 관료들의 동기유발을 제시하였다.

21 현재(2013년) 정부의 행정 각부 장관과 그 소속 행정기관이 바르게 연결된 것만을 고르면?

> ㄱ. 환경부장관 – 기상청
> ㄴ. 교육부장관 – 교육청
> ㄷ. 산업통상자원부장관 – 중소기업청
> ㄹ. 농림축산식품부장관 – 식품의약품안전처

① ㄱ, ㄷ   ② ㄱ, ㄹ   ③ ㄴ, ㄷ   ④ ㄷ, ㄹ

22 지방분권의 추진을 위해 2000년대 이후 우리 정부가 새롭게 실시한 정책이 아닌 것은?

① 지방양여금의 폐지 및 증액교부금의 인상

② 주민소송제 및 주민소환제의 도입

③ 지방교부세 및 지방교육재정교부금의 법정교부율 인상

④ 분권교부세 및 부동산교부세의 신설

23 시험의 효용성에 대한 설명으로 옳지 않은 것은?

① 면접시험은 필기시험에 비해 시험관의 주관성이 개입될 우려가 있고 신뢰도가 낮다.

② 일반직 공무원에게 기술지식을 측정하는 것은 타당도(validity)가 낮은 것이다.

③ 주관식 시험은 객관식 시험에 비해 객관도(objectivity)가 더 높다.

④ 매년 다른 기술과목을 시험 보는 것은 신뢰도(reliability)가 낮은 것이다.

24 「지방분권 및 지방행정체제 개편에 관한 특별법」에 관한 내용으로 옳지 않은 것은?

① 특별시 및 광역시는 지방자치단체로서 존치한다.

② 특별시와 광역시의 구가 일정한 인구나 규모 이하일 경우 적정한 규모로 통합한다.

③ 주민자치회의 위원은 조례로 정하는 바에 따라 지방자치단체의 장이 위촉한다.

④ 읍·면·동의 경우 풀뿌리 자치의 활성화와 민주적 참여의식 고양을 위해 적정한 규모로 통합하여 주민자치회를 설립한다.

25 특별지방행정기관의 효용으로 옳지 않은 것은?

① 사무효율성   ② 전문성   ③ 통일성   ④ 현지성

CHAPTER 10 | 2012년 행정학 기출문제

Civilian Worker In The Military **PART** 01

국방부(육·해·공군) 시행 필기시험(2012.06.30)

---

01 행정권 오용의 경우로 옳지 않은 것은?

① 재량권을 행사하지 않거나 적극적이지 않은 무사안일한 태도

② 선별적인 정보 배포를 통한 실책 은폐

③ 법규 중심의 융통성 없는 인사

④ 입법의도의 편향된 해석

02 매트릭스 조직의 장점이 아닌 것은?

① 구성원의 자아실현에 유리하다.　　② 신축적인 인적자원 활용이 가능하다.

③ 특수사업의 추진에 용이하다.　　④ 의사결정이 신속하게 이루어진다.

03 공직부패에 대한 설명으로 옳지 않은 것은?

① 금품을 제공받은 특정 업소를 단속에서 제외하는 것은 일탈형 부패에 해당한다.

② 체제론적 접근법은 사회의 법과 제도의 결함이 부패의 원인으로 작용한다고 본다

③ 부패의 전형적 행위로는 뇌물수수가 있다.

④ 공무원 부패는 사익을 추구하고 공익을 침해하는 것이다.

04 우리나라에서 시행 중인 예산제도가 아닌 것은?

① 가예산　　② 주민참여예산제도

③ 예비타당성조사　　④ 성인지예산제도

05 정책분석과 정책평가에 대한 설명으로 옳지 않은 것은?

① 정책평가는 내용적 측면을, 정책분석은 과정적 측면을 대상으로 한다.

② 정책평가는 거시적 방법을, 정책분석은 미시적 방법을 활용한다.

③ 정책평가는 사후적, 정책분석은 사전적 활동이다.

④ 정책평가는 목표를 중시하여 효과성을 평가한다.

06 엘리트이론과 다원론에 대한 설명으로 틀린 것은?

① 무의사결정론은 신엘리트론이라고 하기도 한다.

② 다원론에서 엘리트는 다수의 의사보다 자신들의 이익을 추구한다.

③ 고전적 엘리트 이론에서는 엘리트가 허용하는 소수의 문제만이 정책의제화된다고 보았다.

④ 엘리트론은 소수의 엘리트들이 정책을 지배하는 이론이다.

07 지방자치의 긍정적인 측면으로 옳지 않은 것은?

① 지역의 개성과 특징에 맞는 정책을 추진해 발전을 추구할 수 있다.

② 정책의 지역별 실험 및 혁신적인 추진이 가능하다.

③ 지방정부 간의 경쟁을 촉진시킨다.

④ 지역 간의 형평성이 강화된다.

08 조례제정권의 범위와 한계에 대한 설명으로 옳지 않은 것은?

① 주민의 권리 · 의무에 관련된 조례의 제정에는 법률의 위임이 필요하다.

② 단체위임사무와 기관위임사무 모두 조례로 제정할 수 있다.

③ 조례의 내용은 법령의 범위 안에서만 가능하다.

④ 벌칙을 제정할 때에는 반드시 법률의 위임이 필요하다.

09 가계보전수당에 해당하는 것은?

① 정근수당

② 가족수당

③ 휴일근무수당

④ 위험근무수당

10 '발에 의한 투표'로 주민들이 지방정부를 선택한다고 보는 이론은?

① 달 모델   ② 티부 모델   ③ 허쉬만 모델   ④ 피터슨 모델

11 에치오니(A. Etzioni)가 제시한 정책결정의 이론모형은?

① 만족모형   ② 점증모형   ③ 혼합주사모형   ④ 최적모형

12 실적주의의 본질적 요소가 아닌 것은?

① 공직 취임의 기회 균등성   ② 공개경쟁시험
③ 공무원의 신분 보장   ④ 정치적 충성 강화

13 정책과정의 특성에 관한 설명으로 옳지 않은 것은?

① 정책과정은 참여자들 간에 갈등과 타협이 존재하는 정치과정이다.
② 정책과정에서는 상이한 성격의 집단 간의 연대가 어렵다.
③ 정책과정은 예측하기 힘든 매우 역동적 과정이다.
④ 정책과정은 계속적이고 순환적인 과정이다.

14 공무원의 정치적 중립을 확보하기 위한 수단이 아닌 것은?

① 직업공무원제의 확립   ② 평화적인 정권 교체
③ 시민의 높은 정치의식   ④ 엽관주의 강화

15 관료제의 단점으로 옳지 않은 것은?

① 비공식집단이 무분별하게 활성화된다.
② 할거주의를 초래한다.
③ 조직의 변화에 소극적이게 된다.
④ 레드 테이프(Red Tape)가 발생할 수 있다.

16 전자거버넌스의 특징으로 옳지 않은 것은?

① 직접민주주의의 한계 극복   ② 다양한 네트워크의 형성

③ 다양한 이해관계자의 참여   ④ 충분한 정보의 제공 및 상호작용

17 발생주의 회계에 대한 설명으로 옳지 않은 것은?

① 인식 · 측정 가능하고 징수 가능한 때에 수입으로 기록한다.

② 성과평가 등에 종합적인 재무정보를 반영할 수 있다.

③ 부채를 정확하게 파악하여 재정의 투명성 · 책임성 확보에 유리하다.

④ 오류 발견 및 자기검정기능이 뛰어나다.

18 목표관리(MBO)에 대한 설명으로 옳은 것은?

① 단기적 목표보다는 장기적 목표에 치중한다.

② 목표를 중시하는 민주적 · 참여적 관리기법으로 참여를 중시한다.

③ 의사결정은 하향적으로 이루어진다.

④ 관리 및 운영 절차가 단순하다.

19 비용편익분석의 평가기준인 내부수익률(IRR)에 대한 설명으로 옳지 않은 것은?

① 할인율을 알 수 없을 때 적용한다.

② NPV가 0이 되도록 만드는 할인율이다.

③ 내부수익률보다 사회적 할인율이 높아야 타당성이 있다.

④ 내부수익률이 클수록 우수한 사업으로 인정된다.

20 X-비효율성에 대한 설명으로 옳지 않은 것은?

① 정부실패의 원인이 된다.

② 배분적 효율성과는 상반되는 개념이다.

③ 민영화 혹은 규제 완화를 통해 해결할 수 있다.

④ 법제적 비효율을 의미한다.

21 '부하는 오직 한 사람의 상관으로부터 명령을 받고 보고하도록 하는 명령통일의 원리'와 관련이 깊은 조직 유형은?

① 위원회   ② 막료조직   ③ 합의제 기관   ④ 계선조직

22 전자정부에 대한 설명으로 옳지 않은 것은?

① 행정기관 상호 간 또는 국민에 대한 행정업무를 효율적으로 재설계하는 것이다.

② UN이 분류한 전자정부 발전단계 중 마지막 단계는 '연계(connected)'이다.

③ 2008년 이후 행정안전부 주관으로 추진되었다.

④ 정보화책임자는 전문적이기보다는 전략적이어야 한다.

23 총액배분 자율편성예산제도에 대한 설명으로 옳지 않은 것은?

① 재정 흐름 및 의사결정의 흐름이 상향적이다.

② 지출한도는 일반회계와 특별회계 및 기금까지 포괄한다.

③ 전략적 배분과 국가의 통제를 중시한다.

④ 주어진 지출한도 내에서 각 부처는 자율적으로 정책과 사업을 구상한다.

24 지식정보사회에 대한 설명으로 틀린 것은?

① 소품종 대량생산체제

② 경계를 타파한 이음매 없는 조직

③ 지리적 장벽의 제거

④ 탈계층적 구조

25 동기부여이론에 대한 설명으로 옳지 않은 것은?

① 욕구계층이론과 ERG이론은 내용이론에 해당한다.

② 과정이론에는 성취동기이론과 직무특성이론이 있다.

③ 욕구충족요인 이원론은 동기요인, 위생요인으로 구분한다.

④ 기대이론은 수단성, 유인가, 기대감의 상호작용으로 동기부여를 설명한다.

국방부(육 · 해 · 공군) 시행 필기시험(2011.06.25)

01 행정과 경영의 차이점으로 옳지 않은 것은?

① 관료제적 성격 면에서의 차이

② 목적과 능률의 산출기준의 차이

③ 평등원칙의 적용범위에서의 차이

④ 법적 규제의 차이

02 신공공서비스론에 대한 설명으로 옳지 않은 것은?

① 시민을 하나의 자율적 고객으로 이해하고 공공서비스의 질을 향상시켜 시민의 만족도를 높이고자 하며, 이에 대한 구체적인 구현방식은 서비스헌장 또는 시민헌장 등이다.

② 효율성이나 시장시스템에 근거한 기준의 측정 수단이 책임 있는 행동을 측정하거나 촉진시킬 수 있다고 본다.

③ 공익과 공유가치 간의 관계를 강조하여, 행정가의 역할을 시민들의 참여와 대화를 이끌어냄으로써 그들이 공유된 가치에 근거하여 공익을 추구할 수 있도록 촉진하는 것이라 본다.

④ 행정가들은 공공자원의 관리자, 공공조직의 보호자, 시민의식과 민주적 담론의 중재자, 공동체사회와의 유기적 관계를 위한 촉매자로서 시민들에게 봉사하는 책임성을 발휘해야 한다고 본다.

03 피터스(G. Peters)의 뉴거버넌스에 기초한 정부개혁모형에 대한 설명으로 옳지 않은 것은?

	구분	구조 개혁 방안	관리 개혁 방안
①	시장모형	분권화	성과급, 민간부문 기법 도입
②	참여정부모형	평면조직	총품질 관리팀제
③	유연조직모형	가상조직	가변적 인사관리
④	탈내부규제정부모형	계층제	관리 재량권 확대

04 정책문제의 특징으로 보기 어려운 것은?

① 정책문제는 동태적이고, 상호의존적이다.

② 정책문제는 공공성을 띤다.

③ 정책문제는 객관적이고, 인공적 성격을 띤다.

④ 정책문제는 역사적 산물인 경우가 많다.

05 다음 예산의 원칙 중 성격이 나머지와 다른 하나는?

① 명료성의 원칙 ② 단일성의 원칙

③ 공개성의 원칙 ④ 책임의 원칙

06 바흐라흐(P. Bachrach)와 바라츠(M. Baratz)에 의한 무의사결정의 발생원인이 아닌 것은?

① 기득권 옹호 ② 상급자에 대한 하급자의 반발

③ 지배적 가치·신념에 부정적 작용 ④ 편견의 동원

07 고도의 불확실성 속에서 외부환경의 변화에 자신의 행동을 스스로 조정해 가면서 정보를 지속적으로 제어하고 환류해 나가는 정책결정모형은 무엇인가?

① 만족모형 ② 사이버네틱스모형

③ 회사모형 ④ 쓰레기통모형

08 나카무라와 스몰우드(R. T. Nakamura & F. Smallwood)이 정책진행모형 중에서 정책을 진행하는 관료들이 많은 권한을 보유하고, 전체적인 정책과정을 좌지우지하는 형태의 유형은?

① 재량적 실험가형 ② 지시적 위임가형

③ 관료적 기업가형 ④ 고전적 기술자형

09 정책집행의 통합모형에서 사바티어(P. Sabatier)가 제시한 정책지지연합모형에 대한 설명으로 옳지 않은 것은?

① 정책집행연구의 접근방법을 전방향적 접근(forward mapping)과 후방향적 접근(backward mapping)으로 구분하고, 전방향적 접근에서는 정책결정자의 의도와 정책목표 집행성과를 비교하고, 후방향적 접근에서는 일선관료의 지식과 전문성이 충분히 발휘될 수 있도록 재량과 자원을 강조한다.

② 시간의 경과에 따라 자신들의 목표달성을 위해 정책의 법적 속성을 조정하려는 다양한 행위자들의 전략과 시도를 강조한다.

③ 공공 및 민간조직의 행위자로 구성되는 하위체계 개념을 활용하고, 정책하위체제라는 분석단위에 초점을 맞추었다.

④ 신념체계를 기준으로 행위자의 집단을 구분하고, 이에 따른 지지연합이라는 행위자 집단에 초점을 두어 이들의 정책학습을 강조한다.

10 조직 구성원들의 참여 과정을 통해 조직의 공동 목표를 명확하게 설정하여 활동하고 수행 결과를 측정 및 평가하는 조직관리기법으로 옳은 것은?

① QC   ② QWL   ③ MBO   ④ TQM

11 기획과정이 순서대로 바르게 나열된 것은?

① 상황 분석 → 목표 설정 → 기획 전제 설정 → 대안 탐색 및 평가 → 최종안 선택

② 상황 분석 → 기획 전제 설정 → 목표 설정 → 대안 탐색 및 평가 → 최종안 선택

③ 목표 설정 → 상황 분석 → 기획 전제 설정 → 대안 탐색 및 평가 → 최종안 선택

④ 목표 설정 → 기획 전제 설정 → 상황 분석 → 대안 탐색 및 평가 → 최종안 선택

12 네트워크 구조의 장점에 대한 설명으로 옳지 않은 것은?

① 최고의 품질과 최저의 비용으로 자원들을 활용할 수 있다.

② 외부자원의 활용으로 직접 감독에 대한 지원이나 관리인력이 많이 필요하지 않다.

③ 환경변화에 신속하고 신축적인 대응이 필요하지 않다.

④ 관련 분야의 최신 기술을 즉시 획득·활용할 수 있다.

13 프렌치(J. R. French)와 레이븐(B. Raven)은 권력의 원천에 따라 권력 유형을 분류하였다. 이에 대한 설명으로 옳지 않은 것은?

① 강압적 권력은 상대방을 처벌할 수 있을 때 발생하는 권력으로 권한과 유사한 개념이다.

② 일반적으로 직위가 높을수록 합법적 권력 역시 더욱 커지는 경향이 있다.

③ 보상적 권력은 다른 사람들에게 보상을 주거나 중개할 수 있는 능력으로부터 나온다.

④ 전문적 권력은 조직에서의 공식적 지위와 무관하게 형성된다.

14 맥그리거(D. McGregor)의 Y이론적 인간관의 관리전략으로 옳지 않은 것은?

① 비공식적 조직의 활용   ② 개인·조직 목표의 통합

③ 권위주의적 리더십   ④ 분권화와 권한 위임

15 사회적 형평성에 대한 설명으로 옳지 않은 것은?

① 사회적 형평성은 신행정론에서 적극 수용되었다.

② 사회적 형평성은 '동일한 것은 동일하게, 동일하지 않은 것은 동일하지 않게 대우하는 것'을 고려한다.

③ 사회적 형평성을 강조할 경우 경제적 약자를 최우선적으로 고려해야 한다.

④ 형평성과 공정성은 동일한 개념으로 사용되고 있다.

16 애드호크라시의 특징에 대한 설명으로 옳지 않은 것은?

① 전문적 지식과 기술을 가진 동질적 집단으로 조직된다.

② 칼리지아(collegia) 구조의 형태를 띤다.

③ 높은 수준의 수평적 분화와 낮은 수준의 수직적 분화를 추구한다.

④ 규칙과 규정이 없거나 느슨한 형태 혹은 비문서화된 형태로만 존재한다.

17 「국가공무원법」 제65조에서 규정하고 있는 공무원의 정치운동금지에 대한 내용으로 옳지 않은 것은?

① 문서나 도서를 공공시설 등에 게시하거나 게시하게 하는 것을 금지한다.

② 투표를 하거나 하지 않도록 권유 운동을 하는 것을 금지한다.

③ 정치적 행위의 금지에 관한 한계를 국회규칙, 대법원규칙, 헌법재판소규칙, 중앙선관위규칙 또는 국무총리령으로 정한 것으로 한다.

④ 공무원이 다른 공무원에게 정치적 행위에 대한 보상 또는 보복으로서 이익 또는 불이익을 약속하는 것을 금지한다.

18 대표관료제에 대한 설명으로 옳지 않은 것은?

① 대표관료제는 정부관료제가 그 사회의 모든 계층과 집단에 공평하게 대응하도록 하는 제도이다.

② 대표관료제는 사회적 강자인 지배집단들의 이익을 보장해주고자 한다.

③ 대표관료제는 관료제 내에 민주적 가치를 주입시키려는 의도에서 발달되었다.

④ 대표관료제는 그 사회를 구성하는 주요 집단으로부터 인구비례에 따라 관료를 충원하여 모든 계층과 집단에 공평하게 대응하도록 하는 제도이다.

19 배제성과 경합성을 동시에 갖는 재화의 유형은?

① 집합재　　　　② 공유재　　　　③ 요금재　　　　④ 민간재

20 전통적 예산원칙 중 〈보기〉에 해당하는 원칙은?

〈보기〉
예산은 주어진 사용목적·금액 및 기간에 따라 한정된 범위 내에서 집행되어야 한다.

① 완전성의 원칙　　　　　　　② 한정성의 원칙

③ 사전승인의 원칙　　　　　　④ 정확성의 원칙

21 다음 정책집행의 성패를 좌우하는 요인들 중 정책내용적 요인이 아니라 정책환경적 요인에 해당하는 것은?

① 정책에 대한 순응　　　　　　② 정책목표의 명확성

③ 정책집행에 관여하는 행정기관의 범위　　　　④ 정책집행 담당자의 능력과 태도

22 다음 행정개혁을 위한 개선내용 중 접근방법이 나머지와 다른 하나는?

① 의사결정권한의 수정　　　　② 의사전달체계의 수정

③ 행정사무의 자동화　　　　　④ 기능중복의 제거

23 예산제도에 대한 설명으로 옳지 않은 것은?

① 품목별 예산은 점증주의에 입각한 예산제도이나 계획예산은 총체주의에 입각한 예산제도이다.

② 성과주의예산은 책임이 집중되고, 계획예산은 책임이 분산된다.

③ 성과주의예산은 1년도로 편성되고, 계획예산은 5개년 이상의 장기적 시계에 입각하여 편성된다.

④ 계획예산은 결정의 흐름이 상의하달식이나, 영기준예산은 결정의 흐름이 하의상달식이다.

24 지방자치단체의 기관구성 중 기관통합형에 대한 설명으로 옳지 않은 것은?

① 기관 전체의 구성에서 주민대표성의 확보가 가능하다.

② 의결기관과 집행기관의 대립이 방지된다.

③ 지방자치행정에 있어 종합성이 보장된다.

④ 정책 과정이 일관적이고, 정책의 즉각적인 집행이 가능하다.

25 특별지방행정기관의 특징이 아닌 것은?

① 주민들의 직접적인 통제와 참여가 가능하다.

② 유사하거나 중복된 업무로 비효율성이 나타날 수 있다.

③ 중앙정부와 지방자치단체 간 매개 역할을 수행한다.

④ 중앙과 지역 간 수평적 협조와 조정이 곤란하다.

국방부(육 · 해 · 공군) 시행 필기시험(2010.06.26)

01 단층제와 중층제에 대한 설명으로 옳지 않은 것은?

① 중층제는 주민의 접근성이 낮다.

② 단층제는 지역의 특수성 및 개별성을 존중할 수 있다.

③ 단층제는 행정수행상의 낭비를 제거하고 능률을 증진시킨다.

④ 중층제는 기능의 배분이 명확하지 않을 경우 행정 책임이 모호해질 수 있다.

02 다음 중 옳지 않은 것은?

① 김대중 정부에서 노인복지 등에 전자바우처제도 시스템이 처음 도입되었다.

② 김대중 정부에서 공공부문 개혁은 신공공관리론에 의한 개혁이었다.

③ IMF 이후 신공공서비스론이 대표이론이다.

④ IMF 이후 정부는 NPS(National Pension Service) 방향으로 개혁을 추진하였다.

03 팀제의 도입 배경과 직접적인 관련성이 가장 적은 것은?

① 민주화와 인본주의 영향의 가속화

② 정보화 및 세계화의 영향으로 조직 간 외부 연계성 강조

③ 의사결정의 신속성 중시 풍조

④ 조직관리의 공정성 제고의 필요성

04 대표관료제의 특징으로 옳지 않은 것은?

① 인구집단의 규모에 직접 비례해서 관료들을 그 규모에 해당하는 비율로 충원하는 제도이다.

② 관료제에 대한 내부통제력이 약화된다는 단점이 있다.

③ 명목상의 형평성이 아닌, 결과로서의 형평성 구현을 강조한다.

④ 정부관료제의 대표성을 높이고 민주적 서비스를 촉진한다.

05 정책평가에 대한 설명으로 옳지 않은 것은?

① 정책평가는 범학문적인 특성을 가지는 활동이다.

② 과정평가는 정책 중단 등에 영향이 미흡하다.

③ 능률성 평가는 효과성 평가를 전제로 한다.

④ 총괄평가는 정책이 집행되고 난 후에 정책이 사회에 미친 영향을 추정하는 판단활동으로 정책평가의 핵심이다.

06 신공공관리론에 대한 내용으로 옳지 않은 것은?

① 민영화와 민간위탁 확대

② 정치 · 행정이원론

③ 수익자 부담 원칙의 강조

④ 책임성의 약화

07 직무분석과 직무평가에 대한 설명으로 옳지 않은 것은?

① 직무분석이란 특정 직무의 내용을 분석해 그 직무를 수행하는 데 필요한 지식, 능력, 책임 등 타 직무와 구별되는 요인을 명확히 밝혀 기술하는 과정이다.

② 직무평가는 직무들을 상대적 가치와 중요도에 따라 계층화시키기 위한 분석도구이다.

③ 직무분석이 직무평가보다 과학적 타당도가 더 높다.

④ 직무분석은 모집, 보상, 평가 등에 광범위하게 적용된다.

08 카오스(Chaos)이론의 특징으로 옳지 않은 것은?

① 자기조직화

② 공진화(Coevolution)

③ 초협력싱

④ 비선형적 변화

09 윌슨(James Q. Wilson)의 규제정치이론에 해당하지 않는 것은?

① 정당정치

② 고객정치

③ 대중정치

④ 기업가적 정치

10 입법부 우위의 예산원칙으로 옳지 않은 것은?

① 예산 공개의 원칙

② 예산 다원적 절차의 원칙

③ 예산 통일의 원칙

④ 예산 완전성의 원칙

11 정책목표의 기능으로 옳지 않은 것은?

① 정책수단의 선정 기준
② 정책평가의 기준
③ 정책분석의 기초 자료
④ 정책집행의 지침

12 다음 행정학의 접근방법 중 구조적 접근방법의 기본 틀 내에서 발달해 온 방법은?

① 합리적 선택론
② 상황이론
③ 의사결정론
④ 포스트모더니즘

13 자원배분에 대한 경제적 적용이 어려운 이유로 옳지 않은 것은?

① 자원배분에는 정치적 접근이 필요하다.
② 자원배분 시 시간과 노력, 비용 등이 과다하게 발생한다.
③ 자원배분이 다소 비현실적인 면이 있다.
④ 자원배분에서 소수의 의견이 무시된다.

14 탈관료제 조직의 특징으로 옳지 않은 것은?

① 적응의 신속성
② 의사전달의 공개성
③ 민주적 방법에 의한 감독
④ 계층제적 구조

15 사회적 자본과 관련이 없는 것은?

① 사회적 자본은 행위자에게 이익이 배타적으로 돌아간다.
② 사회적 자본은 국가 간의 이동성과 대체성이 낮다.
③ 사회적 자본은 사회적 공동체주의를 지향한다.
④ 사회적 자본은 비공식적 · 사회적 통제력을 지니고 있다.

16 예산의 분류에 대한 설명으로 옳지 않은 것은?

① 성과주의예산은 예산성과의 질적인 평가가 용이하다.
② 계획예산은 예산의 절약과 능률성 같은 자원배분의 최적을 기하려는 기획중심의 예산이다.
③ 영기준예산은 0의 수준에서 새로이 정책 · 사업을 편성하는 감축중심의 예산이다.
④ 품목별 예산은 행정부에 대한 재정통제가 용이하다.

17 계급제에 대한 설명으로 옳지 않은 것은?

① 일반적인 교양과 능력을 가진 사람을 채용하기에 용이하다.

② 구성원의 행정 능력 전문화가 가능하다.

③ 행정의 안정화를 기할 수 있다.

④ 융통성 있는 인사 배치가 가능하다.

18 행정윤리에 대한 설명으로 옳지 않은 것은?

① 정치와 행정의 상호작용이 활발해지면 행정윤리의 확보가 어려워질 가능성이 높아진다.

② 특정직 공무원도 「공직자윤리법」의 적용을 받는다.

③ 「국가공무원법」, 「공직자윤리법」은 부정부패방지 등을 위한 구체적이고 적극적인 행정윤리를 강조한다.

④ 공무원의 행동규범은 공직윤리를 체현(體現)하는 태도와 행동의 기준이다.

19 정부실패의 유형으로 옳지 않은 것은?

① 불완전 경쟁   ② 비용과 수입의 절연

③ 파생적 외부효과   ④ 권력의 편재로 인한 불공평한 분배

20 우리나라 예산분류의 일반적 기준에 해당하지 않는 것은?

① 품목별 분류   ② 투입별 분류   ③ 기능별 분류   ④ 조직별 분류

21 정책결정과 정책집행에 대한 설명으로 옳지 않은 것은?

① 정책결정은 여러 집단의 이해관계가 얽혀 있는 정치적 과정이다.

② 정책결정은 정부기관의 공공정책에 관한 의사결정 과정이다.

③ 정책집행은 정책의 내용을 구체화하는 과정이다.

④ 정책집행은 채택된 정책을 위한 여러 대안 중 가장 큰 효과를 거둘 수 있는 것을 선택하는 것이다.

22 우리나라 지방행정제도 및 재정제도의 문제점에 관한 설명으로 옳지 않은 것은?

① 소수만의 독점과 참여로 인해 주민들이 무관심한 경향을 보인다.

② 지방세와 관련된 것들을 법률로 규제하고 있어서 재원 조달에 어려움이 있다.

③ 지방의 재정이 중앙정부에 과도하게 의존하는 경향이 있다.

④ 기관통합형임에도 불구하고 견제와 균형이 잘 이루어지지 않는다.

23 〈보기〉에서 설명하는 직무평가방법으로 옳은 것은?

〈보기〉

사전에 직무등급표를 제작해 두고 각 직무를 이 직무등급표의 분류기준과 비교·검토한 후 해당 등급에 편입하여 평가하는 방법으로, 급격한 변화에 대한 탄력성이 부족하여 기업체보다는 공공기관에서 주로 사용된다.

① 점수법   ② 요소비교법   ③ 서열법   ④ 분류법

24 베버(Max Weber)의 관료제의 특징에 대한 설명으로 옳지 않은 것은?

① 베버는 관료제를 사회생활의 합리화나 역사진화의 산물로 파악하였다.

② 관료제는 외부 환경의 변화에 재빠르게 대응할 수 있다.

③ 관료제는 어떠한 목적 달성을 위하여 기능하는 가장 합리적인 지배형식이다.

④ 관료제는 사적 조직과 공적 조직에 공통적으로 존재한다.

25 직업공무원제에 대한 설명으로 옳지 않은 것은?

① 직업공무원제는 전문인재 유치에 장애요소로 작용한다.

② 직업공무원제는 공무원이 갖춰야 할 높은 봉사정신과 행동규범을 보장한다.

③ 직업공무원제는 공직을 하나의 전문 직업 분야로 확립한다.

④ 직업공무원제는 행정의 계속성과 일관성을 유지하는 데 효과적이다.

국방부(육·해·공군) 시행 필기시험(2009.09.27)

---

01 다음 중 엘리트이론(엘리트주의)를 옳게 설명하고 있는 것은?

① 국가의 자율성을 강조한다.

② 다양한 이익집단 간의 균형과 조절을 중시한다.

③ 공식적 참여자와 비공식적 참여자 간의 상호작용관계를 포괄적으로 분석한다.

④ 엘리트의 가치와 선호에 의해 의사결정이 이루어진다.

02 다음 중 대리인이론에 대한 설명으로 틀린 것은?

① 대리인의 자율성을 강화해야 한다.

② 비경제적 요인의 고려를 소홀히 한다는 비판을 받는다.

③ 신공공관리론은 대리인이론의 이론적 배경이 되고 있다.

④ 정보의 비대칭성으로 인해 '도덕적 해이'와 '역선택'이 유발된다.

03 다음 중 다면평가제도에 대한 설명으로 틀린 것은?

① 평가자가 복수라서 평가의 객관성과 공정성을 높일 수 있다.

② 일반적으로 평가자는 피평가자의 상사, 동료, 부하, 고객으로 구성된다.

③ 입체적이며 다면적인 평가를 통해 인간관계 중심의 인기 위주의 투표화를 방지한다.

④ 조직의 계층적 구조가 완화되고 팀워크가 강조되는 현대사회의 새로운 조직유형에 부합되는 제도이다.

04 잘못된 교통신호체계가 실제로 더 큰 문제임에도 불구하고 자가용 증대문제를 도심 교통혼잡의 핵심이라고 잘못 정의하고 이를 해결하려 하는 경우를 나타내는 용어는?

① 환원주의 오류　　　　　　　　　　② 제1종 오류

③ 제2종 오류　　　　　　　　　　　④ 제3종 오류

05 통제수단이나 제도의 미비로 인해 부패가 발생한다고 보는 접근방법은?

① 도덕적 접근   ③ 제도적 접근

② 사회 · 문화적 접근   ④ 체제론적 접근

06 다음 중 우편사업, 조달사업, 양곡관리 등과 관련된 특별회계를 설치하고 그 예산 등의 운용에 관한 사항을 규정하고 있는 법률은?

① 국가재정법   ② 국가회계법

③ 국고금관리법   ④ 정부기업예산법

07 다음 중 위원회 조직의 장점이 아닌 것은?

① 합의에 의한 신속한 의사결정을 할 수 있다.

② 각 부문 간의 이해관계 · 의견의 대립을 조정하고 통합할 수 있다.

③ 다수의 의견이 반영된 보다 신중하고 공정한 결정을 내릴 수 있다.

④ 행정의 중립성과 저액의 계속성을 확보하고 조직의 안정성을 높일 수 있다.

08 다음 중 네트워크 조직의 효용성에 대한 설명으로 가장 틀린 것은?

① 조직 내의 안정성 및 정체성을 보다 확고하게 할 수 있다.

② 환경변화에 신축적이고, 신속한 대응이 가능해진다.

③ 정보교환을 효율화하여 정보축적과 조직학습을 촉진할 수 있다.

④ 정보통신기술의 활용으로 시간적 · 공간적 제약을 완화할 수 있다.

09 국고보조금에 관한 설명으로 가장 틀린 것은?

① 중앙정부와 지방정부 간의 수평적 재정조정제도이다.

② 국고보조금은 반대급부가 수반되지 않는 보조금이다.

③ 국고보조금은 의존재원 및 특정재원으로서의 성격을 지닌다.

④ 우리나라의 국고보조금은 지나치게 통제 위주로 운영되어왔다.

10 민영화의 방식 중 바우처제도에 대한 설명으로 틀린 것은?

① 전자바우처는 바우처관리의 투명성과 효율성 제고에 기여한다.

② 식품이용권은 개인에게 쿠폰형태의 구매권을 지급하는 것이다.

③ 노인돌봄 서비스, 장애인활동 보조서비스 등은 종이바우처의 대표적 운영사례이다.

④ 바우처는 구매대금의 실질 지급대상에 따라 명시적 바우처와 묵시적 바우처로 구분된다.

11 다음 공공선택이론에 관한 설명 중 가장 틀린 것은?

① 방법론적 개체주의에 입각하여 분석의 기본단위는 개인이다.

② 공공서비스를 공급하는 전통적인 관료제는 공공선택이론에 부합한다.

③ 공공선택이론은 사회를 유기체가 아니라 개개인의 결합으로 파악하며, 개인의 효용이 증가하면 사회적 효용이 증가한다고 본다.

④ 공공부문의 시장경제화를 통해 시민의 편익이 극대화될 수 있는 서비스 공급과 생산이 가능하다고 본다.

12 정책과정의 참여자 중 공식적 참여자는?

① 정당   ② 사법부

③ NGO   ④ 언론기관

13 균형성과표(BSC)에 대한 설명으로 틀린 것은?

① 균형성과표(BSC)는 과정 중심의 성과관리보다는 결과 중심의 성과관리에 초점을 맞춘다.

② 카플란(R. Kaplan)과 노턴(D. Norton)이 재무적 수단에 의존하는 전통적 평가방법의 한계를 극복하기 위하여 주장하였다.

③ 재무 상태가 양호해도 고객 만족도나 내부프로세스의 효율성이 낮다면 전체적인 균형성과표의 점수는 늦게 나타난다.

④ 전통적인 재무제표뿐 아니라 고객, 비즈니스 프로세스, 학습 및 성장과 같은 비재무인 측면도 균형적으로 고려한다.

14 다음 중 합리성에 대한 설명으로 틀린 것은?

① 절차적 합리성은 목표에 비추어 적합한 행동이 선택되는 정도이다.

② 기술적 합리성은 하나의 목표를 성취하기 위해서 여러 가지 행위가 취해질 때에 나타난다.

③ 정치적 합리성은 더욱 나은 정책을 추진할 수 있는 정책결정구조의 합리성을 의미한다.

④ 법적 합리성은 인간과 인간 간의 처리·의무관계가 성립할 때에 나타난다.

15 현금주의와 비교하여 발생주의에 대한 설명 중 틀린 것은?

① 재정성과에 대한 정보공유가 가능하다.

② 자산을 효율적으로 사용하는 데 도움이 된다.

③ 상대적으로 자의적인 주관의 개입 여지가 적다.

④ 대차평균의 원리에 의한 이중거래를 통한 자기검증기능을 가진다.

16 정책대안의 결과를 예측하기 위한 직관적 추측기법이 아닌 것은?

① 브레인스토밍   ② 교차영향분석

③ 델파이기법   ④ 선형계획

17 정책결정자들에 의해 목표가 수립되고 대체적인 방침만 정해진 뒤 나머지 부분은 집행자에게 위임한다. 집행자들은 이 목표와 방침에 합의한 상태에서 집행 시에 충분한 재량권을 부여받는 유형은?

① 협상형   ② 지시적 위임가형

③ 고전적 기술자형   ④ 재량적 실험가형

18 우리나라 현행 법령상 지방자치단체가 아닌 것은?

① 제주특별자치도   ② 대전광역시 서구

③ 전라남도 화순군   ④ 경기도 수원시 팔달구

19 직무의 종류는 유사하지만 곤란도 · 책임도가 상이한 직급의 계열을 무엇이라 하는가?

① 직위   ② 직렬

③ 직류   ④ 직군

20 비용—편익분석에 대한 설명으로 틀린 것은?

① 내부수익률(IRR)이 높을수록 투자가치가 있는 사업이다.

② 복수의 대안평가 시 내부수익률이 큰 사업을 선택해야 오류가 없다.

③ 순현재가치(NPV)가 2보다 크면 사업의 경제성이 있다고 본다.

④ 대안의 성과를 화폐가치로 환산하여 측정할 수 있을 때 사용되는 분석기법이다.

21 다음 중 정보의 비대칭성을 완화하는 방법으로 잘못된 것은?

① 신호보내기(Singnalling) : 대리인 스스로가 자신의 능력과 지식에 관한 정보를 주인에게 드러내는 방법

② 다수의 대리인(Multiple Agents) : 다수의 대리인을 고용함으로써 대리인 간의 경쟁, 상호통제, 정보의 제공 등을 피하는 방법

③ 적절한 인센티브 제공 : 가장 기본적이고 고전적인 방법으로 성과급의 도입 등

④ 적격심사(Screening) : 대리인에게 차별화된 복수의 계약을 제공하여 주인으로 하여금 선택하게 함으로써 능력과 지식에 대한 정보를 얻는 방법

22 공공서비스의 성과지표와 예시가 바르게 연결된 것은?

㉠ 지역사회 안정성	㉡ 범인 체포 건수
㉢ 조사활동에 참여한 경찰의 규모	㉣ 범죄율 감소

	㉠	㉡	㉢	㉣
①	영향	산출	투입	결과
②	결과	영향	산출	투입
③	투입	결과	영향	산출
④	산출	투입	결과	영향

23 정책의제설정에서 외부주도형의 과정으로 옳은 것은?

① 사회문제 → 정부의제

② 사회문제 → 정부의제 → 공중의제

③ 사회문제 → 사회이슈 → 공중의제 → 정부의제

④ 사회이슈 → 사회문제 → 공중의제 → 정부의제

24 신공공관리론과 뉴거버넌스론의 관계에 대한 설명으로 옳지 않은 것은?

① 신공공관리론이 결과에 초점을 두고 있는 데 비해, 뉴거버넌스론은 과정에 초점을 맞추고 있다.

② 신공공관리론이 부문 간 경쟁에 역점을 두고 있는 데 비해, 뉴거버넌스론은 부문 간 협력에 중점을 두고 있다.

③ 신공공관리론이 조직 간 관계를 중시하는 데 비해, 뉴거버넌스론은 조직 내 관례를 중시하는 경향이 있다.

④ 신공공관리은 정부관료제를 조직·관리하는 새로운 방법을 의미하는 데 비해, 뉴거버넌스가 정부와 사회 간의 새로운 상호작용의 형태를 의미한다.

25 기획담당자와 예산담당자의 특성을 비교한 것으로 가장 틀린 것은?

① 기획담당자는 보수적이며, 예산담당자는 혁신적이다.

② 기획담당자는 미래지향적이며, 예산담당자는 비판적이다.

③ 기획담당자는 소비지향적이며, 예산담당자는 저축지향적이다.

④ 기획담당자는 발전지향적이며, 예산담당자는 현상유지적이다.

2021년
2020년
2019년
2018년
2017년
2016년
2015년
2014년
2013년
2012년
2011년
2010년
2009년
2008년
2007년

국방부(육 · 해 · 공군) 시행 필기시험(2008.06.14)

01 다음 중 정부와 행정에 대한 설명으로 옳지 않은 것은?

① 보수주의 정부는 기회의 평등을 강조하는 반면, 진보주의 정부는 결과의 평등을 강조한다.

② 현대행정의 특징으로는 행정수요의 복잡 · 다양화, 정치와 행정의 일원화, 사회변동에 적극 대응 등을 들 수 있다.

③ 행정과 경영은 능률성을 추구하는 관리기술, 관료제적 성격 등에서 유사하지만 목적, 법적 규제, 정치권력적 성격, 평등성, 권한 및 영향 범위 등에서는 차이가 존재한다.

④ 자유방임사상가들은 정부의 역할을 국방, 공공토목사업, 환경규제 등의 최소한의 분야로 한정하고 있다.

02 다음 중 예산제도에 대한 설명으로 옳지 않은 것은?

① MBO는 단기적 목표에 치중한다.

② PPBS는 장기적인 계획에 치중하기 때문에 정책결정권이 고위층에 있다.

③ 통제 지향적 예산은 하향적 의사결정구조를 가지며 활동에 정보의 초점이 있다.

④ 성과주의예산은 전략계획서, 연간성과계획서 및 사업성과 보고서 작성을 본질로 한다.

03 점증주의 예산결정이론에 해당하는 것은?

① 규범적 성격이 강한 예산결정이론이다.

② 예산규모는 사회후생극대화를 기준으로 결정한다.

③ 예산은 한계효용관점에서 상대적 가치를 중시하여 결정한다.

④ 예산은 정부기관 및 이익집단 간 갈등을 원만히 해결하여 결정한다.

04 예산회계제도에 대한 다음 설명 중 잘못된 것은?

① 재정융자특별회계의 출자계정에서는 정부출자 및 출연을 수행하였으나 지금은 폐지되었다.

② 현금주의는 현금이 수납되었을 때 수입으로 기록하고 현금이 지급되었을 때 지출로 기록하는 것이다.

③ 발생주의는 채무가 발생하였을 때 지출로 기록하고, 세입의 징수결정이 이루어졌을 때 수입으로 기록한다.

④ 채무부담주의회계는 채무부담이 발생한 시점을 기준으로 기록·보고하는 방식으로 물품구매나 공사 등 주문이나 계약에 유용한 제도이다.

05 공기업의 독립채산제를 설명한 내용 중 옳지 않은 것은?

① 독립채산제는 재정과 경영을 분리하는 제도를 의미한다.

② 독립채산제에서는 정부가 공기업에 대하여 중앙집권적으로 관리한다.

③ 독립채산제를 채택한 공기업은 수지채산의 독립과 균형을 확보할 수 있다.

④ 공기업은 독립채산제를 채택함으로써 정부나 의회로부터의 독립성을 확보할 수 있다.

06 다음 중 책임운영기관에 대한 설명으로 적절하지 않은 것은?

① 기관장은 공개모집을 통하여 임용된다.

② 신공공관리론의 조직원리에 따라 등장한 모형이다.

③ 1990년대 영국 Next Steps Program에서 처음 추진되었다.

④ 공기업보다 책임운영기관이 영리(이윤) 추구를 더 중시한다.

07 지방자치제도에 대한 다음 설명 중 틀린 것은?

① 조례는 지방자치단체가 법령의 범위 안에서 그 권한에 속하는 사무에 관하여 지방의회의 의결로써 제정하는 규범이다.

② 조례로 정할 사항을 규칙으로 저하거나 규칙으로 정할 사항을 조례로 정할 경우 그것은 무효가 된다.

③ 지방자치제도의 실시에 따라 세수입을 효과적으로 사용 할 수 있따.

④ 예산, 회계, 계약, 재산관리, 지방세, 사용료, 공금의 부과 등에 관하여 위법한 행위에 대해서는 주민투표로만 시정이 가능하다.

08 다음 중 행정이론에 관한 설명으로 적절하지 않은 것은?

① 하몬(Harmon) 등의 현상학적 행정이론은 상징적 상호주의를 배경으로 한다.

② 리그스(Riggs)는 사회를 융합사회(농업사회), 분화사회(산업사회), 프리즘사회(신생국)로 구분하였다.

③ 공공선택이론은 정치철학에서는 홉스와 스피노자와 사상적 배경을 같이하며, 정치학에서는 메디슨, 토크빌의 사상과 맥을 같이한다.

④ 윌슨-베버리안의 집권적 능률성 패러다임에 대항하여 공공서비스 공급에서 관할권의 중첩을 통한 경쟁원리를 도입하여 민주행정의 패러다임을 제시한 학자는 왈도(C. D. Waldo)이다.

09 다음 중 행정학의 접근방법으로 적절하지 않은 것은?

① 신행정론은 반실증주의적 태도를 가지고 있다.

② 신제도론적 접근법은 미시-거시(또는 행위-구조) 간의 매개과정을 규명할 수 있는 중범위이론이다.

③ 현상학적 접근방법에서는 인간의 의도된 행위와 표출된 형태를 구별하고, 그중 관심을 기울여야 할 분야는 의도된 행위라고 본다.

④ 신공공관리론은 참여, 형평성, 적실성 등 사회적 문제에 대한 정부의 공적 역할을 중시한다.

10 다음 중 인사제도와 관련된 설명으로 적절하지 않은 것은?

① 직위분류제도는 인사행정의 능률성과 합리성을 수단으로 하며 엽관주의를 배경으로 추진되었다.

② 실적주의는 인사권자의 탄력적·신축적인 인적자원 운용에 걸림돌이 될 수 있다.

③ 엽관제도는 1829년 미국의 잭슨 대통령이 의회에서 발표한 연두교서에서부터 더욱 강화되었다.

④ 직업공무원제도는 젊고 유능한 인재들을 공직에 유치해 일생 동안 공무원으로 근무하도록 운영하는 인사제도이다.

11 다음 중 시장실패의 원인에 해당하는 것을 모두 고른 것은?

> ⊙ 공공재의 존재
> ⓒ 외부효과의 발생
> ⓒ 불완전한 경쟁의 발생

① ⊙, ⓒ

② ⓒ, ⓒ

③ ⊙, ⓒ

④ ⊙, ⓒ, ⓒ

12 공직자 재산등록 등 우리나라의 행정윤리 및 공무원 부패에 관련된 설명으로 옳지 않은 것은?

① 법관 및 검사에 대하여는 「공직자윤리법」, 「부패방지 및 국민권익위원회 설치와 운영에 대한 법률」이 아닌 대법원 규칙이 적용된다.

② 「공직자윤리법」에 의하여 4급 이상(이에 상당하는 고위공무원 포함)의 일반직 국가 및 지방공무원은 재산을 등록·공개하고 있다.

③ 부패행위를 신고한 사람에 대한 내부고발자보호제도가 시행되고 있다.

④ 공공기관의 사무처리에 관하여 국민감사청구제를 시행하고 있다.

13 다음 중 리더십의 효율성은 상황에 의존한다고 전제하면서 리더의 행동을 인간중심적 리더십과 과업중심적 리더십으로 나누고 여기에 효율성이라는 차원을 추가하여 리더십이론의 3차원 모형을 제시한 학자는?

① 번스(Burns)

② 피들러(Fiedler)

③ 블레이크와 머튼(Blake & Mouton)

④ 허시와 블랜차드(Hersey & Blanchard)

14 지방재정의 효율적 관리제도 중 사후적 재정관리제도에 해당하는 것은?

① 기채승인제도

④ 중기지방재정계획

③ 재정분석진단제도

② 재정투융자심사제도

15 다음 중 라이트(Wright)의 정부 간 관계모형(IGR)에서 가장 이상적인 모형으로 제시된 것은?

① 중첩권위형

② 분리권위형

③ 포괄권위형

④ 동반자모형

16 다음 중 일선관료제의 재량권 강화의 필요성이 아닌 것은?

① 추상적이고 일반적인 정책지침의 현실에 맞는 구체화

② 집행담당자의 자원·시간·능력의 부족

③ 집행 현장마다 각각의 특수성

④ 현장에서 발생한 예기치 못한 사태에 대한 대비

17 우리나라 예산심의과정에 대한 다음 설명 중 맞지 않은 것은?

① 우리나라 국회에서의 예산심의기간은 헌법상 90일이다.

② 상임위의 예비심사를 마친 예산안은 예결위에서 종합심사를 한다.

③ 전년도 결산안은 익년도 예산안보다 먼저 국회로 제출된다.

④ 예결위는 소관 상임위원회에서 삭감한 예산 금액을 증액하거나 새 비목을 설치하고자 할 경우 소관 상임위의 동의를 얻어야 한다.

18 다음 중 시민참여를 '조작, 치료, 정보제공, 자문, 회유, 공동협력, 권한위임, 시민통제'의 8단계로 구분한 학자는?

① 샥터(Schachter)

③ 아른슈타인(Arnstein)

② 로젠블룸(Rosenbloom)

④ 프리드릭슨(Frederickson)

19 다음에서 설명하는 기법을 무성이라 하는가?

각 데이터 간의 상관관계를 인공지능기법으로 자동적으로 알려주는 기법으로서 과거에는 알지 못했지만 축적된 데이터 속에서 유도된 새로운 데이터 모델을 발견하여 새로운 전략적 정보를 추출해내는 정보추출 및 지식발전 기법이다.

① 데이터 베이스(data base)

② 데이터 웨어하우스(data warehouse)

③ 데이터 마이닝(data mining)

④ 데이터 마트(data mart)

20 공기업에 대한 설명으로 적절하지 않은 것은?

① 공사형 공기업의 직원은 공무원이다.

② 시장형 공기업은 특별법에 의해 설치되며 특별법의 적용에 따라 운영된다.

③ 공기업은 공공수요의 충족을 목적으로 수지적합주의에 입각하여 경영하는 사업을 말한다.

④ 공기업은 직원 정원이 50인 이상, 자체수입액이 총수입액의 2분의 1 이상인 공공기관 중에서 지정한다.

21 다음 중 동기이론에 관한 설명으로 옳지 않은 것은?

① 동기이론은 내용이론과 과정이론으로 나눌 수 있는데, 맥그리거의 이론은 내용이론에 속하고 브룸의 이론은 과정이론에 속한다.

② 허즈버그는 동지요인은 만족감을 느끼게 하는 것이 아니고 불만을 막는 작용을 하는 것이라고 주장하였다.

③ 매슬로우는 하위욕구가 충족될 때 상위욕구가 순차적으로 유발된다고 하였다.

④ 아지리스는 조직목표와 개인목표가 일치하는 조직이 건강한 조직이라고 하였다.

22 다음 중 오늘날 기업 내에서 인사관리 등에 가장 많이 사용하는 정보를 공유하는 수단으로 적절한 것은?

① 인터넷
② 인트라넷
③ 엑스트라넷
④ 지식관리시스템

23 다음 중 NGO에 대한 설명으로 적절하지 않은 것은?

① NGO는 공익을 추구하는 자발적 조직으로 공적 조직이다.

② NGO는 정책의 각 과정에서 다양한 방법을 통해 참여하였다.

③ NGO는 의회, 정당 또는 행정부의 기능을 일부 보완할 수 있다.

④ NGO는 시장실패, 정부실패, 세계화, 민간화 등으로 인하여 등장하였다.

24 다음 중 직위분류제의 장·단점에 대한 설명 중 적절하지 않은 것은?

① 인적 자원의 관리와 활용에 있어서 융통성이 있고 탄력적으로 운용할 수 있다.

② 구성원 간의 관계가 사무 중심으로 이루어지므로 인간관계가 지나치게 사무적이게 된다.

③ 직무의 내용을 구체적으로 명시하므로 근무성적평정의 합리적 기준을 세우는 데 유용하다.

④ 동일직무에 대한 동일보수의 원칙은 보수의 합리화를 실현함으로써 공평한 보수체계의 확립을 이루어냈다.

25 다음 중 공익에 대한 설명으로 적절하지 않은 것은?

① 공익은 절대적이며 확정적인 개념이다.

② 공익은 논리상으로는 제약이 없는 개념이다.

③ 공익은 다수 이익이나 사회적 약자의 이익이 포함되어 있다.

④ 공익은 정확히 정의하기는 어려우나, 확실히 정의할 수 있는 몇몇 특징이 존재한다.

국방부(육 · 해 · 공군) 시행 필기시험(2007.05.12)

01 다음 중 NPM의 정부혁신전략으로 옳지 않은 것은?

① TQM – 장기적 · 전략적인 품질관리

② 시민헌장제도 – 서비스 기준을 명시적 제시

③ 시장성 테스트(Market Testing) – 공공 부문의 사업에 대한 민영화 검토

④ 다운사이징(Downsizing) – 업무프로세스를 근본적으로 재설계하는 기법

02 다음 중 애드호크라시(Adhocracy)의 특성이 아닌 것은?

① 비정형적 조직

② 횡적 분화의 발달

③ 고정된 계층구조 유지

④ 조직 구성 및 운영의 신축성

03 다음 중 계층제의 순기능과 거리가 먼 것은?

① 신속하고 능률적인 업무수행

② 유연성 있는 조직의 변화

③ 질서 및 통일성의 확보

④ 명확한 책임의 한계

04 다음 중 정부실패의 원인으로 적절하지 않은 것은?

① 규제의 철폐

② 정치인의 근시안적 결정

③ 정부독점으로 인한 경쟁력 저하

④ 권력과 특혜에 따른 분배의 불평등

05 다음 중 정부조직과 기업조직의 공통점에 해당하는 것은?

① 법적 규제의 정도

② 관료제적 성격

③ 정치적 성격

④ 관할 및 영향 범위

06 공무원의 사기양양 방법 중 사회적 욕구를 충족시키는 방법으로 적절한 것은?

① 상담제도　　　　　　　　　　② 직무확충

③ 연금제도　　　　　　　　　　④ 공무원 신분보장

07 목표의 달성도를 나타내는 결과지향적인 행정의 주요이념은?

① 가외성　　　　　　　　　　　② 능률성

③ 효과성　　　　　　　　　　　④ 합리성

08 다음 중 베버(M.Weber)의 관료제이론에 대한 비판이 아닌 것은?

① 관료의 직업적 보상 경시

② 비공식 조직의 측면 경시

③ 번문욕례 및 형식주의 초래

④ 사회변화에 따른 탄력적 대응 곤란

09 중앙인사기관의 필요성이 대두된 배경과 거리가 먼 것은?

① 국가기능 축소와 작은 정부 실현　　② 정실주의 및 엽관주의의 폐해 배제

③ 인사관리의 공정성 및 중립성　　　④ 행정의 전문화 대두

10 다음 중 허즈버그(Herzberg)의 욕구충족이원론 중 위생요인과 관련 없는 것은?

① 보수　　　　　　　　　　　　② 감독

③ 교육기회 부여　　　　　　　　④ 상관, 부하와의 인간관계

11 다음 중 특정직 공무원이 아닌 것은?

① 군무원　　　　　　　　　　　② 소방공무원

③ 감사원직원　　　　　　　　　④ 국가정보원 직원

12 다음 중 숑코(Shonk)의 견해에 따른 구분으로 적절하지 않은 것은?

① 프로젝트 팀은 단기적 조직이고, 태스크포스는 장기적 조직이다.

② 프로젝트 팀은 법적 근거가 없고, 태스크포스는 법적 근거가 있다.

③ 프로젝트 팀은 물적 성격이 강하고, 태스크포스는 인적 성격이 강하다.

④ 프로젝트 팀은 새로운 과업에 소극성을 나타낼 수 있고, 태스크포스는 행정의 일관성을 저해할 수 있다는 단점이 있다.

13 비교행정론에 대한 설명 중 옳지 않은 것은?

① 행정의 과학화에 대한 요구가 있었다.

② 발전행정론에 반박하여 이론을 전개해 나갔다.

③ 미국의 신생국에 대한 경제원조 실패가 발달 요인이다.

④ 유럽의 학자들이 미국으로 이주하여 미국의 비교연구를 자극하였다.

14 다음 중 네트워크 조직에 대한 설명으로 적절한 것을 모두 고른 것은?

㉠ 정보통신기술이 필수적 기반시설이다.
㉡ 계약관계에 있는 외부기관에 대한 통제가 용이하다.
㉢ 환경변화에 신속하고 신축적인 대응이 가능하다.
㉣ 조직의 자체 기능을 핵심역량 위주로 구성한다.

① ㉠, ㉡, ㉢   ② ㉠, ㉡, ㉣   ③ ㉠, ㉢, ㉣   ④ ㉡, ㉢, ㉣

15 다음 중 호손(Hawthorne) 실험의 결론으로 타당한 것은?

① 조직의 기계적 능률의 중요성

② 조직구성원의 경제적 보상의 중요성

③ 공식조직에서의 의사소통 관계의 중요성

④ 조직구성원의 사회적 · 심리적 요인의 중요성

16 다음 중 맥그리거(McGregor)의 Y 이론과 관계가 없는 것은?

① 아지리스(Argyris)의 성숙인

② 허츠버그(Herzberg)의 동기요인

③ 리커트(Likert)의 체제 I

④ 샤인(Schein)의 사회인관

17 신공공관리론(NPM)의 특징이 아닌 것은?

① 정부의 주된 역할을 방향키(steering)로 인식한다.

② 정부뿐만 아니라 개인 역시 공동생산자로 인식한다.

③ 정부 생산성을 극대화하여 기업형 정부를 구현한다.

④ 결과보다는 투입과 절차의 과정적 측면을 중시한다.

18 적극적 인사행정에 관한 내용으로 옳지 않은 것은?

① 실적주의의 강화

② 엽관주의의 신축적 수용

③ 공무원 단체의 활동 인정

④ 근무훈련, 근무성적평정제도의 활용

19 신중앙집권화에 대한 설명으로 틀린 것은?

① 영국·미국 중심으로 등장하였다.

② 능률화와 민주화의 조화를 도모한다.

③ 분권화의 필요성이 약화되면서 나타났다.

④ 중앙정부와 지방정부의 기능적 협력을 추구한다.

20 다음의 예산 기능 중 쉬크(A. Schick)가 강조하였으며 통제 기능, 관리적 기능, 계획 기능으로 구분되는 것은?

① 법적 기능　　　② 경제적 기능　　　③ 정치적 기능　　　④ 행정적 기능

21 다음 중 영기준예산(ZBB)과 일몰법(SSL)의 비교로 옳지 않은 것은?

① ZBB는 심사기준이 장기적, SLL은 단기적이다.

② ZBB와 SSL은 모두 감축 관리를 중시한다.

③ ZBB는 모든 정책이 심사대상, SSL은 최상위 정책이 심사대상이다.

④ ZBB는 행정부의 예산 편성 과정이고 SSL은 입법부의 예산 심의 과정이다.

22 다음 중 막료기관의 특징으로 적절한 것을 모두 고른 것은?

> ㉠ 목표달성에 직접적으로 기여한다.
> ㉡ 전문지식의 활용으로 합리적 결정에 기여한다.
> ㉢ 조직에 신축성을 부여한다.
> ㉣ 수직적 계층제이다.

① ㉠, ㉡   ② ㉠, ㉢   ③ ㉡, ㉢   ④ ㉢, ㉣

23 다음 중 행정개혁의 성공요건으로 보기에 적절하지 않은 것은?

① 정당 등 이익집단의 활성화
② 여론의 지지와 의사소통의 활성화
③ 저항세력에 대한 정확한 진단
④ 정치적 리더십의 확립

24 다음 중 대표관료제의 특징으로 적절하지 않은 것은?

① 역차별이 발생할 우려가 존재한다.
② 행정의 자율성과 정치적 중립성을 강화한다.
③ 공직임용에 있어서 실질적 기회 균등을 보장한다.
④ 다양한 집단의 참여로 관료제의 민주화를 촉진한다.

25 계획예산제도(PPBS)의 장점으로 옳은 것은?

① 예산의 분권화
② 입법부의 지위 강화
③ 성과의 계량화가 가능
④ 예산의 절약과 능률 제고

PART

02

행정학 모의고사

01 공무원의 구분에 대한 설명으로 옳지 않은 것은?

① 국가정보원 7급 직원은 특정직 공무원에 해당된다.

② 행정부 국가 공무원 중에서는 일반직보다 특정직 공무원의 수가 더 많다.

③ 지방소방사는 일반직 공무원에 해당한다.

④ 경력직은 일반직, 특정직으로 특수경력직은 정무직, 별정직으로 분류한다.

02 계층제의 순기능으로 볼 수 없는 것은?

① 조직의 통일성 · 안정성

② 행정책임의 명확성

③ 환경 변화에 신속한 대응

④ 조직 내 갈등해결 용이

03 애드호크라시(adhocracy)에 대한 내용으로 옳지 않은 것은?

① 높은 적응성과 창조성이 요구되는 조직에 적합하다.

② 의사결정권이 전문가로 구성된 팀에 분화(分化)되어 있다.

③ 고도의 수평적 분화가 발달한 구조이다.

④ 형식주의나 공식성이 강하게 나타난다.

04 감축관리 방안으로 적절하지 않은 것은?

① 일몰법(sunset law) 시행

② 위원회(committee) 설치

③ 영기준예산(ZBB) 도입

④ 정책종결(policy termination)

05 다음 중 대통령 소속의 위원회는?

① 국민권익위원회

② 방송통신위원회

③ 금융위원회

④ 공정거래위원회

06 영기준 예산제도(ZBB)의 단점으로 볼 수 없는 것은?

① 정보 획득의 불편

② 비경제적 요인의 간과

③ 사업구조 작성의 곤란

④ 시간·노력의 낭비

07 다음의 행정가치 중 본질적 가치에 해당하는 것은?

① 형평성

② 민주성

③ 책임성

④ 생산성

08 시장실패의 원인에 해당하지 않는 것은?

① 공공재

② 내부효과

③ 불완전경쟁

④ 정보의 비대칭성

09 엽관주의의 장점으로 볼 수 없는 것은?

① 민주정치의 발달과 행정의 민주화에 기여

② 행정의 전문성과 능률성을 향상

③ 정당의 대중화와 정당정치의 발달에 기여

④ 공공정책의 실현이 용이

10 비정부기구(NGO)의 특징으로 옳지 않은 것은?

① 조직이 추구하는 목표를 달성하기 위하여 압력을 가하는 성격을 지니고 있다.

② 자율성과 독립성을 가지며, 광범위한 대중의 참여를 유도한다.

③ 자발성(voluntarism)을 바탕으로 한 공적 조직이다.

④ 시장실패, 정부실패 등으로 인하여 등장하였다.

11 독립채산제에 대한 내용으로 옳지 않은 것은?

① 재정과 경영의 분리를 지향하는 제도이다.

② 관리자들 간의 전문가적 분업으로 인하여 경영에 대한 기술적 향상이 이루어진다.

③ 종업원은 전문가의 지휘를 받게 되는 장점이 있다.

④ 명령일원화 원칙으로 인하여 전체적인 관리에 용이하다.

12 직위분류제의 특징으로 옳지 않은 것은?

① 직무의 종류, 곤란도, 책임도에 따라 직위를 분류한다.

② 조직개편 등으로 인한 신분보장의 위협으로 인하여 직업공무원제 확립이 곤란하다.

③ 광범위하고 신축적인 인사이동이 이루어지며, 인사권자의 리더십이 높다.

④ 특정 직위에서 요구되는 능력을 바탕으로 채용하여 전문행정가로 양성한다.

13 감사원에 대한 내용으로 옳은 것은?

① 감사원은 대통령에 소속하며, 직무에 관하여 영향을 받는다.

② 감사원은 세입·세출의 결산을 매 분기별로 검사하여 국무총리와 차년도 국회에 그 결과를 보고하여야 한다.

③ 감사원은 국가의 세입·세출의 결산, 국가 및 법률이 정한 단체의 회계검사와 행정기관 및 공무원의 직무에 관한 감찰을 한다.

④ 감사원은 정당에 가입할 수는 있으나 정치운동에 관여할 수는 없다.

14 구성원에 대한 동기부여는 미충족 시 불만이 제기되는 요인(불만요인)의 충족과 함께 적극적으로 동기를 자극하는 요인(동기요인)이 동시에 충족되었을 때 가능하다고 주장한 학자와 이론의 이름이 옳게 연결된 것은?

① V. H. Vroom – 성숙–미성숙 이론
② C. Argyris – 인간욕구 5단계 이론
③ A. H. Maslow – 기대이론
④ F. Herzberg – 욕구충족 요인 이원론

15 자치단체장과 지방의회와의 관계에서 지방의회의 권한으로 가장 옳지 않은 것은?

① 조례의 제·개정　　② 행정사무감사　　③ 조례의 공포　　④ 의사표명권

16 성인지예산에 관한 내용으로 옳지 않은 것은?

① 여성위주의 예산편성과 집행으로 성평등에 기여한다.

② 예산편성, 집행, 심의, 결산의 모든 과정에 적용된다.

③ 정부 예산이 여성과 남성에게 미치는 영향을 평가하고 이를 반영한다.

④ 세출예산정책의 남녀차별효과에 대한 무지를 타파하기 위해 예산정책의 영향에 대한 다양한 분석을 한다.

17 성과주의 예산의 단점에 해당하지 않는 것은?

① 단위원가 산정 곤란

② 명확한 업무측정단위 설정 곤란

③ 현금지출 주체와 그 회계책임의 불명확 우려

④ 재정사업의 투명성 저해

18 위원회 제도의 특징으로 옳지 않은 것은?

① 신중하고 공정한 집단적 결정을 할 수 있다.

② 책임소재가 명확하다.

③ 다수의 지지를 획득할 수 있다.

④ 계층 간의 경직성을 완화시킨다.

19 Lowi의 정책 유형 분류에 해당하지 않는 것은?

① 배분정책   ② 자본정책   ③ 규제정책   ④ 구성정책

20 탈 신공공관리의 아이디어에 해당하는 내용으로 옳지 않은 것은?

① 국민을 소비자로 파악함으로써 행정의 대응성을 향상시킨다.

② 구조적 통합을 통한 분절화 축소를 주장한다.

③ 신공공관리의 배척 및 대체를 주장한다.

④ 민간과 공공부문의 파트너십을 강조한다.

21 다면평가제에 대한 내용으로 옳지 않은 것은?

① 인사행정의 투명성 확보를 위한 수단이다.

② 평가의 객관성 · 공정성을 높일 수 있다.

③ 평가 결과가 왜곡될 가능성을 차단한다.

④ 조직원으로 하여금 자기개발을 하도록 촉진한다.

22 정책집행의 성공요인 중 내부요인에 대한 내용으로 옳지 않은 것은?

① 정책목표가 명확하고 일관성이 있을 것

② 자원의 질과 양이 우수하고 관리가 잘될 것

③ 조직이 민주적 구조로 이루어질 것

④ 정책집행자의 능력과 태도가 뒷받침될 것

23 개방형 인사제도에 대한 내용으로 옳지 않은 것은?

① 성과주의적 관리의 발전을 촉진한다.

② 신분이 법적으로 보장되므로 안정적이다.

③ 정실주의로 전락할 가능성이 있다.

④ 기존 내부 관료들에게 전문성 향상에 대한 자극제가 된다.

24 행정이론에 관한 다음의 기술 중 가장 옳지 않은 것은?

① 신공공관리론(New Public Management)은 국민을 고객으로 인식하고 공공부문에 시장원리를 도입하고자 하였다.

② 거버넌스(Governance)이론은 정부, 시장, 시민사회의 협력과 협치를 지향한다.

③ 신제도주의는 개인과 조직, 국가의 성패가 제도로 인한 영향이 절대적이다고 보고 있다.

④ 신행정학(New Public Administration)은 행태주의와 논리실증주의를 비판하면서 등장하였다.

25 행정지도에 대한 내용으로 옳지 않은 것은?

① 행정수요의 변화에 비하여 입법조치가 탄력적이지 못할수록 그 유용성이 크다.

② 기능에 따라 조성적 · 조정적 · 규제적 행정지도로 나누어진다.

③ 행정기관은 행정지도의 상대방이 행정지도에 따르지 않는다는 것을 이유로 불이익한 조치를 하면 안 된다.

④ 행정의 원활화를 촉진할 수 있으나 행정절차의 민주화를 저해한다는 단점이 있다.

CHAPTER **02** 제2회 **행정학** 모의고사

01 행정과 경영의 차이점에 대한 설명으로 가장 옳지 않은 것은?

① 경영은 행정보다 정치로부터 자유롭다.

② 경영은 행정보다 분야에 있어 경쟁성이 강하다.

③ 행정은 경영보다 비교적 규제가 적다.

④ 행정은 경영보다 영향을 미치는 범위가 넓다.

02 예산의 경제적 기능에 대한 설명으로 옳지 않은 것은?

① 경기가 불황 조짐을 보일 경우 예산은 그 지출 규모를 억제하고, 반대로 경기가 과열되면 예산은 그 지출 규모를 확대하여 경제 안정에 이바지한다.

② 장기에 걸쳐 거액 자금을 필요로 하는 민간사업 혹은 사회간접자본에 대하여 정부예산을 직접 투자하거나 융자하는 것은 경제성장촉진기능에 해당한다.

③ 예산은 국민의 소득 및 부의 균등분배의 기능을 가지며 이를 소득재분배 기능이라 한다.

④ 사치품에 높은 세율을, 생필품에 낮은 세율을 부과하여 자원을 효율적·합리적으로 배분하는 것도 예산의 기능이다.

03 공공선택론에 대한 설명으로 옳지 않은 것은?

① 뷰캐넌(J. Buchanan)과 튤럭(G. Tullock)이 대표적인 학자이다.

② 정부를 공공재의 생산자로, 시민을 소비자로 규정한다.

③ 경제학적인 분석도구를 국가이론, 투표규칙, 정당정치 등의 연구에 적용하고 있다.

④ 시장실패의 원인을 분석하였으나 정부실패를 고려하지 않았다.

04 근무평정의 산정 시 평정자의 선입견, 고정관념 등에 의한 오차를 뜻하는 것으로 이를 방지하기 위한 대표적 제도로 블라인드 채용·평가가 있다. 이 평정 오차는 무엇인가?

① 헤일로 효과   ② 시간적 근접오류

③ 상동적 오류   ④ 관대화의 오류

05 노이마르크(Neumark)가 제시한 입법부 우위론적 예산원칙 중 '모든 국민이 알기 쉽게 예산을 분류 · 정리하여 편성하여야 한다'는 원칙은?

① 예산 엄밀의 원칙   ② 보고의 원칙

③ 예산 명료성의 원칙   ④ 예산 공개의 원칙

06 정책평가에 대한 설명으로 옳지 않은 것은?

① 총괄평가는 정책 집행 후 정책의 효과성을 평가하는 것이다.

② 과정평가는 정책이 의도했던 대로 집행되었는지를 확인 · 점검하는 것이다.

③ 총괄평가에서 의도한 정책효과가 해당 정책으로 인해 발생했는지를 평가하는 핵심 평가는 능률성평가이다.

④ 공평성평가에서는 해당 정책의 효과와 비용의 배분이 공평하게 이루어졌는지를 평가한다.

07 민츠버그(Mintzberg)가 분류한 조직유형 중 복잡하고 안정된 환경하에서 고도의 전문성을 지닌 작업계층이 가장 중요한 역할을 하는 조직으로서, 수평적 · 수직적 분권화가 되어 있으며 높은 전문화, 낮은 공식화의 특징을 보이는 조직유형은?

① 기계적 관료제   ② 전문적 관료제

③ 사업부제   ④ 애드호크라시

08 문재인 정부 정부조직법 개편에 대한 설명으로 옳지 않은 것은?

① 중소기업 중심의 경제구조와 상생 발전의 기반을 마련하기 위해 중소기업벤처기업부를 신설하였다.

② 행정자치부 및 국민안전처를 폐지하고 행정안전부를 개편하였다.

③ 소방청은 행정안전부, 해양경찰청은 해양수산부에 소속한다.

④ 18부 6처 17청 6위원회로 개편하였다.

09 다프트(Daft)가 분류한 조직유형 중 기능구조에 대한 설명으로 옳지 않은 것은?

① 조직구성원의 지식과 기술을 통합적으로 활용하여 전문지식과 기술의 깊이를 제고할 수 있다.

② 같은 기능을 묶어 시설과 자원을 공유하므로 기능 내 규모의 경제 구현이 가능하다.

③ 환경 변화에 둔감하고 고위 결정자에게 권한이 집중되어 대응성이 느리다.

④ 외부지향적 조직목표를 가진 경우 유리한 조직유형이다.

19 Sabatier와 Mazmanian이 정책집행과정모형에서 제시한 '집행과정에 영향을 미치는 요인'에 대한 설명으로 옳지 않은 것은?

① 문제의 용이성은 법령의 집행구조화 능력, 집행에 영향을 미치는 비법률적 변수, 정책과정의 단계 등에 모두 영향을 미친다.

② 법령의 집행구조화 능력은 문제의 용이성에 영향을 받으면서 동시에 정책과정의 단계에 영향을 미친다.

③ 문제의 용이성과 관련하여, 대상 집단의 규모가 작고 구분이 명확할수록 정책의 집행이 용이하다.

④ 기술적 난점, 대상 집단 행태의 다양성, 전체 인구에 대한 대상 집단의 비율, 요구되는 행태 변화의 정도 등은 집행에 영향을 미치는 비법률적 변수에 해당한다.

20 다음 〈보기〉에서 설명하고 있는 집단적 의사결정기법은?

> 〈보기〉
> 토론집단을 대립적인 두 개의 팀으로 나누어 한 팀이 제시한 의견에 대해서 반론자로 지명된 팀의 반론을 듣고 토론을 벌여 본래의 안을 수정하고 보완하는 일련의 과정을 거친 후 합의를 형성해 최종 대안을 도출하는 방법

① 델파이기법   ② 브레인스토밍

③ 지명반론자기법   ④ 명목집단기법

21 시장실패의 원인으로 옳지 않은 것은?

① 평균수익 증가, 평균비용 감소   ② 파생적 외부효과

③ 정보의 비대칭성   ④ 소득분배의 불공정성

22 조직이론과 인간관에 대한 설명으로 가장 옳지 않은 것은?

① 조직이론의 시작은 테일러의 과학적 관리론에서 볼 수 있으며, 20세기 초까지 효율성과 구조중심의 사상을 담고 있었다.

② 관료제 아래에서 구성원들은 인간으로서의 감정이나 충동을 멀리하는 비정의적 행동(impersonal conduct)을 배척한다.

③ 계층구조는 피라미드 모양의 구조를 가지며 명령과 통제가 위로부터 아래로 전달되는 특성을 가진다.

④ 기계적 조직으로서의 관료제는 합리적 경제인의 인간관을 반영하고 있는데 테일러의 차등성과급제가 이러한 인간관에 기초한 보상 시스템이다.

23 현금주의와 발생주의에 대한 설명으로 옳지 않은 것은?

① 현금주의는 현금의 수납 사실을 기준으로 회계를 기록·보고하는 방식으로서, 회계처리의 객관성이 높다는 장점이 있다.

② 경영의 성과 등을 파악하기 용이한 것은 발생주의 회계방식이다.

③ 현금주의 회계방식은 부채 규모의 파악이 가능해 재정의 건전성을 확보할 수 있다.

④ 발생주의 회계방식은 재정의 투명성 제고가 가능하나, 절차가 복잡하고 숙련된 회계직 공무원이 필요하다는 단점이 있다.

24 '민간화(Privatisation)'에 대한 설명으로 옳지 않은 것은?

① 정부는 민간화를 통해 업무의 전문성을 제고하고 행정서비스의 질을 향상시킬 수 있다.

② 정부 기능의 민간 이양이나 지정 또는 허가에 의한 독점판매권 등은 외부민간화에 해당한다.

③ 민간화는 도덕적 해이, 행정의 형평성 및 안정성 저해, 행정상 책임성 저하라는 폐단이 발생할 수 있다.

④ 계약에 의한 민간위탁은 국민의 권리 및 의무와 직접 관계되는 사무업무까지를 그 대상으로 한다.

25 주민투표의 대상이 될 수 없는 사항으로 옳지 않은 것은?

① 법령에 위배되거나 재판이 진행 중인 사항

② 국가 혹은 다른 지방자치단체의 권한이나 사무에 속하는 사항

③ 공무원의 인사·정원 등 신분이나 보수에 관한 사항

④ 동일한 사항에 대하여 주민투표기 실시된 후 4년이 경과되지 않은 사항

제3회 행정학 모의고사

01 앤더슨(Anderson)이 규정한 '정책결정자의 행동에 영향을 미치는 가치'가 아닌 것은?

① 정치적 가치   ② 개인의 가치   ③ 이념적 가치   ④ 시장적 가치

02 던(Dunn)이 제시한 정책문제의 구조화 방안에 대한 설명으로 옳지 않은 것은?

① 경계분석에서는 문제의 위치와 범위를 파악한다. 이를 위해 현재 분석하고 있는 문제와 다른 문제와의 관계, 문제의 위치와 기간, 사건 등을 구체화 · 파악한다.

② 분류분석은 문제상황의 정의와 분류에 사용되는 개념들을 명확히 하는 것으로 논리적 분할과 논리적 분류라는 두 가지 주요 절차에 토대를 두고 있다.

③ 시네틱스란 문제상황의 인식을 둘러싼 여러 대립적 가정들을 창조적으로 통합하는 것으로서 '관련 집단 확인 → 노출 → 비교 · 평가 → 타협과 종합 → 통합'의 다섯 단계를 거쳐 이루어진다.

④ 계층분석은 문제의 발생에 영향을 줄 수 있는 원인들을 찾아내기 위한 방법으로, 이때 원인은 '가능성 있는 원인', '개연적 원인', '행동 가능한 원인' 등이 있다.

03 행정의 수단적 가치에 대한 설명으로 옳지 않은 것은?

① 수단적 가치는 실제적인 행정 과정에서 구체적 지침이 되는 규범적 기준을 의미한다.

② 행정의 합리성은 행정의 안정성, 예측 가능성, 통일성, 일관성, 절차적 정당성 등을 높여준다.

③ 행정이념으로서 민주성과 능률성은 서로 상반된 관계에 있어, 민주성이 지나치게 강조되면 능률성이 저하된다.

④ 란다우(Landau)는 가외성이 행정에서의 오류 발생을 최소화하는 기능을 한다고 주장하였다.

04 공무원 임용 결격 사유에 해당하는 사람은?

① 징역 6개월의 형을 받고 그 집행유예의 기간이 완료된 날로부터 1년 8개월이 지난 A

② 금고 1년의 형을 받고 형의 집행이 종료된 지 5년 2개월이 지난 B

③ 공무원 재직 중 직무와 관련한 횡령으로 벌금 200만 원의 형을 선고받고 그 형이 확정된 지 1년 10개월이 지난 C

④ 공무원 재직 중 징계에 의해 해임 처분을 받은 후 4년이 경과한 D

05 다음 중 우리나라의 행정개혁 순서로 옳은 것은?

① 행정쇄신위원회 – 정부 3.0 – 정부혁신지방분권위원회 – 열린 혁신

② 행정쇄신위원회 – 정부혁신지방분권위원회 – 열린 혁신 – 정부 3.0

③ 행정쇄신위원회 – 정부혁신지방분권위원회 – 정부 3.0 – 열린 혁신

④ 열린 혁신 – 행정쇄신위원회 – 정부혁신지방분권위원회 – 정부 3.0

06 디징(Diesing)의 합리성 유형에 대한 설명으로 옳지 않은 것은?

① 경제적 합리성이란 경쟁하는 목표 간의 비용과 편익을 측정하고 비교 평가하는 것이다.

② 사회적 합리성은 다수의 참여를 통한 합의, 더 나은 정책을 추진할 수 있는 정책결정 구조의 합리성을 의미한다.

③ 사람 간에 권리·의무관계가 성립할 때 나타나는 합리성으로 규범적 측면에서 갈등을 해결할 필요가 있을 때 나타나는 합리성은 법적 합리성이다.

④ 목표를 성취하기 위해 가장 적합한 수단과 방법을 찾는 것은 기술적 합리성에 해당한다.

07 근무평정 시 발생할 수 있는 오류에 대한 설명으로 옳지 않은 것은?

① 시간적 오류는 평정 직전의 실적이나 사건이 평정에 영향을 미치는 경우, 혹은 첫인상이 평정에 영향을 미치는 경우 등이 모두 해당한다.

② 상동적 오류는 개인의 신상정보 등을 밝히지 않음으로써 방지할 수 있다.

③ 평가자가 가장 무난한 중간 정도의 점수로 평정하는 경향을 관대화 오류라고 한다.

④ 말끔하고 잘생긴 사람이 업무 능력도 좋을 것이라고 생각하는 것은 헤일로 효과의 사례이다.

08 예산 제도에 대한 설명으로 옳지 않은 것은?

① 우리나라는 기획재정부가 조세지출예산을 작성 및 제출을 담당하고 있다.

② 정부는 회계연도마다 예산안을 편성하며 회계연도 개시 120일 전까지 제출해야 한다.

③ 예산의 불성립 시를 대비해 준예산 제도를 채택하고 있다.

④ 수정예산은 정기국회의 심의를 거쳐 확정된 최초의 예산이다.

09 다음 중 예산과 관련된 이론으로 가장 옳지 않은 것은?

① 점증주의　　　　　　　　　② 다중합리성 모형

③ 욕구체계이론　　　　　　　④ 단절균형이론

10 다음 체제분석과 정책분석에 대한 비교 설명 중 옳지 않은 것은?

① 체제분석은 비용·효과의 사회적 배분을 중시하지만 정책분석은 자원 배분의 내적 효율성을 중시한다.

② 체제분석은 대안의 평가 기준을 경제적인 합리성에 두는 반면, 정책분석은 정치적 공익성에 평가 기준을 둔다.

③ 체제분석은 가치 문제를 다루기 어렵지만, 정책분석은 기본적인 가치 문제에 대해 고찰한다.

④ 체제분석은 경제학, 응용조사 등 계량적 결정이론을 주로 활용하지만, 정책분석은 정치학, 행정학, 심리학 등까지 활용한다.

11 전자정부에 대한 설명으로 옳지 않은 것은?

① 능률적 전자정부는 정책 결정 과정에 국민이 직접 참여하도록 함으로써 정책의 효율성을 제고하는 것을 목적으로 한다.

② 기술결정론적 관점에서는 네트워크와 시스템, IT 기술 등의 발달로 전자정부가 대두하게 되었다고 본다.

③ UN에서는 전자정부의 발전을 '출현-발전-상호작용-전자거래-통합처리'의 5단계로 분류하고 있다.

④ 우리나라의 전자정부는 '행정전산화사업-행정전산망 구축-정보화촉진기본법 제정-전자정부법 제정'의 순으로 이루어졌다.

12 신공공서비스론(New Public Servise)의 내용과 거리가 먼 것은?

① 전통적 관료제에 의한 정부운영방식의 한계를 극복하고 효율성을 확보하기 위해 공공부문에 기업운영방식을 접목했다.

② 협력적 국정거버넌스에서 정부는 조정자 역할을 한다.

③ 고객 위주인 신공공관리론과 달리 신공공서비스론은 시민중심적 공직제도의 구축을 중시한다.

④ 정부는 성과지향적 책임과 공동체적 책임을 모두 지향한다.

13 특별지방행정기관에 대한 설명으로 옳지 않은 것은?

① 특별지방행정기관은 그 책임과 권한이 중앙 정부에 있으며, 따라서 관치행정의 경향이 강하다.

② 신속한 업무처리가 가능하나, 행정 기능의 중복으로 인한 비효율성이 나타날 수 있다.

③ 대표적인 특별지방행정기관으로는 지방환경청, 지방국토관리청, 지방국세청, 지방병무청 등이 있다.

④ 특별지방행정기관은 중앙 정부로부터 독립되어 별도의 법인격을 가지고 있으며, 피소 시 별도의 피고가 된다.

14 이샤이(Yishai)의 유형론에 기초한 정책 네트워크의 유형에 대한 설명으로 옳은 것은?

① 철의 삼각 유형은 폐쇄적이고 안정적인 정책 네트워크이며, 외부 참여자들에게는 개방되지 않는다.

② 정책 공동체 유형은 철의 삼각 모형의 수정 과정에서 등장한 모형으로 참여자의 수에 제한이 없으며 의존성과 배제성, 지속성이 모두 낮은 유형이다.

③ 정책 커튼 유형은 외부 참여자에게까지 확장되지 않으며, 정부기구 내의 권력 장악자들에 의해 독점되는 가장 폐쇄적인 유형이다.

④ 철의 듀엣 유형은 관련된 이익집단과 정부 관료조직으로 구성되며 기본적으로 배타적인 조직이나 참여자 간 의견 일치를 보지 못하는 등 일부 경우에 따라 외부 참여자들에게 개방될 수 있다.

15 우리나라의 재정개혁제도 중 제정 통제 장치에 해당하는 것으로 대규모의 개발사업에 대해 개략적인 사전조사를 통해 타당성을 검증함으로써 대형 신규사업의 신중한 착수와 재정투자의 효율성을 높이기 위한 제도는?

① 예비타당성조사제도   ② 총사업비제도

③ 총액계상예산제도   ④ 자율편성예산제도

16 직무평가에 대한 설명으로 옳은 것은?

① 직무평가는 각 직위의 직무에 대한 곤란도, 책임도 등을 측정·평가하여 종적(수직적)으로 분류하는 것이다.

② 분류법은 담당자가 직위의 곤란도와 책임도를 평가하여 직위에 서열을 매긴 후 나열하는 방식으로, 가장 간단하고 시간과 노력이 절약되는 방법이다.

③ 직무평가 방법은 크게 계량적 방법과 비계량적 방법으로 구분할 수 있으며, 서열법과 분류법은 계량적 방법에, 점수법과 요소비교법은 비계량적 방법에 해당한다.

④ 직무를 구성요소별로 분류하고 각 요소에 점수를 매겨 그 총합으로 등급을 정하는 방식은 점수법이며, 이는 일반적으로 가장 많이 활용되는 방식이다.

17 지방재정 지표 중 총세입(總歲入)에서 자율적으로 사용 가능한 재원의 비율을 나타내고 차등보조금 교부 기준 및 재정자립도 미반영의 한계를 보이는 것은?

① 재정자주도   ② 재정탄력도   ③ 재정자립도   ④ 재정력지수

18 지방자치단체의 계층구조 중 단층제의 장점이 아닌 것은?

① 중앙정부와 지역주민들과의 의사소통 거리가 단축된다.

② 행정책임의 명확성을 파악하는 데 용이하다.

③ 중앙정부기능의 비대화 현상을 예방할 수 있다.

④ 기초자치단체의 자치권과 개별성을 존중한다.

19 정책평가의 외적 타당도를 저해하는 요인에 대한 설명을 모두 고르면?

> ㄱ. 인위적인 실험환경에서 얻은 정책평가 결과는 실제 현실에 일반화하기가 어렵다.
> ㄴ. 집단 구성원이 정책의 효과와 관계없이 스스로 성장함으로써 해당 정책의 효과를 평가하기 어렵다.
> ㄷ. 효과가 크게 나타날 사람만 의도적으로 골라 실험 혹은 평가를 진행할 경우 그 결과를 다른 집단에 적용하기 어렵다.
> ㄹ. 평가 기간 동안 발생한 사건이 평가 대상에 영향을 미치는 경우 인과적 추론의 타당성을 저해할 수 있다.
> ㅁ. 동일한 정책평가가 여러 번 이루어진 경우 해당 평가에 익숙해져 있을 수 있으므로 정확한 평가가 이루어졌다고 보기 어렵다.

① ㄱ, ㄴ, ㄷ   ② ㄱ, ㄷ, ㄹ   ③ ㄴ, ㄷ, ㅁ   ④ ㄴ, ㅁ, ㄹ

20 공식적 의사전달과 비공식적 의사전달의 장단점으로 옳지 않은 것은?

① 공식적 의사전달은 전달자와 피전달자가 분명하여 책임 소재가 명확하다.

② 비공식적 의사전달은 융통성이 제고되고 변화에 대한 적응성이 강하다.

③ 공식적 의사전달은 의사전달의 형식화가 발생하기 쉽다.

④ 비공식적 의사전달은 전달 내용의 기밀 유지가 곤란하다.

21 오스본(Osborne)과 개블러(Gaebler)가 제시한 기업가형정부의 5C 전략에 대한 설명으로 옳지 않은 것은?

① 핵심전략(Core strategy)은 명확한 목표를 설정하는 것으로 목적의 명확성, 역할의 명확성, 방향의 명확성 등의 방법으로 접근한다.

② 문화전략(Culture strategy)은 권한을 이양하고 결과에 대해 책임을 지는 문화를 창출하는 것이다.

③ 결과전략(Consequence strategy)은 성과관리를 강조하는 전략으로 직무성과의 확립, 성과제도의 도입 등이 이에 해당한다.

④ 고객전략(Customer strategy)은 고객에 대한 책임성의 확보, 경쟁구조의 구축, 고객의 선택 강조 등 고객을 최우선으로 하는 전략이다.

22 부패의 원인을 바라보는 접근방법에 대한 설명으로 옳지 않은 것은?

① 부패를 개인 행동의 결과로서 그 원인을 개인의 윤리 및 자질의 부족으로 보는 것은 도덕적 접근방법이다.

② 구조적 접근방법은 법과 행정구조, 제도 등의 결함이나 미비로 인해 부패가 발생했다고 본다.

③ 특정한 지배적 관습, 건전한 사회문화의 결핍으로 인한 도덕성·합리성의 부재 등을 부패의 원인으로 보는 것은 사회문화적 접근방법이다.

④ 맥락적(기능주의적) 접근방법은 부패를 사회 발전의 종속변수로서 불가피하게 발생하는 부산물 혹은 결과물로서 바라보는 방법이다.

23 우리나라 자치분권의 기본원칙 중 사무배분의 원칙에 대한 설명으로 옳지 않은 것은?

① 사무를 배분할 때는 주민의 편익 증진과 집행의 효과 등을 고려하여 서로 중복되지 않도록 배분해야 한다.

② 지역주민생활과 밀접한 관련이 있는 사무는 원칙적으로 시·군 및 자치구의 사무로 배분해야 한다.

③ 시·군 및 자치구가 처리하기 어려운 사무는 특별시·광역시·특별자치시·도 및 특별자치도에, 여기서도 처리하기 어려운 사무는 국가의 사무로 배분해야 한다.

④ 사무를 배분할 때는 책임의 소재가 명확하도록 제한적으로 배분해야 한다.

24 행정학의 주요 접근법에 대한 내용으로 옳지 않은 것은?

① 행정관리설 : 과학적 관리론 및 원리주의의 이론

② 발전행정론 : 행정의 처방성 및 기술성 강조

③ 뉴거버넌스 : 신공공관리론 비판 및 작은정부 추구

④ 신공공관리론 : 정부기능 감축 및 민영화 중점

25 옴부즈만 제도에 대한 설명으로 옳은 것은?

① 직무 수행상 독립성을 갖는 헌법기관으로서 입법통제를 보완하며 사법부 역시 통제의 대상이 된다.

② 입법부로부터 정치적으로 독립된 기관이며 프랑스를 제외한 대부분의 국가에서 행정부에 소속된다.

③ 비위자를 처벌할 권한과 함께 행정기관 혹은 법원의 결정 및 행위를 무효·취소·변경할 권한을 가지고 있다.

④ 우리나라는 국민고충처리위원회가 일종의 옴부즈만 제도에 해당하며, 사전조사와 직권조사가 모두 가능하다.

MEMO

P / A / R / T

03

히든카드

CHAPTER 01 | 행정학 Hidden Card

국가공무원법상 공무원의 의무

- **제56조(성실 의무)**
  모든 공무원은 법령을 준수하며 성실히 직무를 수행하여야 한다.

- **제57조(복종의 의무)**
  공무원은 직무를 수행할 때 소속 상관의 직무상 명령에 복종하여야 한다.

- **제58조(직장 이탈 금지)**
  ① 공무원은 소속 상관의 허가 또는 정당한 사유가 없으면 직장을 이탈하지 못한다.
  ② 수사기관이 공무원을 구속하려면 그 소속 기관의 장에게 미리 통보하여야 한다. 다만, 현행범은 그러하지 아니하다.

- **제59조(친절·공정의 의무)**
  공무원은 국민 전체의 봉사자로서 친절하고 공정하게 직무를 수행하여야 한다.

- **제59조의2(종교중립의 의무)**
  ① 공무원은 종교에 따른 차별 없이 직무를 수행하여야 한다.
  ② 공무원은 소속 상관이 제1항에 위배되는 직무상 명령을 한 경우에는 이에 따르지 아니할 수 있다.

- **제60조(비밀 엄수의 의무)**
  공무원은 재직 중은 물론 퇴직 후에도 직무상 알게 된 비밀을 엄수(嚴守)하여야 한다.

- **제61조(청렴의 의무)**
  ① 공무원은 직무와 관련하여 직접적이든 간접적이든 사례·증여 또는 향응을 주거나 받을 수 없다.
  ② 공무원은 직무상의 관계가 있든 없든 그 소속 상관에게 증여하거나 소속 공무원으로부터 증여를 받아서는 아니된다.

- **제62조(외국 정부의 영예 등을 받을 경우)**
  공무원이 외국 정부로부터 영예나 증여를 받을 경우에는 대통령의 허가를 받아야 한다.

- **제63조(품위 유지의 의무)**
  공무원은 직무의 내외를 불문하고 그 품위가 손상되는 행위를 하여서는 아니 된다.

- **제64조(영리 업무 및 겸직 금지)**
  ① 공무원은 공무 외에 영리를 목적으로 하는 업무에 종사하지 못하며 소속 기관장의 허가 없이 다른 직무를 겸할 수 없다.

- **제65조(정치 운동의 금지)**
  ① 공무원은 정당이나 그 밖의 정치단체의 결성에 관여하거나 이에 가입할 수 없다.

- **제66조(집단 행위의 금지)**
  ① 공무원은 노동운동이나 그 밖에 공무 외의 일을 위한 집단 행위를 하여서는 아니 된다. 다만, 사실상 노무에 종사하는 공무원은 예외로 한다.

코브(Roger W. Cobb)의 정책의제 설정모형

- **외부주도형(Outside-initiative model)**
  - 정책 담당자가 아닌 외부의 주도에 의해 정책의제화가 이루어지는 모형
  - 사회문제 → 공중의제 → 정부의제
  - 언론과 정당 등 외부의 역할이 중요
- **동원모형(Mobilization model)**
  - 정책 담당자에 의해 채택된 정책안 등이 자동적으로 공식적 정부 정책으로 확정되도록 하되, 정책의제로 채택하기에 앞서 대중 혹은 해당 정책과 관련이 있는 집단으로부터 지지를 얻기 위해 동원(설득)이 필요하다고 보는 모형
  - 사회문제 → 정부의제 → 공중의제
  - 외부의 지지를 얻기 위한 정책 PR의 역할이 중요
- **내부접근형(Inside access model)**
  - 정책문제가 외부(국민)의 관여 없이 정부기관 내 혹은 정책결정자의 접근이 쉬운 집단 내에서 제기되어 정책의제로 설정되는 모형
  - 대중의 지지와 동원을 요하지 않는다는 점에서 동원모형과 차이가 있음
  - 사회문제 → 정부의제
  - 사전 공개가 어려운 문제를 다루거나 긴급을 요하는 정책 수립 등에 용이함

목표관리(MBO)의 장단점

장점	• 조직의 목표와 개인의 목표가 명확하게 제시된다. • 조직구성원의 참여가 활발하게 이루어져 사기가 증진된다. • 합의에 의해 목표를 설정하고 평가하므로 갈등과 대립이 감소한다. • 구성원 간의 협동성이 높아지고 수직적인 의사소통 과정이 개선된다. • 조직관리의 효율성과 능률성이 확보된다. • 객관적인 성과평가가 가능해진다.
단점	• 목표의 설정과 지침 제공이 곤란하여 환경의 급변화에 취약할 수 있다. • 운영 절차가 다소 복잡하다. • 전체적인 생산성이 떨어질 수 있다. • 목표로서 가치가 상실된 목표도 고집하는 경향이 나타날 수 있다. • 단기 목표를 지나치게 강조하여 지속적인 발전이 저해될 수 있다. • 공공행정조직의 경우 무사안일주의, 이해 부족 등 한계성이 드러날 수 있다.

대표관료제의 장단점

장점	• 정부의 대표성 확보 • 내부통제의 강화 • 사회적 형평성의 제고	• 민주적인 정부의 구성 • 기회의 평등과 공직의 민주화
단점	• 행정의 전문성 약화 • 특정 사회집단에 유리하게 작용될 우려	• 행정의 능률성 저하 • 역차별 발생 우려

예산집행의 통제와 신축성

재정 통제 장치	신축성 유지 장치
예산의 배정·재배정, 회계기록 및 보고제도, 정원 및 보수 통제, 계약(지출원인행위) 통제, 예비타당성조사, 총사업비 관리제도	예산의 이용·전용, 예산의 이체, 예산의 이월, 예비비, 계속비, 국고채무부담행위, 수입대체경비, 총액계상예산제도, 추가경정예산, 수입·지출의 특례, 신축적 예산배정제도, 대통령의 재정·경제상 긴급명령권

전통적·현대적 예산원칙

전통적 예산원칙(Neumark)		현대적 예산원칙(Smith)	
• 공개성의 원칙	• 명확성의 원칙	• 행정부 책임의 원칙	• 행정부 재량의 원칙
• 통일성의 원칙	• 완전성의 원칙	• 행정부 계획의 원칙	• 다원적 절차의 원칙
• 한정성의 원칙	• 단일성의 원칙	• 시기 융통성의 원칙	• 예산기구 교류의 원칙
• 엄밀성의 원칙	• 사전 의결의 원칙	• 보고의 원칙	• 수단 구비의 원칙

공무원임용령 제43조(보직관리의 기준)

1. 직위의 직무요건
   가. 직위의 주요 업무활동
   나. 직위의 성과책임
   다. 직무수행의 난이도
   라. 직무수행요건

2. 공무원의 인적요건
   가. 직렬 및 직류
   나. 윤리의식 및 청렴도
   다. 보유 역량의 수준
   라. 경력, 전공분야 및 훈련실적
   마. 그 밖의 특기사항

신공공관리론(NPM)

대상	고객
정부의 역할	방향 잡기
공익의 개념	개인 이익의 총합
책임성 확보 방법	시장 지향적
조직 구조	분권화 조직
합리성	기술적 · 경제적 합리성
행정재량	폭넓은 재량 허용

로위(Lowi)의 정책유형

분배정책	• 정부가 적극적으로 재화나 서비스를 공급하는 정책 • 정책의 내용이 하위 세부단위로 분해되고, 다른 단위와 개별적 · 독립적으로 처리됨 • 비용부담자는 자신이 누구를 위해, 얼마나 비용을 부담하는지 인지하지 못함 • 갈등이나 타협보다는 상호 불간섭 혹은 상호 수용으로 특정됨
규제정책	• 개인이나 일부 집단에 대해 재산권의 행사, 행동의 자유 등을 구속 · 억제하여 반사적으로 다른 사람들을 보호하려는 목적을 지닌 정책 • 기업 간의 불공정 경쟁 혹은 과대광고 등의 통제 • 정책 결정 시 이득을 보는 자와 피해를 보는 자를 선택 • 반드시 국민의 대표기관인 국회의 의결이 필요
재분배정책	• 고소득층으로부터 저소득층으로의 소득 이전을 목적으로 하는 정책 • 평등한 대우가 아닌 평등한 소유를 목적으로 함 • 소득의 실질적 변경이 일어나므로 계급대립적 성격을 띠며 정치적 갈등의 수준이 높음 • 결정 과정에서 이념적 성격이 강하게 드러남
구성정책	• 헌정 수행에 필요한 운영 규칙에 관련된 정책 • 구성정책의 결정에는 정당의 영향력이 매우 큼 • 선거구 조정, 정부의 새로운 기구 및 조직 설립, 공직자의 보수 및 퇴직 연금 정책 등

동기부여이론

구분	초점	세부 이론	
내용이론	행동을 유발하는 요인	• McGregor − X · Y이론 • Maslow − 욕구단계이론 • McClelland − 성취동기이론 • Likert − 관리체제이론 • Herzberg − 2요인이론(동기 · 위생이론) • Hackman&Oldham − 직무특성이론	• Murray − 명시적욕구이론 • Alderfer − ERG이론 • Schein − 복잡인모형 • Argyris − 성숙 − 미성숙이론
과정이론	행동의 방향 설명	• Vroom − 동기기대이론 • Atkinson − 기대모형 • Georgopoulos − 통로 · 목표이론 • Porter&Lawler − 업적 · 만족이론	• Berner − 의사거래분석 • Adams − 공정성이론
강화이론	행동이 지속되는 이유	Skinner − 조작적조건화이론	

현금주의와 발생주의

구분	현금주의	발생주의
개요	• 현금의 유입과 유출 여부에 따라 수익과 비용을 인식하는 방식 • 현금의 유입 = 수입(수익) • 현금의 유출 = 지출(비용)	• 재무상태를 변동시킨 거래나 사건의 발생 시점에 수익과 비용을 인식하는 방식 • 수입의 획득 = 수입(수익) • 비용의 발생 = 지출(비용)
장점	• 절차가 간편하고 이해와 통제가 용이함 • 회계처리가 객관적 • 실제 현금 흐름의 파악이 용이함	• 자산과 부채의 파악으로 재정의 투명성 · 책임성 확보에 유리 • 오류 발견 및 자기검정기능 • 성과에 대한 정확한 수익 · 비용 정보 제공
단점	• 실제 경영 성과의 파악 곤란 • 자산 및 부채의 파악 곤란 • 감가상각 등 실질 거래 가치 및 원가 반영 어려움	• 회계정보의 객관성 결여 가능 • 정보 생산에 비용 과다 발생 가능 • 절차가 복잡하고 현금흐름 파악이 어려움

블레이크(Blake)와 모튼(Mouton)의 리더십 유형 분류

- **(1 · 1)형** : impoverished management − 인간과 생산 모두 관심을 보이지 않는 무관심형
- **(1 · 9)형** : country club management − 인간에 대한 관심은 높으나 생산에 대한 관심은 낮은 친목형
- **(5 · 5)형** : organizational man management − 인간과 생산 모두에 적당한 정도의 관심을 보이는 절충형
- **(9 · 1)형** : authority obedience management − 생산에 대한 관심은 높으나 인간에 대한 관심은 낮은 과업형
- **(9 · 9)형** : team management − 인간과 생산 모두에 관심이 높아 조직 구성원의 신뢰뿐만 아니라 과업달성 역시 강조하는 팀형

비용편익분석의 평가기준

구분	기본 개념	특징
순현재가치(NPV : Net Present Value)	편익(B)의 현재가치 − 비용(C)의 현재가치	• 'NPV > 0'일 경우 사업 타당성 있음 • 경제적 타당도 평가에 최선의 척도이자 가장 보편적인 척도
편익비용비(B/C : Benfit/Cost ratio)	편익(B)의 현재가치 ÷ 비용(C)의 현재가치	• 'B/C > 1'일 경우 사업 타당성 있음 • 예산 제약으로 순현재가치가 큰 대규모 사업을 채택하기 어려울 때 사용 • 이차적 · 보완적 기준
내부수익률(IRR : Internal Rate of Return)	NPV = 0, B/C = 1이 되도록 하는 할인율	• 투자원금 대비 이득을 계산하는 기대수입률 개념 • 할인율이 주어져 있지 않을 때 사용 • 내부수익률이 기존 할인율보다 클 때 사업 타당성 있음 • 내부수익률이 클수록 우수한 사업으로 인정

실적주의의 특징

• 공등한 공직 취임 기회 부여
• 실적에 기준을 둔 임용
• 일한 만큼의 보수 실현과 적절한 인센티브 부여
• 공무원의 신분 보장
• 공개경쟁시험을 통한 신규채용
• 인사행정상의 공평한 처우 및 공직자의 권익 최대 보장
• 교육 및 훈련을 통한 직무능력의 향상
• 정치적 중립 보장

기존 성과주의와 신 성과주의

구 분	기존 성과주의(1950년대)	신 성과주의(1990년대)
성과정보	투입과 산출(능률성)	산출의 결과(효과성)
성과책임	정치적, 도덕적 책임	구체적, 보상적 책임
경로가정	투입은 자동으로 성과로 이어짐 (단선적 가정)	투입이 반드시 성과를 보장해주지는 않음 (복선적 가정)
성과관점	정부(공무원) 관점	고객(만족감) 관점
회계방식	불완전한 발생주의(사실상 현금주의)	완전한 발생주의
연계범위	예산제도에 국한	국정 전반에 연계(인사, 조직, 감사, 정책 등)

개방형 직위제도와 공모직위제도

구분	개방형 직위제도	공모직위제도
대상직위	전문성이 특히 요구되거나 효율적인 정책수립을 위하여 필요하다고 판단되는 직위	효율적인 정책수립·관리를 위하여 적격자를 임용할 필요가 있는 직위
공모대상	• 내 + 외부 • 고위공무원에 속하는 직위 총수의 20% 이내 • 필요 시 과장급 직위의 20% 이내	• 내부 • 고위공무원에 속하는 직위 총수의 30% 이내 • 필요 시 과장급 직위 이하
지정기준	전문성, 중요성, 민주성, 조정성, 변화필요성	직무공통성, 정책통합성, 변화필요성
대상직종	일반직·특정직·별정직	일반직·특정직
임용기간	5년 범위 내 소속 장관이 정하되, 최소 2년 이상	기간 제한 없음

사회자본의 특징

- 사회자본은 행위자들 간의 관계 속에 존재하는 자본이다.
- 물적자본이나 인적자본과 달리 사회자본은 그 이익이 공유된다.
- 사회자본은 소유주체가 지속적으로 유지하려는 노력을 투입해야 하는 자본이다.
- 사회자본은 지속적인 교환과정을 거쳐서 유지·재생산된다.
- 사회자본의 교환은 동시성을 전제로 하지 않는다.

국가공무원법상 공무원의 구분

국가공무원법 제2조(공무원의 구분)

① 국가공무원(이하 "공무원"이라 한다)은 경력직공무원과 특수경력직공무원으로 구분한다.

② "경력직공무원"이란 실적과 자격에 따라 임용되고 그 신분이 보장되며 평생 동안(근무기간을 정하여 임용하는 공무원의 경우에는 그 기간 동안을 말한다) 공무원으로 근무할 것이 예정되는 공무원을 말하며, 그 종류는 다음 각 호와 같다.

  1. 일반직공무원 : 기술·연구 또는 행정 일반에 대한 업무를 담당하는 공무원

  2. 특정직공무원 : 법관, 검사, 외무공무원, 경찰공무원, 소방공무원, 교육공무원, 군인, 군무원, 헌법재판소 헌법연구관, 국가정보원의 직원과 특수 분야의 업무를 담당하는 공무원으로서 다른 법률에서 특정직공무원으로 지정하는 공무원

③ "특수경력직공무원"이란 경력직공무원 외의 공무원을 말하며, 그 종류는 다음 각 호와 같다.

  1. 정무직공무원

    가. 선거로 취임하거나 임명할 때 국회의 동의가 필요한 공무원

    나. 고도의 정책결정 업무를 담당하거나 이러한 업무를 보조하는 공무원으로서 법률이나 대통령령(대통령비서실 및 국가안보실의 조직에 관한 대통령령만 해당한다)에서 정무직으로 지정하는 공무원

  2. 별정직공무원 : 비서관·비서 등 보좌업무 등을 수행하거나 특정한 업무 수행을 위하여 법령에서 별정직으로 지정하는 공무원

국가의 경제력과 예측가능성

구분		국가의 경제력	
		큼	작음
예측가능성	높음	점증적 행태(점증예산)	양입제출적 행태(세입예산)
	낮음	보충적 행태(보충예산)	반복적 행태(반복예산)

임시 체제(Adhocracy)의 특징

특징	• 조직구조가 단순하고, 수평적으로 분화(分化)되어 있다. • 의사결정권이 전문가로 구성된 팀에 분화되어 있다. • 형식주의나 공식성(公式性)에 얽매이지 않으며, 전문성이 강하고 융통성이 있다.
장점	• 사회환경의 변화에 대한 적응력이 있다. • 조직 구성원의 창의력 발휘에 용이하다. • 전문가들로 이루어져 복잡한 문제 해결에 용이하다. • 민주성과 자율성이 강하다.
단점	• 조직 내 갈등과 긴장이 불가피하다. • 구성원 간에 권한과 책임의 한계가 불명확하다. • 관료제 조직에 비하여 비효율적인 구조를 취하고 있다.

귤릭(Gulick) – 최고관리자의 7대 기능(POSDCoRB)

- 계획(Planning) : 조직의 목표를 달성하기 위하여 수행하여야 할 업무 등을 계획
- 조직화(Organizing) : 수립된 계획에 따라 직무와 권한 등을 배분하여 구조를 설정
- 인사(Staffing) : 직원의 채용 · 훈련 및 효율적인 행정업무를 위한 인사기능
- 지휘(Directing) : 의사를 결정하여 명령 및 지시
- 조정(Coordinating) : 부서별로 상호 협력 및 통합 · 조절하여 효율적인 행정업무를 수행
- 보고(Reporting) : 업무의 진행 과정 또는 결과, 상황 등을 보고
- 예산(Budgeting) : 조직의 목표 수행을 위한 예산 관련 항목

수직적 · 수평적 조정기제

수직적 조정기제	계층제, 규칙과 계획, 수직정보시스템, 계층직위의 추가 등
수평적 조정기제	직접 접촉, 임시작업단, 정보시스템, 프로젝트 매니저, 프로젝트팀 등

민츠버그(Mintzberg)의 조직유형

- 단순구조 : 조직의 중간계층이 부족하고 최고 경영자에 대한 의존성이 크며, 주로 소규모 신설 기관에 나타나는 유형이다.
- 기계적 관료제 구조 : 업무의 표준화를 중시하여 정해진 업무의 효율성 제고에 최적화된 형태로, 간단하고도 안정된 환경에서 반복 업무가 많을 경우에 나타나는 유형이다.
- 전문적 관료제 구조 : 업무의 표준화가 어려운 복잡한 업무의 경우 전문가로 구성된 핵심 운영층이 주도하여 조직을 이끌어 나가는 유형이다.
- 사업부제 구조 : 제한된 수직적 분권화 구조로, 조직의 중간 관리층이 핵심적 역할을 한다.
- 애드호크라시(임시체제) : 조직구조 및 환경이 매우 유동적이며, 고정된 계층구조를 갖지 않고 표준화를 지양하는 조직이다. 기계적 관료제 구조와 반대된다.

근무성적평정상 오류

연쇄 효과	특정 항목의 평정 요소에 대한 판단이 연쇄적으로 다른 항목의 평정에도 영향을 주는 오류
총계적 오류	평정자의 평정 기준이 일정하지 않아 관대화 또는 엄격화 경향이 불규칙하게 나타나는 오류
규칙적 오류	평정자가 항상 관대화 또는 엄격화 경향을 보이는 오류
시간적 오류	• 첫머리 효과 : 초기의 업적에 크게 영향을 받아서 평가 • 막바지 효과 : 최근의 실적 또는 능력을 중심으로 평가
분포상 착오	• 집중화 경향 : 피평정자들에게 대부분 중간 수준의 점수를 부여하는 경향 • 관대화 경향 : 평정 결과 점수의 분포가 높은 쪽에 집중되는 경향 • 엄격화 경향 : 평정 결과 점수의 분포가 낮은 쪽에 집중되는 경향

엽관주의의 장단점

장점	• 특권적인 정부관료제를 일반 대중에 공개함으로써 평등의 이념 구현 • 정당에 대한 충성도 등을 임용기준으로 하여 정당의 대중화 및 정당정치의 발달에 공헌 • 국민의 요구에 대한 관료적 대응성을 향상 • 국민에 의해 선출된 정치지도지의 국정지도력을 강화시켜 선거공약이나 공공정책의 실현이 용이
단점	• 정당의 과두적 지배로 인한 정치적·행정적 부패 초래 • 정권 교체로 대규모 인력교체 시 행정의 계속성·안정성 등이 훼손 • 임용기준에 능력 외의 요인이 포함되어 행정의 비능률성을 야기 • 소속 정당 또는 집권자에 대한 충성으로 신분이 유지되므로 정치적 중립성 훼손

신공공관리론과 뉴거버넌스의 차이

신공공관리론	구분	뉴거버넌스
신자유주의	인식론	공동체주의
결과	관리가치	과정
고객	국민인식	주인
경쟁	작동원리	협력
민영화	서비스	공동생산
조직 내	분석수준	조직 간

정책오류

제1종 오류 (알파)	• 잘못된 대안을 선택하는 오류 • 옳은 기무가설을 기각하는 오류 • 틀린 대립가설을 채택하는 오류
제2종 오류 (베타)	• 옳은 대안을 선택하지 않은 오류 • 틀린 귀무가설을 채택하는 오류 • 옳은 대립가설을 기각하는 오류
제3종 오류 (메타)	정책문제 자체가 잘못 정의된 경우

계급제와 직위분류제

계급제	구분	직위분류제
계급	부르다위	지위
폐쇄형	충원체계	개방형
강함	신분보장	약함
광범위 · 신축적	인사이동	제한적 · 경직적
장애	행정의 전문화	기여
낮음	직무수행 형평성	높음
동일계급 동일보수	보수	동일직무 동일보수
영국, 일본	채택국가	미국, 캐나다

예산제도 변화의 순서

품목별 예산제도(LIBS) → 성과주의 예산제도(PBS) → 계획 예산제도(PPBS) → 영기준 예산제도(ZBB) → 신성과주의 예산제도(NPBS)

지방의회의 권한

- 의결권 : 조래의 제 · 개정 및 폐지, 예산의 심의 · 확정, 결산의 승인 등
- 감시권 : 행정사무감사권, 행정사무조사권 등
- 자율권 : 의회내부조직권, 회의의 비공개 결정, 의원에 대한 징계권, 국회의장 · 부의장에 대한 불신임권, 의회 내 질서유지권 등
- 표명권 : 특정 사안에 대한 지방의회의 의견표명 등
- 선거권 : 의회 의장단 선거, 임시의장 선출, 의장단 선거 등

경력평정의 원칙

- 근시성의 원칙 : 새로운 경력은 오래된 경력보다 가치가 있다.
- 친근성의 원칙 : 유사한 업무의 경력 · 학력을 중시하여야 한다.
- 발전성의 원칙 : 학력 · 경력을 토대로 발전가능성을 판단하여야 한다.
- 습숙성의 원칙 : 상위직급의 경력을 중시하여야 한다.

행정과 경영의 차이

구분	행정	경영
목적	공익, 질서유지 등 다원적 목적	이윤 극대화라는 일원적 목적
주체	국가 또는 공공기관	기업
대상	전 국민	표적 집단(고객)
정치적 성격	강함	상대적으로 약함
법적 규제	경영보다 엄격한 법적 규제	상대적으로 약함
평등성	모든 국민은 법 앞에 평등함	고객 간 차별대우가 용이함
능률의 척도	사회적 능률	기계적 능률
활동 긴급성	있음	없음(혹은 약함)
법적 제약	엄격한 규제	상대적으로 자유로움
집행의 강제성	강제성 존재	강제성 부재
기대 수준	높음	낮음
독점성	독점적, 비경쟁적, 비능률적	비독점적, 경쟁적, 능률적
기타 성격	공개적, 평등적, 획일적, 타율적	비밀적, 비평등적, 자율적

행정권 오용의 유형(Nigro, 1980)

- 부정행위 : 영수증의 허위 작성, 공금횡령 등
- 비윤리적 행위 : 특정 집단에 대한 후원 행위 혹은 이득을 주기 위한 행위
- 법규의 경시 : 법규를 무시하거나 자신의 행위를 정당화하기 위한 방향으로 법규를 해석
- 불공정한 인사 : 능력과 성과를 무시하고 편파적인 인사를 시행
- 입법의도의 편향된 해석 : 합법적 테두리 내에서 특정 집단의 이익을 옹호하는 것
- 신책이 은폐 : 선별적인 정보 배포를 통해 자신의 신책을 은폐
- 무사안일주의 : 재량권을 행사하거나 의무를 행하지 않고 적극적인 자세를 취하지 않는 직무유기
- 무능과 무소신 : 맡은 업무에 대한 전문지식이나 능력의 부족

UN의 전자정부 5단계 발전모형

(1) 출현 : 공식 사이트가 존재하고 국가 포털과 공식 사이트를 통해 중앙 혹은 지방정부와 연결
(2) 발전 : 데이터베이스를 온라인으로 제공, 문서의 탐색과 최신 자료 제공이 온라인으로 가능
(3) 상호작용 : 보안장치, 전자서명, 공공정보 제공 및 홈페이지의 정기적 업데이트
(4) 전자거래 : 신용카드를 통한 범칙금 · 세금 · 우편요금의 납부 혹은 공공계약의 온라인 입찰 가능
(5) 통합처리 : G2C(Government to Customer) 구축, 활발한 시민 의견 수렴

공무원 부패의 접근 방법

구분	내용
도덕적 접근법	• 공무원 부패를 개인 행동의 결과로 본다. • 개인의 성격 및 독특한 습성과 윤리 문제가 부패 행태와 밀접한 관련이 있다고 본다.
사회문화적 접근법	특정한 지배적 관습, 경험적 습성과 같은 것이 부패를 조장한다고 본다.
제도적 접근법	사회의 법과 제도상의 결함, 이러한 것들에 대한 관리기구 및 운영상의 문제 등이 부정부패의 원인으로 작용한다고 본다.
체제론적 접근법	• 부패란 어느 하나의 변수에 의해 설명되는 것이 아니라 다양한 요인에 의해 복합적으로 나타나는 것이라고 본다. • 공무원 부패는 부분적인 대응으로 억제하기 어려운 문제이다.

정책분석과 정책평가 비교

구분	정책분석	정책평가
시기	정책결정과정 시(사전적)	정책결정과정 이후(사후적)
목적	정책결정의 향상	정책의제 설정, 정책결정, 정책집행의 향상
방법	미시적 방법	거시적 방법

정치적 중립의 확립 요건

• 정치적 중립성이 공무원의 직업윤리로 확립
• 공무원의 정치적 중립을 가능케 하는 정치·사회적 환경의 조성
  – 평화적 정권 교체가 가능한 정치적 여건의 조성
  – 민주적 정치윤리가 확립된 정치인들
• 높은 시민적 정치의식을 가진 국민

공무원의 수당제도

구분	내용
상여수당(3종)	대우공무원수당, 정근수당, 성과상여금
가계보전수당(4종)	가족수당, 자녀학비보조수당, 주택수당, 육아휴직수당
특수지근무수당	–
특수근무수당(4종)	위험근무수당, 특수업무수당, 업무대행수당, 군법무관수당
초과근무수당 등(2종)	초과근무수당, 관리업무수당
실비변상 등(4종)	정액급식비, 직급보조비, 명절휴가비, 연가보상비

총액배분 자율편성예산제도

기대효과	• 예산에 대한 이해 증진 : 예산의 총액과 배분의 부문별 증감 이해 증진 • 예산과 재원 배분의 투명성과 자율성 제고 • 예산의 관심이 금액에서 정책으로 전환 : 불필요한 사업의 구조조정 • 예산 요구의 가공성 제거 : 대패식 예산 삭감 관행 소멸로 비효율을 제거 • 경기 변동 대응 능력 및 재정건전성의 확보 • 예산 칸막이 장치의 무용화 : 기금 + 일반회계 + 특별회계를 통합적으로 관리 • 사후 평가를 위한 성과관리제도와의 연계 강화
문제점	• 부처 지출 한도액에 대한 공감대 부족 • 선심성 예산 편성 가능 • 통제제도의 미비 : 관료의 사적 이익 추구로 변질 가능

계선조직과 막료조직

구분	계선조직	막료조직
특징	• 최고책임자를 정점으로 한 수직적 상하관계 • 조직 목표를 직접 운영·집행하며 그에 대한 책임을 지는 중추적 조직 • 국민과 직접 접촉하고 봉사함 • 구체적인 집행권과 명령권을 행사	• 전문적 지식을 갖고 계선기관의 기능을 보완, 계선조직이 그 기능을 원활히 수행할 수 있도록 보조 • 권고, 자문, 통제, 인사, 회계, 조사, 연구 등의 활동을 통해 국민에 간접적으로 봉사함 • 구체적인 집행권이나 명령권 행사 불가
장점	• 권한과 책임의 한계가 명확함 • 강력한 통솔력 발휘와 신속한 결정이 가능 • 경비 절약 • 소규모 조직에 적합	• 전문적 지식과 경험으로 합리적 결정 가능 • 계선조직의 과중한 업무부담 분담 • 기관장의 통솔 범위 확대 • 계선조직 간 업무 조정을 용이하게 함
단점	• 전문가의 지식과 경험 활용 어려움 • 책임자의 주관적·독단적 결정 가능 • 업무량의 과중	• 계선조직과 알력·대립관계 형성 가능 • 경비가 많이 소요됨 • 결과에 대한 책임 전가 가능

구분	정책결정자의 역할	정책집행자의 역할
고전적 기술자형	세부적인 정책 내용까지 결정	• 제한된 부분의 재량권만 인정 • 정책목표 달성을 위해 노력
지시적 위임형	정책목표를 세우고 대체적인 방향만 정해 정책집행자들에게 위임	폭넓은 재량권을 위임받아 정책을 집행
협상형	정책목표를 설정하고 개괄적인 정책을 결정	정책목표와 집행방법 및 수단 등에 대해 정책결정자들과 협상
재량적 실험가형	현실적 제약으로 인해 추상적인 정책 방향만을 제시	• 정책목표를 구체화하고 필요한 정책수단을 선택 • 광범위하고 구체적인 책임하에 정책을 집행
관료적 기업가형	정책집행자가 만든 정책목표와 집행수단을 수용	• 정책 과정 전반에 영향력을 행사 • 실질적인 정책결정과 정책집행을 주도

정책집행의 성패를 좌우하는 요인

내용적 요인	환경적 요인

• 정책목표
  – 정책목표의 명확성
  – 정책목표에 대한 합의
  – 정책목표의 지속성
  – 정책목표의 장 · 단기성(짧을수록 유리)
• 정책이 초래할 혜택의 유형
  ※ 포괄적 혜택(분배)이 분할적 혜택(재분배)보다 유리
• 정책이 요구하는 변화의 크기
• 정책집행에 관여하는 행정기관의 범위(적을수록 유리)
• 집행기관 및 관료의 능력
• 정책 집행에 필요한 자원의 양
	• 정책에 대한 순응
	• 정치체제의 구조 및 정권의 특성
	• 집행기관 및 관료의 책임과 반응
	  ※ 계층적 · 법적 · 정치적 · 전문적 책임 등이 중복되어 요구되는 경우 정책 집행이 곤란함

1. 기획의제의 설정 : 사회문제가 기획문제로 수용되는 과정이다.
2. 기획 결정
   (1) 문제 인지 : 기획문제를 정의한다.
   (2) 목표 설정 : 목표를 제시한다.
   (3) 정보의 수집 및 분석 : 정보를 수집·분석하여 기획 대상에 대한 상황을 분석한다.
   (4) 기획 전제(Planning premise) 설정 : 통제가 불가능한 외생변수의 변화 등 향후 상황에 대한 전망과 과정을 설정한다.
   (5) 대안 탐색 및 설정
   (6) 대안의 결과 예측
   (7) 대안의 비교평가
   (8) 최종 대안 선택
3. 기획 집행 : 기획을 실제 행동에 옮기는 과정이다.
4. 기획 평가 : 기획의 집행 상황 및 결과를 분석한다. ⓔ 집행관리, 성과분석 등

프렌치(J. R. French)와 레이븐(B. Raven)의 권력의 원천에 따른 분류

구분	정의
합법적 권력	• 법규에 의해 부여되는 권력 • 조직 내의 직위에 의해 결정되는 권력 • 권한과 유사한 개념
보상적 권력	• 다른 사람에게 보상을 제공할 수 있는 능력에 기반을 두는 권력 • 일반적으로 조직에서 제공하는 보상은 봉급, 승진, 직위 부여 등이 있음
강압적 권력	• 인간의 공포에 기반을 둔 권력 • 타인을 처벌할 수 있는 능력이나 육체적·심리적으로 타인에게 위해를 가할 수 있는 능력에 기반을 둔 권력 • 강압적 권력의 행사는 부하의 분노나 적대감을 유발할 수 있음
전문적 권력	• 전문적인 기술이나 지식에 기반을 두고 발생하는 권력 • 직위와 직무를 초월해 조직 내의 누구나 가질 수 있는 권력
준거적 권력	• 어떤 권력의 주체를 좋아하여 그를 본받고 닮고자 할 때 발생하는 권력 • 공식적인 지위와 항상 일치하지는 않음

X-Y 이론

구분	내용
X-Y 이론	맥그리거가 인간관을 동기부여의 관점에서 분류한 이론이다. 전통적 인간관을 X이론으로, 새로운 인간관을 Y이론으로 지칭하였다.
X이론	• 인간은 본래 일하기를 싫어하며 지시받은 일만 행한다. • 경영자는 금전적 보상을 유인책으로 사용하고 엄격한 감독과 상세한 명령으로 통제를 강화해야 한다.
Y이론	• 인간에게 노동은 놀이와 같은 자연스러운 행위이며, 노동을 통해 자신의 능력을 발휘하고 자아를 실현하고자 한다. • 경영자는 자율적 · 창의적으로 일할 수 있는 여건을 노동자에게 제공해야 한다.

네트워크 조직

구분	내용
개념	• 상호의존적인 조직 간의 유기적 · 개방적 협력관계 • 업무적 상호의존성에도 불구하고 내부화 혹은 강력한 자본적 연결 없이 독립성을 유지 • 상대의 자원을 활용할 수 있도록 수직적 · 수평적 · 공간적 신뢰 관계로 연결
장점	• 조직의 개방화, 슬림화, 수평적 통합화가 이루어짐 : 관리인력 등 관련 자원의 절약 • 조직의 분권화로 구성원들의 책임과 자율에서 오는 참여 정신, 창의력 발휘, 동기 부여 등의 효과가 나타남 • 관련 분야의 최신 기술을 즉시 획득하여 지속적인 제품과 서비스의 혁신을 이룩함 • 최고의 품질과 최저의 비용으로 조직 내의 자원을 활용 • 변동적인 자원과 불확실한 환경하에서 유용함
단점	• 신전략 구상 혹은 신시장 진출 시 기존 네트워크 내 관련 조직들의 압력으로 인해 행동의 제약 발생이 가능 • 상호 간의 행동 제약으로 의존성이 발생, 조직의 폐쇄화가 나타날 수 있음 • 관리가 철저하지 않을 경우 정보가 일방으로 유출되어 네트워크 파트너가 경쟁자로 변질될 수 있음 • 네트워크 간 경쟁 심화

행정개혁 접근방법

구분	내용	사례
구조적 접근방법	행정체계의 구조적 설계의 개선	분권화 확대, 의사결정권한 수정, 의사전달체계 수정, 기능중복의 제거, 책임의 재규정, 통제절차 개선
관리 · 기술적 접근방법	행정체제 내의 과정 및 기술의 개선	새 행정기술 · 장비 도입, 관리과학, 체제분석, 행정사무의 기계화 · 자동화
행태적 접근방법	행태과학을 이용, 조직의 목표에 개인의 성장의욕을 결부	조직발전이론 및 소집단이론, 집단동태이론에 속하는 방법(감수성훈련, 태도조사 등)

| 종합적 접근방법 | 외적인 환경에 따라 분화된 접근 방법들을 통해 해결 방안을 탐색 | 여러 접근방법을 적절히 혼합하여 행정의 목표를 수행 |

기관통합형과 기관대립형

구분	기관통합형	기관대립형
개요	• 의결기관과 집행기간이 상호 통합되어 있는 형태 • 의원내각제 채택 국가에서 많이 나타남 • 지방의회가 지방자치에 관한 모든 권한을 가짐	• 의사결정기능은 지방의회에, 집행기능은 자치단체장에게 부여 • 권력분립에 원칙에 따라 상호견제와 균형을 이루고자 하는 제도 • 선거형(직선형, 간선형)과 임명형으로 구분
장점	• 기관의 구성에서 주민대표성의 확보가 가능 • 집행의 실효성 제고 • 정책과정의 일관성 • 의결기관과 집행기관의 대립과 반목 방지 • 결정된 의사의 즉각적인 집행 가능	• 집행기관과 의결기관의 상호독립된 주민대표성 보장 • 집행기관과 의결기관의 상호 견제 및 균형 도모 • 지방자치행정의 종합성 보장
단점	• 정책결정의 정치화와 집행의 비효율성 초래 가능 • 상호견제와 균형의 원리가 무너져 권력의 남용 발생 가능 • 위원회 간 업무 및 의견을 조정할 집행책임자의 부재 발생 가능	• 양 기관의 대립에 따른 지방행정의 혼란 혹은 마비 발생 가능 • 업무처리의 능률성 및 신속성의 제한 • 직선형의 경우 인기에 편승한 정책을 추구할 수 있으며, 임기 후반 레임덕(권력누수현상) 발생이 가능 • 비행기관 내부에서도 자치단체장과 전문적 관료조직 간의 갈등 유발이 가능

지방자치행정

개념	• 광이이 개념 · 일정한 지역 내에서 행해지는 모든 행정, 직전행정, 관치행정, 중앙집권을 포함 • 관치행정 + 위임행정 + 자치행정
	• 협의의 개념 : 지방자치단체가 처리하는 행정, 위임행정, 단체자치를 포함 • 위임행정 + 자치행정
	최협의의 개념 : 자치행정, 주민들이 자기들의 의사와 책임 하에 스스로 또는 대표자를 선출하여 처리하는 행정
3대 요소	주민 : 지방자치단체의 구역 안에 주소를 가진 자로서 지방자치단체의 인적 구성요소이자 지방자치단체 운영의 주체, 법인과 외국인까지 포함하는 포괄적 개념
	자치권 : 지방자치단체가 국가로부터 독립한 법인격을 가진 단체로서 그 소관업무를 자신의 책임하에 처리할 수 있는 법률적 능력
	구역 : 지방자치단체의 자치권이 일반적으로 미치는 공간적 범위 ㉠ 자치구역 : 자치단체의 자치권이 미치는 지역적 범위 ㉡ 행정구역 : 행정상의 편의나 특정한 행정기능을 관리하기 위하여 설정한 인위적 지역 단위

지방자치단체의 계층구조 – 단층제와 이층제

구분	단층제	이층제
장점	• 행정의 책임소재 명확 • 행정기능의 획일성 방지 • 지역의 개별성·특수성 존중 • 행정비용의 낭비 감소 • 신속한 행정 • 행정의 능률성 증가	• 민주주의 이념 확산 • 기초자치단체의 자치권 보장 • 국가의 직접적인 개입 차단 가능 • 기초자치단체와 중간자치단체의 행정기능을 분업
단점	• 대규모 사업이나 광역행정사무의 처리에 부적합 • 중앙집권화 가능성 야기	• 행정의 중첩현상·이중행정의 폐단 가능성 • 지역의 개별성·특수성 무시 • 행정의 낭비와 비능률 가능성 • 중간자치단체의 획일적 행정 • 행정책임의 모호성

지방의회에 관한 「지방자치법」

제26조(조례와 규칙의 제정 절차 등)

① 조례안이 지방의회에서 의결되면 의장은 의결된 날부터 5일 이내에 그 지방자치단체의 장에게 이를 이송하여야 한다.

② 지방자치단체의 장은 제1항의 조례안을 이송받으면 20일 이내에 공포하여야 한다.

③ 지방자치단체의 장은 이송받은 조례안에 대하여 이의가 있으면 제2항의 기간에 이유를 붙여 지방의회로 환부(환부)하고, 재의(재의)를 요구할 수 있다. 이 경우 지방자치단체의 장은 조례안의 일부에 대하여 또는 조례안을 수정하여 재의를 요구할 수 없다.

④ 제3항에 따른 재의요구를 받은 지방의회가 재의에 부쳐 재적의원 과반수의 출석과 출석의원 3분의 2 이상의 찬성으로 전과 같은 의결을 하면 그 조례안은 조례로서 확정된다.

⑤ 지방자치단체의 장이 제2항의 기간에 공포하지 아니하거나 재의요구를 하지 아니할 때에도 그 조례안은 조례로서 확정된다.

⑥ 지방자치단체의 장은 제4항과 제5항에 따라 확정된 조례를 지체 없이 공포하여야 한다. 제5항에 따라 조례가 확정된 후 또는 제4항에 따른 확정조례가 지방자치단체의 장에게 이송된 후 5일 이내에 지방자치단체의 장이 공포하지 아니하면 지방의회의 의장이 이를 공포한다.

⑦ 제2항 및 제6항 전단에 따라 지방자치단체의 장이 조례를 공포한 때에는 즉시 해당 지방의회의 의장에게 통지하여야 하며, 제6항 후단에 따라 지방의회의 의장이 조례를 공포한 때에는 이를 즉시 해당 지방자치단체의 장에게 통지하여야 한다.

⑧ 조례와 규칙은 특별한 규정이 없으면 공포한 날부터 20일이 지나면 효력을 발생한다.

⑨ 조례와 규칙의 공포에 관하여 필요한 사항은 대통령령으로 정한다.

제107조(지방의회의 의결에 대한 재의요구와 제소)

① 지방자치단체의 장은 지방의회의 의결이 월권이거나 법령에 위반되거나 공익을 현저히 해친다고 인정되면 그 의결사항을 이송받은 날부터 20일 이내에 이유를 붙여 재의를 요구할 수 있다.

② 제1항의 요구에 대하여 재의한 결과 재적의원 과반수의 출석과 출석의원 3분의 2 이상의 찬성으로 전과 같은 의결을 하면 그 의결사항은 확정된다.

③ 지방자치단체의 장은 제2항에 따라 재의결된 사항이 법령에 위반된다고 인정되면 대법원에 소(訴)를 제기할 수 있다. 이 경우에는 제172조제3항을 준용한다.

제108조(예산상 집행 불가능한 의결의 재의요구)

① 지방자치단체의 장은 지방의회의 의결이 예산상 집행할 수 없는 경비를 포함하고 있다고 인정되면 그 의결사항을 이송받은 날부터 20일 이내에 이유를 붙여 재의를 요구할 수 있다.

② 지방의회가 다음 각 호의 어느 하나에 해당하는 경비를 줄이는 의결을 할 때에도 제1항과 같다.

　1. 법령에 따라 지방자치단체에서 의무적으로 부담하여야 할 경비

　2. 비상재해로 인한 시설의 응급 복구를 위하여 필요한 경비

③ 제1항과 제2항의 경우에는 제107조제2항을 준용한다.

제172조(지방의회 의결의 재의와 제소)연혁

① 지방의회의 의결이 법령에 위반되거나 공익을 현저히 해친다고 판단되면 시·도에 대하여는 주무부장관이, 시·군 및 자치구에 대하여는 시·도지사가 재의를 요구하게 할 수 있고, 재의요구를 받은 지방자치단체의 장은 의결사항을 이송받은 날부터 20일 이내에 지방의회에 이유를 붙여 재의를 요구하여야 한다.

② 제1항의 요구에 대하여 재의의 결과 재적의원 과반수의 출석과 출석의원 3분의 2 이상의 찬성으로 전과 같은 의결을 하면 그 의결사항은 확정된다.

③ 지방자치단체의 장은 제2항에 따라 재의결된 사항이 법령에 위반된다고 판단되면 재의결된 날부터 20일 이내에 대법원에 소를 제기할 수 있다. 이 경우 필요하다고 인정되면 그 의결의 집행을 정지하게 하는 집행정지결정을 신청할 수 있다.

④ 주무부장관이나 시·도지사는 재의결된 사항이 법령에 위반된다고 판단됨에도 불구하고 해당 지방자치단체의 장이 소(訴)를 제기하지 아니하면 그 지방자치단체의 장에게 제소를 지시하거나 직접 제소 및 집행정지결정을 신청할 수 있다.

⑤ 제4항에 따른 제소의 지시는 제3항의 기간이 지난 날부터 7일 이내에 하고, 해당 지방자치단체의 장은 제소지시를 받은 날부터 7일 이내에 제소하여야 한다.

⑥ 주무부장관이나 시·도지사는 제5항의 기간이 지난 날부터 7일 이내에 직접 제소할 수 있다.

⑦ 제1항에 따라 지방의회의 의결이 법령에 위반된다고 판단되어 주무부장관이나 시·도지사로부터 재의요구지시를 받은 지방자치단체의 장이 재의를 요구하지 아니하는 경우(법령에 위반되는 지방의회의 의결사항이 조례안인 경우로서 재의요구지시를 받기 전에 그 조례안을 공포한 경우를 포함한다)에는 주무부장관이나 시·도지사는 제1항에 따른 기간이 지난 날부터 7일 이내에 대법원에 직접 제소 및 집행정지결정을 신청할 수 있다.

⑧ 제1항에 따른 지방의회의 의결이나 제2항에 따라 재의결된 사항이 둘 이상의 부처와 관련되거나 주무부장관이 불분명하면 행정안전부장관이 재의요구 또는 제소를 지시하거나 직접 제소 및 집행정지결정을 신청할 수 있다.

신공공관리론과 신공공서비스론

구분	신공공관리론	신공공서비스론
이론과 인식의 토대	경제이론, 실증적 사회과학	민주주의 이론, 실증주의, 해석학, 후기근대주의 이론, 비판이론, 포스트모더니즘
합리성 모형	기술적 경제성 · 합리성	전략적 합리성, 정치적 · 조직적 · 경제적 합리성
공익에 대한 입장	개인들의 총이익	공유가치에 대한 담론
대응 대상	고객	시민
정부의 역할	방향잡기, 시장의 힘을 이용한 촉매자	봉사자, 시민과 지역공동체의 이익을 협상하는 역할
정책목표의 달성기제	민간 및 비영리기구	공공기관, 비영리기관, 개인들의 네트워크 구축
조직구조	기본적 통제를 전제로 분권화된 공조직	조직내외적으로 공유된 리더십을 갖는 협력적 구조
행정재량	폭넓은 재량	제약과 책임이 수반된 재량
관료의 동기유발	기업가 정신, 작은정부	공공서비스, 공익의 실현 및 사회에 기여하려는 욕구

신제도주의

- 인간의 행위와 사회적 현상을 설명하는 과정에서 제도의 중요성을 강조하는 신제도주의는 행태주의와 원자적 인간에 대한 의문에서부터 출발
- 비공식적 제도 · 규범 · 관습 중시
- 사회현상을 설명할 때는 사회의 구조화 측면에 초점
- 제도 속에서 이루어지는 개인 행위는 규칙성을 가짐
- 제도는 상황이나 목적에 따라 변하는 것이 아니라 안전성 · 지속성을 가짐

집단적 예측기법

델파이기법	구성원이 토론을 거쳐 결정하는 것이 아니라, 설문을 통해 전문적인 의견을 전하고 다른 사람들의 의견을 본 후 다시 수정한 의견을 제시하는, 일련의 절차를 계속 거쳐 최종 결정을 내리는 방법
브레인스토밍	여러 명이 한 가지의 문제를 놓고 아이디어를 무작위로 개진하여 그중에서 최선책을 찾아내는 방법으로 조직에서 많이 사용되고 있는 효과적인 방법
지명반론자기법	악마의 주장법(옹호자법)이라고도 불리며 찬 · 반 두 팀으로 나누어 토론을 진행하여 대안의 장 · 단점을 도출하는 방법
명목집단기법	참석자들로 하여금 서로 대화에 의한 의사소통을 못 하도록 하고, 각 집단의 다양한 구성원들이 마음속에 생각하고 있는 바를 서면으로 작성한 후 토의를 진행, 투표 후 최종 결정을 내리는 방법
교차영향분석	연관된 사건의 발생 여부에 근거하여 미래 특정 사건의 발생 확률을 추정하는 방법

Senge의 학습조직

개념	개방체제모형과 자기실현적 인간관을 전제로 효율성보다 '문제해결'을 핵심 가치로 한다. 조직구성원들이 공동체 의식을 가지고 지식을 창출하고 지식 생산 능력을 제고하는 것이 핵심 요인이므로 조직의 성공을 위해서는 계속적으로 배우고 새로운 것을 창출해야 한다고 주장한다.
특징	• 수동적 · 현재지향적 · 적응적 학습 + 적극적 · 미래지향적 · 생산적 학습 • 외부전문가보다 조직구성원 모두가 전문가가 될 수 있도록 제도적 정보 제공 • 비공식적 · 비정규적으로 이루어지는 자발적 학습활동 강조 • 학습에 대한 보상, 구성원 간 공유된 리더십 중시

성인지예산

- 남녀평등예산이라고도 하며 세입세출예산이 남성과 여성에게 미치는 영향은 다르다는 것을 전제로 한다.
- 남녀평등을 구현하기 위한 차별철폐지향적 예산이다.
- 예산편성 · 집행 과정에서 남성과 여상의 동등한 참여를 보장하고 고르게 통합하여 성차별이 초래되지 않도록 한다.
- 남녀차별효과에 대한 무지를 타파하기 위하여 예산정책의 영향에 대한 여러 가지 분석을 한다.

MEMO

정답 및 해설편

2022 9급 군무원 15개년 기출문제집 행정학

기출문제

2021년

1	2	3	4	5	6	7	8	9	10
③	④	①	④	④	②	①	②	②	④
11	12	13	14	15	16	17	18	19	20
③	②	③	④	③	①	①	②	②	④
21	22	23	24	25					
①	③	④	①	③					

2020년

1	2	3	4	5	6	7	8	9	10
①	①	④	②	①	③	③	②	④	①
11	12	13	14	15	16	17	18	19	20
③	②	④	②,④	모두정답	④	①	①	②	③,④
21	22	23	24	25					
④	①,③	③	①	②					

2019년

1	2	3	4	5	6	7	8	9	10
③	③	③	③	②	③	①	③	①	④
11	12	13	14	15	16	17	18	19	20
②	②	③	②	④	②	②	①	①	③
21	22	23	24	25					
①	④	①	③	①					

2018년

1	2	3	4	5	6	7	8	9	10
③	①	①	③	③	③	④	③	②	②
11	12	13	14	15	16	17	18	19	20
③	①	④	③	②	①	③	④	②	③
21	22	23	24	25					
②									

2017년

1	2	3	4	5	6	7	8	9	10
②	③	①	②	④	④	②	③	②	④
11	12	13	14	15	16	17	18	19	20
①	④	③	④	④	④	③	③	①	①
21	22	23	24	25					
①	④	①	①	②					

2016년

1	2	3	4	5	6	7	8	9	10
②	②	③	①	④	②	①	③	③	②
11	12	13	14	15	16	17	18	19	20
③	②	①	④	③	①	①	②	④	①
21	22	23	24	25					
③	②	②	①	①					

2015년

1	2	3	4	5	6	7	8	9	10
④	③	③	①	②	①	①	③	①	①
11	12	13	14	15	16	17	18	19	20
③	③	④	②	①	①	③	④	④	④
21	22	23	24	25					
④	②	④	③	④					

2014년

1	2	3	4	5	6	7	8	9	10
②	②	④	③	④	④	③	②	④	①
11	12	13	14	15	16	17	18	19	20
③	④	②	②	④	④	①	④	①	④
21	22	23	24	25					
③	③	③	②	②					

2013년

1	2	3	4	5	6	7	8	9	10
③	②	①	③	①	①	②	①	①	③
11	12	13	14	15	16	17	18	19	20
③	③	②	③	②	②	①	④	②	④
21	22	23	24	25					
①	①	③	④	④					

2012년

1	2	3	4	5	6	7	8	9	10
③	④	②	①	①	②	④	②	②	②
11	12	13	14	15	16	17	18	19	20
③	④	②	④	①	①	①	②	③	④
21	22	23	24	25					
④	④	①	①	②					

모의고사

2011년

1	2	3	4	5	6	7	8	9	10
①	①	④	③	④	②	②	③	①	③

11	12	13	14	15	16	17	18	19	20
③	③	①	③	③	①	③	②	④	②

21	22	23	24	25
①	③	②	③	①

2010년

1	2	3	4	5	6	7	8	9	10
①	①	④	②	②	④	③	③	①	②

11	12	13	14	15	16	17	18	19	20
③	②	②	④	①	①	②	③	①	②

21	22	23	24	25
④	④	④	②	①

2009년

1	2	3	4	5	6	7	8	9	10
④	①	③	④	②	④	①	①	①	③

11	12	13	14	15	16	17	18	19	20
②	②	①	②	③	④	②	④	②	③

21	22	23	24	25
④	①	③	③	①

2008년

1	2	3	4	5	6	7	8	9	10
④	③	④	④	②	④	④	④	④	①

11	12	13	14	15	16	17	18	19	20
④	①	④	②	①	②	①	②	③	①

21	22	23	24	25
②	②	②	①	①

2007년

1	2	3	4	5	6	7	8	9	10
④	③	②	①	②	①	③	①	①	③

11	12	13	14	15	16	17	18	19	20
③	③	②	③	④	③	④	①	③	④

21	22	23	24	25
①	③	①	②	④

1회

1	2	3	4	5	6	7	8	9	10
③	③	④	②	②	③	①	②	②	③

11	12	13	14	15	16	17	18	19	20
③	③	①	④	①	④	②	②	②	③

21	22	23	24	25
③	③	②	③	④

2회

1	2	3	4	5	6	7	8	9	10
③	①	④	②	③	②	④	②	④	①

11	12	13	14	15	16	17	18	19	20
①	②	④	②	③	①	④	③	④	③

21	22	23	24	25
②	②	③	④	④

3회

1	2	3	4	5	6	7	8	9	10
④	③	②	①	③	②	③	④	③	①

11	12	13	14	15	16	17	18	19	20
①	①	④	①	②	④	①	④	①	②

21	22	23	24	25
②	②	④	③	①

P / A / R / T

04

행정학 기출문제
정답 및 해설

국방부(육·해·공군) 시행 필기시험(2021.07.24)

1	2	3	4	5	6	7	8	9	10
③	④	①	④	④	②	①	②	②	④
11	12	13	14	15	16	17	18	19	20
③	②	③	④	③	①	①	②	②	④
21	22	23	24	25					
①	③	④	①	③					

01

정답 | ③

해설 | 신제도주의는 제도를 중시한다. 하지만 제도가 개인과 조직 국가의 성패와 연관이 있을 뿐 성패를 결정하는 데 절대적 결정요소라 보고 있지 않다.

신제도주의 유형

사회학적 신제도론	제도가 개인과 조직, 국가의 성패와 연관성이 있다.
경제학 (합리선택적) 신제도론	제도와 관련 행위자 간의 상호작용을 동태(動態)적으로 분석하였으며, 제도는 개인의 선호와 행위를 결정하는 것이 아니라 제약한다고 보았다.
정치학 (역사론적) 신제도론	제도만이 개인의 선호와 행위를 결정하는 것이 아닌 다른 요인 또한 영향을 미칠 수 있다는 가능성을 열어두었다.

02

정답 | ④

해설 | 베버(M. Weber)는 행정조직 발전에 대한 패러다임의 관점에서 관료제 모형을 제시하기보다, 산업혁명 이후 근대 산업사회의 이데아적 관점에서 전통사회와 과도기적 사회와 구별되는 근대사회의 이념형으로서 관료제 모형을 제시하였다.

03

정답 | ①

해설 | 가·라. 발생주의란 현금의 입출이 아니라 실질적인 자산의 증감이나 변동의 발생 사실에 따라 회계를 기록하는 회계방식을 말한다.

나. 부채 규모와 총자산의 파악이 편리하지 않은 것은 현금주의이며, 발생주의에서는 부채나 자산의 파악이 가능하다.

다. 현금의 입출을 중심으로 회계를 기록하는 방식은 발생주의가 아니라 현금주의이다.

04

정답 | ④

해설 | 행정과 경영은 법적 규제의 정도 수준에서 차이가 있다. 행정은 엄격한 법적 규제를 받지만, 경영은 비교적 느슨한 법적 규제를 받는다.

공행정과 사행정(경영)

구분	행정	경영
차이점	• 규제와 기속행위가 많다. • 행정은 정치로부터 분리되지 않았다. • 강제적·물리적·일방적 권력을 행사한다. • 엄격한 평등의 원칙이 적용되고 획일적이다. • 공익실현을 위하여 다양하다. • 합법성, 능률성, 민주성, 효과성, 사회적 형평성 등 다원적 기준에서 평가된다. • 전 국토와 전 국민에게 영향을 미치므로 영향력이 매우 광범위하다. • 비경쟁성(비경합성)이 강한 분야가 대부분이다. • 공개행정의 원칙이 강조된다.	• 규제가 적으며 재량행위가 많다. • 경영은 정치로부터 분리되어 있다. • 공리적·쌍방적 권력을 행사한다. • 차등이 인정되고 자율적이다. • 이윤추구를 위한 활동이기에 그 성질이 단일적이다. • 능률성(수익성)이라는 단일적 기준에서 평가된다. • 특정 이해관계자나 소비자에게 국한되므로 영향력이 협소하다. • 독점성이 약하고 경쟁성이 강한 분야가 대부분이다. • 경영 기법 자체가 노하우이므로 비공개경영이 많다.
유사점	목표달성을 위한 수단성, 관료제적 성격, 관리성, 관리기술의 적용성, 협동성, 봉사성, 의사 결정성을 띄고 있다.	

05

정답 | ④

해설 | 수직적 형평성과 수평적 형평성에 대한 설명이 반대로 되어 있다. 수평적 형평성이란 동등한 것을 동등하게 취급하는 것을 말하고 수직적 형평성이란 동등하지 않은 것을 서로 다르게 취급하는 것을 말한다.

06

정답 | ②

해설 | 신공공관리론(NPM)은 '1980년대 시장적 정부모형'을 통해 전통적 관료제의 한계(정부실패)에 대응하고자 정부의 역할과 규모를 줄이고 민간기업의 관리방식과 시장논리를 도입하려는 행정개혁운동이다.

> **신공공관리론**
> • 이론적 토대 : 우파적 신자유주의(신보수주의), 작고 효율적인 정부
> • 정치적 토대
>   – 신 보수주의 : 1980년대 영국 대처 행정부, 작은 정부(정부기능 축소)
>   – 신 연방주의 : 1980년대 미국 레이건 행정부, 작은 정부(정부지출 축소)

07

정답 | ①

해설 | 허즈버그(Herzberg)의 욕구충족 요인 이원론(동기·위생이론)에 관한 내용이다. 구성원의 동기유발은 불만을 제거(위생요인)해주는 것만으로는 어려우며, 동기요인(만족요인)이 충족되어야만 비로소 동기유발이 이루어진다고 말하였다.
② 아지리스(C. Argyris)는 성숙-미성숙 이론을 제시하였다.
③ 매슬로우(A. H. Maslow)는 인간욕구 5단계 이론을 제시하였다.
④ 브룸(V. H. Vroom)은 기대이론을 제시하였다.

08

정답 | ②

해설 | 생태론적 접근방법은 환경변수를 최초로 고려한 접근방법이며 유기체로서의 행정체제에 영향을 미치는 환경과의 관계를 연구한 거시적 접근법이다. 행정체제 내부적인 요소인 사람의 형태나 권력적 측면, 소통 등 미시적 요소에 대해서는 소홀하였다는 비판을 받았다. 사람의 행태를 주된 연구대상으로 한 이론은 형태론적 접근방법이다.

09

정답 | ②

해설 | 정책은 존엄성 구현을 궁극목표로 하는 가치평가적, 가치지향적인 특징을 지니고 있다.

정책의 특성에 대한 학자 견해

이스턴 (D. Eastom)	권위성, 정치성, 공식성, 사회지향성, 가치함축성
라스웰 (Lasswell)	목표지향성, 계획성, 실제성, 사회변동성

10

정답 | ④

해설 | 상벌사항 공개는 「공직자윤리법」에 규정되어 있지 않다.

공직윤리규정

헌법	• 공무원은 국민에 대한 봉사자이며 국민에 대해 책임을 진다. • 공무원의 정치적 중립과 신분은 법률로 보장된다.
국가 공무원법	• 성실의무 : 법령을 준수하며 성실히 직무수행 • 복종의무 : 상관의 정당한 직무상 명령 • 직장이탈금지의무 • 친절·공정의무 • 종교 중립의 의무(2009.1) • 비밀엄수의무 : 재직 중+퇴직 후 • 청렴의무 : 사례·증여·향응금지 • 영예 등의 수령규제 : 대통령 허가 필요 • 품위유지의무 • 영리행위 및 겸직 금지 : 기관장 허가 필요 • 집단행위금지 • 정치활동금지 • 선서의 의무

공직자 윤리법	• 재산등록 및 공개 의무
	  – 4급 이상(고위공무원단 포함) 공무원과 이에 상당하는 공무원, 정무직, 공기업 등의 장과 부기관장, 감사 등은 본인·배우자·직계존비속의 보유재산을 등록
	  – 1급 이상, 정무직, 공기업의 장·부기관장, 감사 등은 이를 공개해야 함.
	• 선물수령의 신고 및 국고귀속 : 미화 100불, 한화 10만원 이상
	• 퇴직공직자의 취업제한 : 등록의무자(취업심사대상자)는 퇴직일부터 3년간 퇴직 전 5년 동안 소속하였던 부서 또는 기관의 업무와 밀접한 관련성이 있는 일정한 기관(취업제한기관)에 취업할 수 없음.

	• 이해충돌방지의무 : 공직자가 수행하는 직무가 공직자의 재산상 이해와 관련되어 공정한 직무수행이 어려운 상황이 일어나지 아니하도록 노력해야 함. • 퇴직공직자 등에 대한 행위제한 : 퇴직한 모든 공무원과 공직유관단체의 임직원은 본인 또는 제3자의 이익을 위하여 퇴직 전 소속기관의 임직원에게 법령을 위반하게 하거나 지위 또는 권한을 남용하게 하는 등 공정한 직무수행을 저해하는 부정한 청탁 또는 알선을 하여서는 안 됨. • 주식백지신탁의무 : 재산공개대상자와 기재부 · 금융위 소속공직자는 일정 금액 이상의 주식을 매각 또는 백지신탁하여야 함.
부패방지 및 국민권익위의 설치 · 운영에 관한 법률	• 공직내부비리 발견 시 신고할 의무 (내부고발자보호제도) • 비위로 면직된 공직자 취업제한 : 퇴직 전 5년간 소속하였던 부서 또는 기관의 업무와 밀접한 관련이 있는 영리사기업체 등에 퇴직일로부터 5년간
부정청탁 및 금품 등 수수의 금지에 관한 법률	• 공직자 등에 대한 부정청탁의 금지 : 누구든지 직접 또는 제3자를 통하여 직무를 수행하는 공직자 등에게 부정청탁을 하지 못함. • 공직자 등의 금품 등의 수수 금지 : 공직자 등이 직무 관련 여부 및 기부 · 후원 · 증여 등 그 명목과 관계없이 동일인으로부터 1회에 100만원 또는 매 회계연도에 300만원을 초과하는 금품 등을 받았을 때 3년 이하의 징역 또는 3천만원 이하의 벌금에 처함. • 위반행위 신고의무

11

정답 | ③

해설 | 조합주의(corporatism)하의 정책결정과정에서 정부는 사회적 합의를 유도하기 위하여 이익집단 등 민간부문에 대해 강력한 주도권을 행사하며, 이익집단은 국가로부터 자유롭지 못하고 확장된 정부의 일부분으로 기능하게 된다.

> **조합주의(corporatism)**
> • 개념 : 국가에서 공인받은 소수의 유력한 이익조직들과 국가 사이에 독점적 이익표출과 정책순응이 정치적으로 교환되는 이익대표체계
> • 특징
>   – 협력적 · 위계적 이익집단 : 조합주의체계하에서 이익집단은 기능적으로 분화된 범주를 가지고 단일적 · 협력적 · 비경쟁적 · 위계적(계층적) 형태로 조직화되어 있다.
>   – 국가의 독립성 · 자율성 : 조합주의체계하에서 국가나 정부는 자체이익을 가지면서 이익집단의 활동을 규정하고 포섭 또는 억압하는 독립적 실체로 간주된다.
>   – 합의에 의한 정책결정 : 정책결정과정에서 정부와 이익집단 간에는 합의가 형성되며, 이러한 합의는 공식화된 제도 속에서 이루어진다고 본다. 행정부가 이익집단의 주된 협의대상이며 주된 활동방식은 제도적 참여이다.
>   – 사회적 가치 중시 : 조합주의체계하에서는 이익집단 구성원의 이익과 함께 사회적 책임 · 합의 · 조화 등의 가치가 중요시된다. 이익집단의 결성에는 구성원의 이익만큼이나 사회적 함의를 유도하려는 정부의 의도가 크게 작용한다고 본다.
>   – 편익교환의 관계 : 국가와 독점적 대표권을 부여받은 이익집단 사이에는 정책목표의 달성을 위하여 협력적인 관계, 즉 상호 간의 편익 교환 관계가 성립된다. 자원 배분은 국가와 이익집단 간의 거래 관계에 따라 이루어지며, 양자는 대개 보호자와 고객의 관계를 띠는 경우가 많다.

12

정답 | ②

해설 | 리더가 부하에게 최종(모든) 책임을 위임하는 것은 방임형에 가깝다. 민주형 리더십은 리더가 구성원에게 권한과 책임을 적절히(일부) 위임하고 부하가 의사결정에 참여하도록 하며, 쌍방적이고 원활한 의사소통을 특징으로 하고 있다.
③, ④ 호우스와 에반스(House & Evans)의 경로–목표이론(path–goal Theory)에 대한 내용이다.

리더십 이론의 변천

연도	이론	특징
1950~1960년대	자질론 (속성론)	• 리더십의 본질을 리더의 자질이나 속성(Traits)으로 이해 • 전통적인 연구(리더의 자질, 속성 규명)
	행동유형론 (행태론적 접근)	• 리더의 행동유형에 따라 리더십의 효과성이 달라진다는 이론(리더행동의 다양성과 차별성 규명) • 아이오와 대학(Lippitt & White)의 연구, 미시간 대학의 연구, 오하이오 대학의 연구, Blake & Mouton의 연구(관리망이론) 등
1970년대 ~	상황론적 리더십	• 조직의 상황에 따라 리더십의 효율성은 달라진다는 이론 • 리더십의 효율성에 영향을 미치는 상황 조건 규명(자질론과 상황론을 종합한 상호작용론도 넓게 보면 여기에 속함, 3차원 이론도 이에 포함) • Fiedler의 상황적응론, Reddin의 3차원 모형(효과성 리더십 이론), House의 경로-목표 모형, Hersey & Blanchard의 3차원 모형(생애주기이론) 등
1980년대 ~	도덕적 리더십 (신자질론)	• 리더의 도덕성이나 카리스마 등 리더의 자질이 다시 리더십의 중요한 인자로 인식되는 현대적 리더십 연구 • 80년대 이후의 변혁적 리더십, 카리스마적 리더십, 문화적 리더십 등

13

정답 | ③

해설 | 매트릭스 구조는 기능 구조와 사업 구조를 결합한 이원적·입체적 조직이다.

> **매트릭스 구조(matrix structure)**
> 기능 구조와 사업 구조를 화학적(이중적)으로 결합한 이중적 권한 구조를 가지고 조직 구조로서 기능부서의 전문성과 사업부서(프로젝트 구조)의 신속한 대응성을 결합한 조직이다. 조정 곤란이라는 기능 구조의 단점과 비용 중복이라는 사업 구조의 단점을 해소하려는 조직으로 수직적으로는 기능부서의 권한이 흐르고, 수평적으로는 사업 구조의 권한 구조가 지배하는 입체적 조직을 말한다.

14

정답 | ④

해설 | 계획예산제도(PPBS)는 분석가가 제공하는 자료를 바탕으로 결정자가 단독으로 행하는 것이기 때문에 결정권이 조직의 상위층에 집중되고, 막료 중심의 운영과 지나친 집권화로 최고 관리층의 권한을 강화시킨 나머지 하급공무원 및 계선기관의 참여가 곤란해지게 된다.
① 영기준예산(ZBB)은 조직의 모든 계층이 예산 편성에 참여하는 상향적 예산으로 민주적인 예산제도라고 할 수 있다.
② 목표관리(MBO)는 상하구성원의 참여에 의해 목표를 설정하고 자신의 권한과 책임하에 목표 달성도를 극대화시키는 상향적·민주적 관리제도이다.
③ 브레인스토밍은 주관적 예측기법으로 다양한 전문가들이 자유분방하게 의견을 수렴하여 미래를 예측하는 민주적 미래 예측기법이다.

15

정답 | ③

해설 | 직위분류제는 전체 조직업무를 체계적으로 분업화하고 직무의 종류와 곤란도·책임도를 기준으로 직무를 분류하는 직무지향적 분류제도이다.
① 계급제는 사람의 신분, 학벌, 자격과 능력을 기준으로 분류한 것이다.
② 직위분류제는 사람이 아닌, 사람이 맡아 수행하는 직무와 그 직무수행에 수반되는 책임을 기준으로 하는 것이다.
④ '동일업무에 대한 동일보수'라는 보수의 형평성 요구가 직위분류제의 출발을 촉진시켰다고 할 수 있다.

2021년

2020년
2019년
2018년
2017년
2016년
2015년
2014년
2013년
2012년
2011년
2010년
2009년
2008년
2007년

16

정답 | ①

해설 | 직업공무원제는 개방형이 아니라 폐쇄형을 전제로 한다.

개방형 인사제도의 장·단점

장점	단점
• 우수한 외부인재 등용이 가능 • 성과관리의 촉진 • 공직의 침체 방지 • 경쟁의 유도 • 신진대사의 촉진 • 시간과 비용의 절감 • 정치적 리더십의 강화 • 행정에 대한 민주통제가 용이	• 재직자의 사기 저하 • 장기근속 곤란 • 직업공무원제의 확립 저해 • 관료의 비능률화 • 임용구조의 복잡성·비용 증가 • 인사행정의 객관성 확보 곤란 • 공직사회의 일체감 저해(이원화의 폐단)

17

정답 | ①

해설 | 예산심의는 예산과정 중 행정부에 대한 재정동의권을 부여하는 재정민주주의의 실현 과정이다. 이러한 측면에서 예산심의과정은 사실상 국민주권의 실현 과정이라고 할 수 있다.

18

정답 | ②

해설 | 품목별 예산제도는 통제 중심의 예산제도로 분석의 초점은 지출의 성질과 대상이며 이를 통해 엄격한 재정 통제를 강조하고 있다.

① 성과주의 예산제도는 업무단위 비용과 업무량의 파악을 통해 능률성(효율성)을 높이고자 한다. 산출을 통한 목표 달성 즉 효과성까지는 알려주지 못한다. 효과성을 높여주는 예산제도는 신성과주의 예산이다.

③ 새로운 성과주의 예산제도는 산출보다는 최종 성과나 결과에 관심이 있으며 이를 통해 효과성을 높이고자 한다.

④ 계획 예산이 아니라 신성과주의 예산의 특징에 해당한다.

19

정답 | ②

해설 | 지역 간 격차 완화는 중앙집권의 장점이다. 중앙집권의 경우 한 국가 내 경제발전의 정도나 지리적인 조건에 의해 지방자치단체마다 격차가 크게 나타나면 중앙정부의 조정에 따른 균형발전을 통해 그 격차를 효과적으로 해소할 수 있다.

20

정답 | ④

해설 | 단체자치에서 중앙정부와 지방자치단체의 관계가 권력적 감독 관계 인지 기능적 협력 관계인지에 대한 학자들 간 의견의 차이가 있다.

주민자치와 단체자치의 비교

구분	주민자치	단체자치
자치의 성격	정치적 의미(민주주의의 원리)	법률적 의미(법인격 인정)(지방분권의 원리)
성립국가	영미계통(영국·미국)	대륙계통(독일·프랑스·일본)
자치권의 인식	자연적·천부적 권리(고유권설)	국가에서 전래된 권리(전래권설)
자치의 중점	지방정부와 주민과의 관계(주민에 의한 행정)	중앙과 지방과의 관계(자치단체에 의한 행정)
사무의 구분	고유사무와 위임사무 구분 없음(위임사무 부존재)	고유사무와 위임사무의 구분(위임사무의 존재)
권한 부여 방식	개별적 지정주의	포괄적(개괄적) 위임(수권)주의
중앙통제의 방식	입법적·사법적 통제	행정적 통제
지방정부 형태	기관통합형(의회)	기관대립형
자치사무의 성격, 구분	고유사무(미구분)	고유사무+위임사무(구분)
지방세	독립세(자주재원)	부가세(의존재원)
민주주의와의 관계	상관관계 인정	상관관계 부정
우월적 지위	의결기관 우월주의	집행기관 우월주의
자치의 초점	주민과 지방정부의 관계	지방정부와 중앙정부의 관계

21

정답 | ①

해설 | 욕구체계이론은 예산이론과는 관계가 없으며 동기부여이론과 연관성이 있다.

② 다중합리성 모형은 예산단계별(세입, 세출, 균형 집행, 과정)로 복수의 서로 다른 합리성이 지배한다고 보는 예산이론이다. 다중합리성 이론은 예산결정조직에 다양한 합리성이 존재하며 이는 다양한 가치 반영, 이들이 상호작용하는 특징이 있다고 본다. 예산과정에서 예산결정자와 예산결정조직이 경제적 합리성이라는 하나의 기준이 아닌 다양한 합리성을 추구할 수 있음을 강조한다.

③ 단절균형이론은 균형 상태가 지속되다가 어떤 조건에서 단절적인 변화가 발생하고 다시 균형 상태가 지속된다고 본다. 예산은 점증적으로 진행되는 것이 아니라 단절을 겪은 후에 다시 균형을 이루어 나간다는 이론이다.

④ 점증주의이론은 예산이 항상 전년 대비 일정 비율로 계속 늘어나는 경향이 있다는 이론으로 총체주의와 상반되는 이론이다.

22

정답 | ③

해설 | '자율적으로 사용 가능한 재원'이란 자주재원이 아니라 중앙정부의 통제를 받지 않는 일반재원을 말한다. 따라서 문제는 '재정자립도'를 묻는 것이 아니라 '재정자주도'를 묻는 것이다.

지방재정지표

재정규모(재정력)	자주재원+의존재원+지방채	지방재정자립도 등을 반영하지 못한다.
재정자립도	자주재원/일반회계 총세입	자립도가 높다고 해서 재정이 건전하다 할 수 없다(재정규모, 세출의 질 실질적 재정 상태, 정부지원규모내역 등을 알수 없기 때문).
재정력지수	기준재정수입액/기준재정수요액	지수가 클수록 재정력이 좋다(보통교부세 교부기준).
재정자주도	일반재원/일반회계 총세입	차등보조금 교부기준, 재정자립도 미반영이 한계이다.

23

정답 | ④

해설 | 관료제하에서 구성원들은 보편타당한 행정을 위해 인간으로서의 감정이나 충동을 멀리해야 하는 비정의적 행동(impersonal conduct)을 요구받는다.

① 테일러의 과학적 관리론은 행정관리설, 관료제이론, 원리주의 등과 함께 고전적 조직론의 주류를 이루었던 이론으로 1900년대 초까지 효율성과 구조 중심의 조직관을 담고 있었다.

② 고전적·기계적 조직으로서의 관료제는 합리적 경제인의 인간관을 반영하고 있는데 테일러의 차등성과급제가 이러한 인간관에 기초한 대표적인 보상 시스템이다.

③ 관료제는 피라미드의 계층제를 기반으로 하는 수직적 명령복종 관계를 근간으로 하고 있다.

24

정답 | ①

해설 | 공공선택론(public choice theory)은 비시장적(정치적·행정적) 의사결정에 대한 경제학적 연구 혹은 정치학에 경제학을 응용하는 연구(D. C. Mueller)를 말한다. 뷰캐넌(J. Buchanan)이 창시하고 오스트롬(V. Ostrom)이 발전시킨 이론으로, 방법론적 집단주의가 아니라 방법론적 개체주의(개인주의)를 지향한다.

25

정답 | ③

해설 | 기획재정부는 총액배율자율편성제도에 따라 중앙 관서와 기획재정부에 제출된 기재부(기금관리주체의 예산요구서, 기금운영계획안)를 5월 31일까지 받아 6월부터 본격적인 조정을 진행한다.

우리나라의 예산편성 절차

가 중앙관서의 장이 기획재전장관에게 중기사업계획서 제출한다.	1월 31일까지
기획재정부장관이 각 중앙관서의 장에게 예산안편성지침 통보한다.	3월 31일까지
각 중앙관서의 장이 기획재정부장관에게 예산요구서 제출한다.	5월 31일까지
기획재정부의 예산사정을 국무회의 심의하고 대통령이 승인한다.	예산안 편성
정부(기획재정부장관)가 국회에 정부예산안을 제출한다.	회계연도 개시 120일 전까지
국회의 예산심의 완료	회계연도 개시 30일 전까지

국방부(육 · 해 · 공군) 시행 필기시험(2020.07.18)

1	2	3	4	5	6	7	8	9	10
①	①	④	②	①	③	③	②	④	①
11	**12**	**13**	**14**	**15**	**16**	**17**	**18**	**19**	**20**
③	②	③	②,④	모두 정답	④	①	①	②	③,④
21	**22**	**23**	**24**	**25**					
④	①,③	③	①	②					

01

정답 | ①

해설 | 왈도(D. Waldo)가 'art' 또는 'professional'이란 용어로 지칭한 기술성은 행정활동 자체나 처방 · 치료행위를 의미한다. 정해진 목표를 어떻게 효율적으로 달성하는가 하는 방법과 관련이 있는 개념은 과학성이다.

02

정답 | ①

해설 | 사회적 능률성이란 디목(M. Dimock)에 의해 정립된 이론으로 경제적 가치 중심의 능률성인 기계적 능률을 반성하며 인간적 가치의 구현과 사회목적 실현을 위해 사회적 능률성을 주장하였다. 이는 사회적 또는 인간적 능률의 실현을 목적으로 하며, 분배의 형평성을 의미하지는 않는다.
③, ④ 사회적 능률성은 최소의 투입으로 최대 산출을 추구하는 능률성의 기본 개념을 포함한다.

03

정답 | ④

해설 | 레비트(H. Levitt)가 조직 혁신을 위해 고려해야 하는 변수로 제시한 것은 과업(task), 인간(people), 구조(structure), 기술(technology) 등이다.

> **레비트의 조직 혁신의 대상 변수**
> ① 과업(task) : 조직의 기본적인 활동
> ② 인간(people) : 조직 내 소속된 구성원들
> ③ 기술(technology) : 업무를 수행하고 문제를 해결하기 위하여 사용되는 기술 · 기계 등
> ④ 구조(structure) : 의사전달, 권위 등과 같은 여러 체제

04

정답 | ②

해설 | 인구가 30만 이상의 도시는 특례가 적용되는 경우에 해당하지 않는다. 지방자치단체의 사무배분 특례에 대한 규정은 다음과 같다.

> **지방자치법 제2조(지방자치단체의 종류)**
> ② 지방자치단체인 구(이하 "자치구"라 한다)는 특별시와 광역시의 관할 구역 안의 구만을 말하며, 자치구의 자치권의 범위는 법령으로 정하는 바에 따라 시 · 군과 다르게 할 수 있다.
>
> **동법 제10조(지방자치단체의 종류별 사무배분기준)**
> ① 제9조에 따른 지방자치단체의 사무를 지방자치단체의 종류별로 배분하는 기준은 다음 각 호와 같다.
> 1. 시 · 도(생략)
> 2. 시 · 군 및 자치구
> 　제1호에서 시 · 도가 처리하는 것으로 되어 있는 사무를 제외한 사무. 다만, 인구 50만 이상의 시에 대하여는 도가 처리하는 사무의 일부를 직접 처리하게 할 수 있다.
>
> **동법 제174조(특례의 인정)**
> ① 서울특별시의 지위 · 조직 및 운영에 대하여는 수도로서의 특수성을 고려하여 법률로 정하는 바에 따라 특례를 둘 수 있다.
> ② 세종특별자치시와 제주특별자치도의 지위 · 조직 및 행정 · 재정 등의 운영에 대하여는 행정체제의 특수성을 고려하여 법률로 정하는 바에 따라 특례를 둘 수 있다.
>
> **동법 제175조(대도시에 대한 특례 인정)**
> 서울특별시 · 광역시 및 특별자치시를 제외한 인구 50만 이상 대도시의 행정, 재정운영 및 국가의 지도 · 감독에 대하여는 그 특성을 고려하여 관계 법률로 정하는 바에 따라 특례를 둘 수 있다.

05

정답 | ①

해설 | 행정학에서 가치에 대한 연구는 후기행태론자인 왈도(D. Waldo)가 1968년에 열린 미노브룩 회의에서 신행정론을 제시하면서 본격적으로 시작되었다. 기존의 가치중립적인 행태주의를 비판한 그는 행정이 사회적 실천성과 적합성을 갖추어야 함을 강조하면서 가치판단적 연구인 후기

행태론을 주장하는데, 신행정학은 이 후기행태론의 한 분파이다. 신행정학은 가치와 사실의 통합을 주장하며 사회문제 해결을 위해 사회적 형평성, 격동적 변화에의 대응 등을 강조하였다.

06

정답 | ③

해설 | 사이먼(H. A. Simon)의 만족모형에서 행정인은 인지능력의 한계가 있지만 한정된 대안에서 만족할 만한 선택을 한다. 직관이나 영감에 기초한 결정은 드로어(Y. Dror)의 최적모형에서 중시한다.

07

정답 | ③

해설 | 경쟁의 촉진은 민영화의 문제점이 아닌 장점에 해당한다. 민영화를 통하여 시장에서의 경쟁을 확보하면 정부에 의한 독점화의 경우보다 시장의 자율성 제고, 소비자 선택 기회의 확대, 공공부문의 효율성 제고 등의 장점을 가진다.

08

정답 | ②

해설 | 조세지출예산이란 세금 감면 조치인 조세지출의 구체적인 내용과 규모를 밝히고 주기적으로 공표하여 조세지출을 통합·분석해 체계적으로 나타낸 것이다. 현재 지방세특례제한법에서 지방세지출과 제한에 대한 규정이 있으며 지방재정에도 지방세지출제도가 도입되어 있다. 이에 따라 적절한 세금 감면을 위한 통제가 이루어지고 있다.

> **지방세특례제한법 제5조(지방세지출보고서의 작성)**
> ① 지방자치단체의 장은 지방세 감면 등 지방세 특례에 따른 재정 지원의 직전 회계연도의 실적과 해당 회계연도의 추정 금액에 대한 보고서(이하 "지방세지출보고서"라 한다)를 작성하여 지방의회에 제출하여야 한다.
> ② 지방세지출보고서의 작성방법 등에 관하여는 행정안전부장관이 정한다.

④ 국가재정법 제34조(예산안의 첨부서류) 제10호

09

정답 | ④

해설 | 에치오니(A. Etzioni)는 개인의 복종관계 등을 중심으로 조직유형을 강제적 조직, 공리적 조직, 규범적 조직으로 구분하였다. 강제적 조직은 질서 목표, 공리적 조직은 경제적 목표, 규범적 조직은 문화적 목표를 추구한다.

에치오니의 조직목표 유형

	통제 수단	목표	예시
강제적 조직	강제	질서 목표	교도소, 강제 수용소 등
공리적 조직	보상	경제적 목표	경기단체, 기업체 등
규범적 조직	규범적 권력	문화적 목표	종교단체, 정치단체 등

10

정답 | ①

해설 | 테일러(F. W. Taylor)의 과학적 관리론은 생산율을 높이기 위한 방법으로, 기획과 작업의 분업화를 중점으로 두었다. 또한 과학적 관리의 핵심을 경제적 효율성 또는 공식적 구조의 강조에 두었으며 과업을 작업 단위로 분류하고 이를 효율적으로 수행하기 위하여 시간연구와 동작연구에 따라 표준화된 과업을 설정하였다. 이러한 작업에 적합한 작업자를 선발·투입 및 교육하여 작업의 효율성을 추구하였으며 성과 목표를 달성할 경우 높은 보상을 지급한다.

과업관리의 원칙	기업관리의 4대 원칙
• 시간 및 동작연구를 통한 과업 설정 • 업무의 표준화 • 일일 과업량의 부과(이 때 일류 노동자만이 수행할 수 있는 것으로 설정) • 과업 달성 시 보수 지급 • 과업 달성 실패 시 경제적 불이익 감수 • 표준화된 작업수행 및 지침으로 노동자 교육	• 노동자의 과학적 선발 및 교육 • 노동자의 과학적 관리 • 관리자와 노동자 간의 협력관계를 통한 기업 관리 • 진정한 과학원칙의 발견을 위한 노력

11

정답 | ③

해설 | 매트릭스 조직은 기능부서와 사업구조를 이중적으로 결합한 구조로서 조직구성원을 공유하나 관계 형성이 어려울 수 있다. 또한 원활한 의사소통을 위한 활동이 이루어지기 위해서는 많은 시간을 필요로 하므로 인간관계 기술, 갈등 해결 기술과 같은 부분에 대한 교육이 필요하다.

12

정답 | ②

해설 | 파슨스(T. Parsons)는 조직이 추구하는 사회적 기능에 따라 조직유형을 구분하였다. 그중 목표 성취의 기능을 수행하는 것은 행정기관과 같은 정치조직 유형에 해당하며, 사회자원을 동원하여 사회의 목표를 달성하는 데 기여한다.
① 조직체제의 적응기능과 관련된 유형이다.

2021년
2020년
2019년
2018년
2017년
2016년
2015년
2014년
2013년
2012년
2011년
2010년
2009년
2008년
2007년

③ 조직체제의 통합기능과 관련된 유형이다.
④ 조직체제의 체제유지(형상유지)기능과 관련된 유형이다.

파슨스의 AGIL 조직유형

사회적 기능	조직 유형	조직 예시
적응(Adaptation)	경제적 생산조직	민간기업, 은행 등
목표성취(Goal attainment)	정치조직	행정기관, 정부, 정당 등
통합(Integration)	통합조직	법원, 경찰 등
체제유지(Latency)	형상유지조직	교육기관, 종교기관 등

13

정답 | ③

해설 | 시간선택제채용공무원은 공무원의 통상적인 근무시간(주 40시간)보다 짧게 근무하는(주 15~35시간) 공무원으로서 경력단절여성 등에게 정년이 보장되는 양질의 일자리를 제공하여 일과 가정의 양립 실현을 목표로 한다.

④ 한시임기제공무원 : 휴직 공무원, 시간선택제전환공무원, 30일 이상의 병가 공무원 등의 업무를 대행하기 위하여 1년 6개월 이내의 기간 동안 임용되는 공무원으로서 통상적인 근무시간보다 짧은 시간을 근무하는 임기제공무원(공무원임용령 제3조의2 제4호)

시간선택제 공무원

시간선택제 전환공무원	통상적인 근무시간 동안 근무하던 공무원이 필요에 따라 시간선택제 근무를 신청하여 근무하며 기간은 최소 3개월 이상 기간을 정함
시간선택제 채용공무원	시험을 통해 채용되고 통상적 근무시간보다 짧은 시간을 근무하며 정년이 보장되는 제도
시간선택제 임기제공무원	시간선택제 전환자의 업무대체, 한시적 사업 수행을 위해 일정 기간을 정하여 일시적으로 채용되는 공무원으로 정년이 보장되지 않음
공통점	• 통상직인 근무시간(주 40시간)보다 짧게 근무하는 공무원 • 1일 근무시간은 최소 3시간 이상으로 정함 • 주당 근무시간은 15~35시간 범위에서 정함

14

정답 | ②, ④

해설 | 예산의 이체와 이용은 예산 집행의 신축성을 확보하기 위한 방안으로 정부조직 등에 관한 법령의 개정·제정·폐지로 인해 변동이 있는 때에는 예산을 상호 이용하거나 이체할 수 있다(국가재정법 제47조 제2항).

② 예산의 이체는 정부조직 관련 개편으로 사용 목적에는 변동이 없으나 예산 집행의 책임 소관이 변경됨을 의미한다.
④ 예산의 이용은 입법과목 즉, 장·관·항 간의 상호 융통으로 국회의 의결이 필요하다.
① 예산의 전용은 행정과목(세항, 목) 간의 상호 융통으로 기획재정부장관의 재량으로 이루어진다.
③ 예산의 이월은 예산을 다음의 회계연도로 넘겨 그 회계연도의 예산으로 사용하는 것이다.

> **국가재정법 제45조(예산의 이용·이체)**
> ① 각 중앙관서의 장은 예산이 정한 각 기관 간 또는 각 장·관·항 간에 상호 이용(移用)할 수 없다. 다만, 다음 각 호의 어느 하나에 해당하는 경우에 한정하여 미리 예산으로써 국회의 의결을 얻은 때에는 기획재정부장관의 승인을 얻어 이용하거나 기획재정부장관이 위임하는 범위 안에서 자체적으로 이용할 수 있다. (생략)
> ② 기획재정부장관은 정부조직 등에 관한 법령의 제정·개정 또는 폐지로 인하여 중앙관서의 직무와 권한에 변동이 있는 때에는 그 중앙관서의 장의 요구에 따라 그 예산을 상호 이용하거나 이체(移替)할 수 있다.

15

정답 | 모두 정답

해설 | 지문에서 '현대'의 개념에 중점을 두었을 경우 가외성은 1960년대, 신뢰성과 성찰성은 1990년대 이후 등장한 행정이념이므로 민주성이 가장 적절하지 않다. 다만 지문에서 사용된 '현대'가 어느 시기 이후부터를 의미하는지 확실하지 않고 또한, 국내 행정학에서는 민주성을 현대행정이념으로 제시하고 있는 경우도 있다. 따라서 가답안에서는 ①을 정답으로 발표하였으나 이의제기 이후 모두 정답으로 처리되었다.

① 민주성 : 전통적 행정이념에 해당함
② 가외성 : 행정과정에 있어서 기본적인 구성 외에 잉여 요소를 갖는 것으로 중첩성, 반복성 등을 가짐
③ 신뢰성 : 정부의 정책 등 행정활동이 국민에게 믿을 만한 것으로 여겨지도록 하며 예측성을 제고, 정부와 국민 간의 일체성 증대
④ 성찰성 : 정책 집행 시 다양한 분야에 대한 고려를 통해 본질적인 문제에 대한 맥락지향적 탐색 요구(당위성)

16

정답 | ④

해설 | 윈터(S. Winter)의 통합모형에서 정책집행 성과를 좌우하는 주요 변수로는 정책형성과정의 특성, 일선관료의 행태, 조직 상호 간의 집행행태, 정책대상집단의 행태가 있다. 정책결정자의 행태는 정책결정 성과를 좌우하는 변수에 해당한다.

17

정답 | ①

해설 | 자치단체가 통합되어 단위 규모가 커질수록 행정의 대응성은 저하된다. 반대로 자치단체의 분권성이 강화될수록 행정의 대응성은 제고된다.

18

정답 | ①

해설 | 조세 감면의 확대는 정부 개입의 최소화를 주장하는 보수주의가 선호하는 정책이다. 진보주의에서는 정부의 적극적 개입을 강조하며 조세제도를 통한 소득 재분배를 강조하므로 조세 확대 정책을 선호한다.

이념에 따른 정부관

보수주의 정부	진보주의 정부
• 정부로부터의 자유 중시 • 자유방임적 자본주의, 최소한의 정부 • 개량적 변화 • 조세 감면, 경제 규제 완화 정책 선호	• 정부 개입을 통한 자유 확대 • 복지국가, 사회주의, 적극적인 정부 • 개혁적 변화 • 조세제도를 통한 소득 재분재, 경제적 규제 정책 선호

19

정답 | ②

해설 | 옴브즈만(Ombudsman) 제도는 행정의 전문화에 따라 외부 통제가 어려워지는 것을 보완하기 위한 외부 통제 장치로서 고안되었다.
① 1809년 스웨덴에서 처음으로 헌법에 채택되어 북유럽에서 발전하였다.
③ 부당행위, 행정권 남용 등으로 국민의 권리·이익이 침해되었을 때 신속하게 구제하기 위한 제도이다.
④ 일반적으로 옴부즈만은 입법부에 소속된 기관이다. 다만 프랑스의 경우 대통령이 임명한다.

20

정답 | ③, ④

해설 | ③ 5급 공무원으로의 승진임용의 경우 승진시험을 거치도록 하되, 필요하다고 인정하면 승진심사위원회의 심사를 거쳐 임용할 수 있다(국가공무원법 제40조 제1항).
④ 국가직 공무원의 개방형 직위는 과장급 및 고위공무원단 직위의 20% 범위에서 지정한다(개방형 직위 및 공모 직위의 운영 등에 관한 규정 제3조 제1항, 제2항).

국가공무원법 제28조(신규채용)

① 공무원은 공개경쟁 채용시험으로 채용한다.

② 제1항에도 불구하고 다음 각 호의 어느 하나에 해당하는 경우에는 경력 등 응시요건을 정하여 같은 사유에 해당하는 다수인을 대상으로 경쟁의 방법으로 채용하는 시험(이하 "경력경쟁채용시험"이라 한다)으로 공무원을 채용할 수 있다.

　1. 퇴직하거나 휴직 기간 만료로 퇴직한 경력직공무원을 퇴직한 날부터 3년 이내에 퇴직 시에 재직한 직급의 경력직공무원으로 재임용하는 경우 또는 경력직공무원으로 재직하던 중 특수경력직공무원이나 다른 종류의 경력직공무원이 되기 위하여 퇴직한 자를 퇴직 시에 재직한 직급의 경력직공무원으로 재임용하는 경우 (생략)

21

정답 | ④

해설 | 예산의 재배정은 각 중앙관서의 장이 배부받은 예산액의 범위 내에서 다시 산하기관에 일정 기간 사용할 수 있는 예산액을 배분하는 것으로, '예산의 배정'과 함께 예산집행의 재정 통제 방안에 해당한다.
① 총괄예산제도 : 예산의 지나친 세부화와 구체적 용도를 정해두지 않고 한도 내에서 각 부처에 재정 자율권을 부여
② 예산의 이용 : 입법과목(장·관·항) 간의 상호 융통으로 국회의 의결 필요
③ 예산의 전용 : 행정과목(세항, 목) 간의 상호 융통으로 기획재정부장관의 재량

22

정답 | ①, ③

해설 | 지방자치법상 주민직접참여제도는 조례제정개폐청구, 주민감사청구, 주민투표, 주민소송, 주민소환이 포함된다.
① 주민이 발안하는 조례의 제정과 개폐 청구에 관한 규정이 지방자치법 제15조에 명시되어 있어 주민발안도 지방자치법상 주민직접참여제도로 보는 견해가 일반적이다.
② 주민참여예산은 지방재정법에 규정하고 있다.
④ 주민총회는 지방자치법에 규정하고 있지 않다.

23

정답 | ③

해설 | 엽관주의는 정당에 대한 충성도 또는 공헌도에 따라서 공직에 대한 임명이 이루어지는 것이다. 따라서 선거를 통해 임명된 공무원에 대한 통제가 용이하고 임명된 공무원은 다수의 지지를 받은 정책을 집행하기 때문에 행정의 민주성과 국민의 요구에 대한 관료적 대응성을 높이기 위한 수단으로 사용된다.

① 공직의 교체가 4년에 한 번 이루어지기 때문에 행정의 안전성·계속성이 저해되고 단절성을 가져온다.
② 정당의 충성도와 공헌도에 따라 임명되므로 행정의 공정성이 저해된다.
④ 정치적 요인을 근거로 공무원을 임용하기 때문에 유능한 인재를 등용하기에는 어렵다.

24

정답 | ①

해설 | 국경일의 제정은 정부의 체제에 대한 정당성·신뢰성을 상징적으로 보여주는 상징정책으로 이 외에 애국지사 동상 건립, 국제스포츠행사, 궁궐 복원 등이 상징정책에 해당한다.

25

정답 | ②

해설 | 공직윤리법 제3조 제1항 제3호에 따르면 4급 이상의 일반직 국가공무원 및 지방공무원과 이에 상당하는 보수를 받는 별정직 공무원은 동법에 따라 재산을 등록하여야 한다.
① 공직윤리법 제3조의2 제1항 제2호
③ 공직윤리법 제4조 제1항 제3호
④ 공직윤리법 제4조 제1항 제3호

국방부(육·해·공군) 시행 필기시험(2019.06.22)

1	2	3	4	5	6	7	8	9	10
③	③	③	③	②	③	①	③	①	④
11	**12**	**13**	**14**	**15**	**16**	**17**	**18**	**19**	**20**
②	②	③	②	③	②	②	①	①	③
21	**22**	**23**	**24**	**25**					
①	④	①	③	①					

01

정답 | ③

해설 | 초기 미국 행정학(1880년대~1930년대)은 엽관주의의 폐단이 야기되면서 정치로부터의 독립을 강조하며 행정의 독자성을 강조하는 정치행정이원론 태도를 취했다.

② 사이먼(H.A Simon)을 비롯한 카네기학파들은 행정행태설을 주장했으며 이들은 행정을 합리적인 의사결정의 행태이자 공무원이 수행하는 사실적 행태로 이해했다.

행정의 개념

행정의 개념은 시대·학자·주체·범위에 따라 다양하게 정의된다.

- 광의의 개념 : 고도의 합리성을 수반한 협동적 인간노력의 행위
- 협의의 개념 : 정부관료제를 중심으로 한 활동(행정부 구조와 공무원의 활동)
- 현대적 개념 : 공사조직들간의 연결네트워크를 관리하는 활동으로서 협력적 통치를 의미하는 뉴 거버넌스식 행정
- 일반적 의미 : 공익목적을 달성하기 위한 공공문제의 해결 및 공공서비스의 생산, 분배와 관련된 정부의 제반활동과 상호작용 또는 정치권력을 바탕으로 한 공공정책의 형성 및 구체화

02

정답 | ③

해설 | 〈보기〉의 내용은 내부주도형(내부접근형)에 관한 설명이다.

코브(R.W Cobb)와 로스(J.K Ross)의 정책의제설정 모형

외부주도형 (outside initiative model)	– 정부 바깥에 있는 집단이 자신들에게 피해를 주고 있는 사회문제를 정부가 해결해 줄 것을 요구하여 이를 사회쟁점화하고 공중의제로 전환시켜 결국 정부 의제로 채택하도록 하는 의제설정과정 – 정부에 대하여 압력을 가할 수 있는 이익집단들이 발달하고 정부가 외부의 요구에 민감하게 반응하는 정치체제, 즉 다원화되고 민주화된 선진국 정치체제에서 많이 나타나는 유형 – 사회문제 → 사회적 이슈 → 공중의제 → 정부의제
동원형 (mobilization model)	– 외부주도형과 정반대로 정부 내의 정책결정자들에 의하여 의제설정이 주도되는 경우 – 주로 정치지도자들의 지시에 의하여 사회문제가 바로 정부의제로 채택 – 일반 대중의 지지를 얻어 집행을 성공적으로 이끌기 위해서 정부의 PR 활동을 통해 공중의제화 – 정부의 힘이 강하고 민간 부문의 이익집단이 취약한 후진국에서 많이 나타나는 모형 – 문제가 정부의제로 먼저 채택되고 정부의 의도적인 노력에 의해서 공중의제로 확산 – 사회문제 → 정부의제 → 이슈화 → 공중의제

내부주도형 (inside access model)	– 정부기관 내부관료집단이나 정책결정자에게 쉽게 접근할 수 있는 외부집단에 의하여 문제가 제기되고 이들이 최고정책결정자에게 접근하여 은밀하게 정책의제를 채택하는 경우 – 일종의 음모형 – 사전에 알면 곤란하거나 시간이 급박한 경우, 의도적으로 국민을 무시하는 경우에 나타남 – 부나 권력이 집중된 불평등사회에서 주로 나타남 – 사회문제 → 정부문제 ※ 동원형과의 차이 첫째, 보다 낮은 지위에 있는 고위관료가 주도 세력임 둘째, 공중의제화 하는 것을 막으려 함

03

정답 | ③

해설 | 중앙정부는 형평성을 중시하는 데 비해 지방정부는 지역단위 행정수요에 특화된 맞춤형 서비스를 제공하는 등 행정의 효율성에 중점을 둔다.

지방행정의 개념
• 광의의 개념 : 일정한 지역 내에서 행해지는 모든 행정 → 관치행정 + 위임행정 + 자치행정 • 협의의 개념 : 지방자치단체가 처리하는 행정 → 위임행정 + 자치행정 • 자치행정과 동일시하는 개념 : 주민들이 자기들의 의사와 책임하에 스스로 또는 대표자를 선출하여 처리하는 행정 • 지방행정의 개념에 대해서는 행정이 이루어지는 지역적 범위를 기준으로 지방에서 이루어지는 행정을 행정의 주체가 국가인지 지방자치단체인지를 가리지 않고 모두 지방행정으로 규정하기도 하고, 지방자치단체가 자치사무를 처리하는 것만을 지방행정으로 규정하기도 한다. 그러나 일반적으로는 지방자치단체가 처리하는 행정, 즉 자치사무와 위임사무의 처리를 지방행정으로 본다.

자치행정(자주행정)
• 일정한 지역을 기초로 하는 단체가 그 지역 내의 사무를 지역주민의 의사에 따라 자주재원을 가지고 스스로 또는 대표자를 통해 처리하는 행정
• 지방자치제 실시 이후 강조

지방행정의 특징

지역행정	• 자치행정의 중요성 • 국가 내의 일정한 지방 혹은 지역을 단위로 하여 지방이 가지고 있는 특수한 조건 속에서 개별적·다원적으로 실시하는 행정
대화행정	• 행정서비스 만족도의 중요성 • 주민들과 직접 접촉하여 그들과의 대면관계를 통해 지방의 발전으로 구현하는 행정
생활행정	• 사회복지·사회보장행정의 중요성 • 주민들의 일상생활과 직결되는 사무와 지방주민들의 복리 증진에 관한 사무 처리
종합행정	• 다양한 행정 처리(주민등록, 민원, 복지 생활 등) • 전문성보다 포괄성·일반성이 더욱 중요

04

정답 | ③

해설 | 중앙정부기능이 필요 이상으로 확대되는 것을 막는 계층구조는 다층제(중층제)이다. 단층제 자치구조는 광역사무 처리가 불가능할 경우 중앙정부가 직접 사무처리를 담당하므로 중앙집권화의 우려가 발생한다.

05

정답 | ②

해설 | 계획예산제도는 장기적인 계획과 유기적으로 연결시켜 합리적인 자원 배분을 이룩하고 기획·사업분석·예산기능을 단일의 의사결정으로 통합하는 제도이다. 계획예산제도는 고도의 기술과 전문성을 요구하여 민주주의의 실현에 방해가 되기도 한다. 반면 영기준예산제도는 계획예산제도에 비해 예산편성이 보다 민주적이기 때문에 중간관리층을 포함한 모든 조직 구성원들의 참여와 상향적 커뮤니케이션이 가능하다.

06

정답 | ③

해설 | • 행정쇄신위원회 : 김영삼 정부의 대통령 직속 자문기구이다.
- 정부혁신지방분권위원회 : 노무현 정부 출범 이후 정부혁신에 관한 사항과 지방분권에 관한 사항에 대하여 종합적이고 체계적인 심의 필요성에 대응하기 위해 대통령 소속 국가기관으로 설립되었다.
- 정부 3.0 : 공공정보를 적극 개방·공유하고, 부처 간 칸막이를 없애 소통·협력함으로써 국민 맞춤형 서비스를 제공하고 일자리 창출과 창조 경제를 지원하는 박근혜 정부의 새로운 정부 운영 패러다임이다.
- 열린 혁신 : 문재인 대통령의 "국민과 함께 하겠다"는 국정철학을 구현하고 혁신 공감대 형성을 위해 정부혁신 정책으로 지역사회와 협력체계 구축, 과제 발굴 등에 초점을 둔 새로운 정부 혁신 정책이다.

07

정답 | ①

해설 | 공무원직장협의회는 공무원의 근무환경 개선, 업무능률 향상 및 고충처리 등을 위해 설립되었다. 다만 6급 이하 공무원만 가입 대상으로 인정하면서 직급에 대한 제한을 두고 있다. 뿐만 아니라 가입 금지 대상도 따로 규정하고 있으므로 직장협의회는 공무원 대표기능에서 한계를 가질 수밖에 없다. ②, ③, ④ 외에도 직업공무원제의 단점을 개선하기 위해 민관의 인사교류 활성화, 공직 임용의 연령상한제, 지나친 신분 보장의 지양 등 여러 가지 방안을 제시하고 있다.

08

정답 | ③

해설 | 우선순위가 유동적으로 바뀌게 되면 혼선을 초래하고 예산이 낭비될 뿐만 아니라 집행 시간이 지체된다. 성공적인 정책집행을 위한 구성요소는 정책목표의 명확화·구체화, 적절한 인과모형의 설정, 집단의 지속적인 지지, 충분한 재정적 지원 등이 있다.

09

정답 | ①

해설 | 근무성적평정이란 개인이 근무하고 있는 조직체에서 능력, 가치를 체계적·정기적으로 감독자가 평가하는 것을 의미한다. 성과계약평가제는 4급 이상 공무원과 고위공무원단에 적용되고 5급 이하 공무원에 대해서는 근무성적평가로 대체된다.
② 다면평가는 평가 대상자를 상사, 동료, 부하, 고객 등 다양한 평가자가 평가하여 그 결과를 결합하는 근무성적평정제도이다. 전통적인 상사평가제의 한계를 보완하면서 객관성과 공정성 및 신뢰성을 제고시킨다.

③ 연초에 성과계약을 체결하고 매년 말 기준으로 익년도 초에 평가(연 1회)한다. 평가 결과는 성과급 등급 결정이나 각종 인사운영에 반영한다.
④ 강제배분법은 관대화·중심화 경향 방지를 위해 사전에 평가 범위·수를 정해 놓고 일정한 비율에 맞추어 강제로 할당을 부여하는 제도이다.

10

정답 | ④

해설 | 행태론적 접근방법은 과학적 관리론과 원리주의 이론에서 파악하고 있는 조직구성원의 인간관인 고전적 인간관을 가진다. 고전적 인간관에서는 조직 속의 인간을 기계의 부품으로 보며 인간 욕구를 획일화한다.

> **행태론적 접근 방법**
> 사회 현상을 이해하는 핵심 개념으로 '행태'를 제시하고, 분석 방법으로 '계량적 분석'을 중시하는 접근 방법
>
> **행태론적 접근 방법의 특징**
> - 사회현상도 자연과학처럼 과학적 연구가 가능하다고 본다.
> - 사회현상을 관찰 가능한 객관적 대상으로 보며 논리실증주의를 원칙으로 한다.
> - 행태의 규칙성, 상관성, 인과성을 경험적으로 입증하고 설명할 수 있다고 본다.
> - 가치와 사실을 명백히 구분하고 가치중립성의 규범을 지킨다.
> - 객관적인 측정 방법을 사용하여 자료를 계량적 방법으로 분석한다.
> - 집단의 고유한 특성을 인정하지 않는 방법론적 개체주의를 따른다.
> - 실증적 연구방법을 강조하며 공공 부문과 사기업 간의 공통점을 강조하는 공사행정일원론의 입장을 취한다.
> - 인간행동의 계량화를 전제로 하며 인간행위의 예측 가능성을 인정한다.
> - 종합합문적 성격을 중시한다.

11

정답 | ②

해설 | 실적주의는 개인의 객관적인 능력, 실적, 자격, 업적, 성적에 의해 공직에 임용하는 제도로고 단순한 엽관주의의 방지에만 주력하여 소극적(방어적) 인사행정이라고 하기도 하고, 주관적 요인의 배제를 강조하여 과학적 인사행정 혹은 객관주의적 인사행정이라고도 한다.

ⓛ 엽관주의에 대한 설명으로 공직에 대한 임명은 정당에 대한 충성도와 공헌도에 따라 행해져야 한다는 제도이다.

ⓒ 대표관료제에 대한 설명으로, 대표관료제란 사회를 구성하는 주요 집단으로부터 인구 비례에 따라 관료를 충원함으로써 정부관료제가 그 사회의 모든 계층과 집단에 공평하게 대응하도록 하는 인사 제도를 말한다.

12

정답 | ②

해설 | 보기 중 대통령 소속의 위원회는 방송통신위원회뿐이고, 국민권익위원회, 금융위원회, 공정거래위원회는 국무총리 소속이다.

13

정답 | ③

해설 | 학습조직은 조직구성원에 의해 지식이 창출되고 이에 기초해 조직혁신이 이루어지며 조직의 환경적응력과 경쟁력이 증대되어 나가는 조직을 말한다. 즉, 조직의 구성원이 스스로 새로운 지식의 창조·획득·공유 등의 활동을 통해 새로운 환경에 적응할 수 있도록 끊임없이 자기 변신을 할 수 있는 조직이다.

③ 중간관리자의 기능을 강화해 조직의 효율성을 강조하는 것은 전통적인 조직으로 학습조직과 반대되는 특징이다.

14

정답 | ②

해설 | 현행 헌법에 있어서 한국의 대통령은 국가원수로서의 지위와 행정부 수반으로서의 지위를 겸하고 있다. 이승만 정부부터 문재인 정부에 이르기까지 대통령의 강력한 인사권 행사가 권력 집중의 주 요인 중 하나가 되면서 많은 비판을 받아왔으나, 인사권 위임 등을 통한 책임총리제는 실시되지 못하고 있다.

> **대통령의 권한**
> • 행정에 관한 권한
> − 법령 집행권
> − 국군 통수권
> − 긴급 명령권
> − 계엄 선포권
> − 공무원 임면권
> − 외교에 관한 권한
> • 입법에 관한 권한
> − 법률 제출과 거부에 관한 권한
> − 명령 제정권
> • 사법에 관한 권한
> − 일반 사면
> − 특별 사면
> − 법관 임명권
> • 대통령의 특권
> 대통령은 내란 또는 외환의 죄를 범한 경우를 제외하고는 재직 중에 형사상의 소추를 받지 아니한다. 이것은 대통령의 지위를 보장하여 대통령으로서의 직무를 성실히 수행하기 위해서이다. 전직 대통령의 신분이나 예우(禮遇)에 관해서는 법률로 정하게 되어 있다.

15

정답 | ③

해설 | 한정성 예산원칙의 예외에는 예산의 이용과 전용, 예비비, 예산의 이월, 계속비 등이 해당한다.

ⓛ 기금은 국가가 특정한 목적을 위해 특정한 자금을 신축적으로 운용할 필요가 있을 때에 한해 법률로써 설치되는 특정 자금이다.

ⓒ 신임예산은 입법부가 예산 총액만 결정하고 세부적인 내용은 행정부에 위임하는 예산 제도를 말한다.

16

정답 | ②

해설 | 신세도주의는 제도와 개인의 형태 사이의 상호관계 및 사회현상의 독립변수로서의 제도에 초점을 맞춘 새로운 제도주의적 접근방법이다. 신제도주의에서 제도는 공식적인 규칙이나 법률뿐만 아니라 비공식적 규범 및 관습도 포함된다.

> **신제도주의 배경**
> • 형태주의에 대한 비판 : 보편적 법칙 추구, 원자화된 인간
> • 구제도주의에 대한 비판 : 비공식적 제도 간과, 제도 간 관계 경시
> • 합리적 선택이론에 대한 비판 : 제도를 통한 문제 해결 가능성 배제

17

정답 | ②

해설 | 조직구조에서 공식화란 조직의 업무 수행 방식이나 절차의 표준화 정도를 의미한다. 공식화의 수준이 낮으면 구성원들의 재량이 늘어나고 반대로 높으면 재량이 감소한다. 즉, 환경의 불확실성이 높아질수록 공식화 수준은 낮아지고 일상적 기술일수록 조직의 복잡성은 낮아진다.

> **조직구조**
> 조직 구성원들의 상호관계, 즉 조직 내에서의 권력관계, 지위·계층 관계, 조직 구성원들의 역할 배분·조정의 양태, 조직 구성원들의 활동에 관한 관리체계 등을 통틀어 일컫는 말이다.

18

정답 | ①

해설 | 성인지예산은 남녀평등예산이라고도 불리며 세입세출예산이 남성과 여성에게 미치는 영향이 다르다는 전제하에 남녀평등을 구현하려는 정책의지를 예산 과정에 명시적으로 도입한 차별철폐지향적 예산이다. 예산 편성·집행 과정에서 남성과 여성의 동등한 참여를 보장하고 고르게 통합하여 성차별이 초래되지 않도록 하는 것이다.

19

정답 | ①

해설 | 신공공서비스론은 신공공관리론의 지나친 시장주의와 시민의 객체화 등에 대한 대안적 이론으로서 정부의 소유주인 시민의 권리를 회복하고 지역공동체 의식을 회복하는 데 초점을 두며, 기존 이론들이 강조하던 행정의 생산성, 효과성 등에 밀려 소홀히 여겨졌던 시민정신, 참여의식, 공익과 같은 공동체적 가치를 중시하고 민주주의정신을 새롭게 부활시키고자 하는 규범적 이론이다. ①은 신공공관리론의 내용이다.

신공공서비스론의 긍정적, 부정적 측면

긍정적	시민들의 참여와 시민의식의 발휘가 공동체사회의 발전과 참여행정·민주행정의 실현에 기여
부정적	행정의 규범적 특성과 가치를 강조한 나머지 행정에서 요구되는 전문성·효율성 등의 실천적 또는 수단적 가치의 유지를 위한 상호관계의 재정립에 대해서는 논의가 부족

20

정답 | ③

해설 | ⓒ 차관은 중앙행정기관인 행정부처의 장관 다음의 제2인자인 정무직 공무원이다. 정무직은 담당 업무의 성격이 정치적 판단이나 정책결정을 필요로 하는 정부부처의 차관급 이상 공무원인 대통령, 국무총리, 장·차관, 국정원장과 차장, 국회사무총장, 감사원 사무총장 등이 해당된다. 별정직은 비서관, 비서 등 보좌업무 등을 수행하는 공무원으로 국회 수석전문위원, 국가정보원 기획조정실장, 장관 정책 보좌관, 국회의원 보좌관 등이 이에 해당한다.

ⓒ 고위공무원단 제도는 미국에서 1978년 도입된 제도로, 폐쇄적인 공직사회의 인사 풍토를 개선하여 업무의 효율성 및 경쟁원리를 제고하기 위해 전체 정부부처 1~3급 고위공무원의 계급을 폐지하고 이들을 성과 중심으로 인사혁신처에서 통합·관리하는 인력풀제를 말한다. 우리나라는 이 제도를 시행 중에 있으나 지방자치단체에서는 채택하지 않고 있다. 다만 지방자치단체의 부지사나 부시장, 부교육감은 국가공무원이므로 고위공무원단에 포함된다.

21

정답 | ①

해설 | 예산심의는 대통령제가 의원내각제보다, 양원제가 단원제 의회보다, 법률주의가 의결주의보다, 위원회중심이 본회의에서만 심의하는 전원중심주의보다 더 엄격하게 이뤄진다.

> **우리나라 예산심의의 절차**
> 대통령의 시정연설 → 국정감사 → 예비심사 → 종합심사 → 본회의 의결

22

정답 | ④

해설 | 공공선택론은 시장실패에 버금가는 정부실패나 정치실패가 존재할 수 있음을 지적하며 이에 대한 처방을 제시한 이론으로, 정부실패를 인정한다.

> **공공선택론**
> 공공서비스를 제공할 때에 시민 개개인의 선호와 선택을 존중하고, 경쟁을 통해 서비스를 생산하고 공급하게 함으로써 행정의 대응성을 높일 수 있다는 이론이다. 또한 경제학적인 분석도구를 국가이론, 투표규칙, 투표자 행태, 정당정치, 관료 형태, 이익집단 등의 연구에 적용한다.

23

정답 | ①

해설 | 사회적 자본은 민주주의와 경제발전을 지탱하는 윤리적 기반으로 사용할수록 확대된다. 또한 사회적 자본이 잘 확충된 나라일수록 국민 간의 신뢰가 높고 이를 보장하는 법제도가 잘 구축돼 있어 거래비용이 적고 효율성이 높으며 따라서 생산성과 국민소득 또한 높아진다.

24

정답 | ③

해설 | 〈보기〉에서 설명하는 집단적 의사결정기법은 지명반론자 기법으로 악마의 옹호자법이라고도 불린다. 중요한 것은 반론자들이 단점과 약점을 지적하는 과정을 거쳐 선택된 대안은 여러 상황 및 약점을 보완할 수 있어 보다 현실적 용성이 높아진다는 점이다.

① 델파이기법 : 구성원이 토론을 거쳐 결정하는 것이 아니라 설문을 통해 전문적인 의견을 전하고 다른 사람들의 의견을 보고 다시 수정한 의견을 제시하는, 일련의 절차를 계속 거쳐 최종 결정을 내리는 방법이다.

② 브레인스토밍 : 여러 명이 한 가지의 문제를 놓고 아이디어를 무작위로 개진하여 그중에서 최선책을 찾아내는 방법으로 조직에서 많이 사용되고 있는 효과적인 방법이다.

④ 명목집단기법 : 참석자들로 하여금 서로 대화에 의한 의사소통을 못ˊ하도록 하고, 각 집단의 다양한 구성원들이 마음속에 생각하고 있는 바를 서면으로 작성한 후 토의를 진행, 투표 후 최종 결정을 내리는 방법이다.

25

정답 | ①

해설 | 집단적 의사결정은 집단의 의견을 수렴하고 반영하므로 결정 책임이 명확한 개인적 의사결정에 비해 결정 책임이 불명확한 한계를 지니나, 다수 집단의 다양한 의견이 수렴되고 반영되는 민주적 의사결정방식이다.

① 개인적 의사결정의 한계이다. 개인적 의사결정은 결정자 1인이 다른 사람의 도움 없이 자신이 가지고 있는 정보에 입각하여 독자적으로 해결 대안을 선택하는 결정이다.

집단적 의사결정의 장·단점	
장점	• 보다 많은 지식과 정보수집·공유·활용의 용이성 • 문제에 대한 다양한 접근의 용이성 • 결정 과정의 투명성과 민주성 확보에 기여
단점	• 의사결정 시 소수의 강한 성격의 소유자가 집단 의사결정을 통제할 가능성 • 많은 시간과 비용이 소요되어 신속한 결정 저해

CHAPTER 04 | 2018년 행정학 기출문제 정답 및 해설

국방부(육·해·공군) 시행 필기시험(2018.06.26)

1	2	3	4	5	6	7	8	9	10
③	①	①	③	③	③	①	③	②	②

11	12	13	14	15	16	17	18	19	20
③	①	④	③	②	①	③	④	②	③

21	22	23	24	25					
②	③	①	②	②					

01

정답 | ③

해설 | 정책네트워크는 포지시브섬(positive sum) 게임을, 이슈네트워크는 네거티브섬(negative sum) 게임을 한다.

02

정답 | ①

해설 | 차관보는 보좌기관에 해당한다.

> 「정부조직법」 제2조(중앙행정기관의 설치와 조직 등)
> ③ 중앙행정기관의 보조기관은 이 법과 다른 법률에 특별한 규정이 있는 경우를 제외하고는 차관·차장·실장·국장 및 과장으로 한다. 다만, 실장·국장 및 과장의 명칭은 대통령령으로 정하는 바에 따라 본부장·단장·부장·팀장 등으로 달리 정할 수 있으며, 실장·국장 및 과장의 명칭을 달리 정한 보조기관은 이 법을 적용할 때 실장·국장 및 과장으로 본다.
> ⑤ 행정각부에는 장관이 특히 지시하는 사항에 관하여 장관과 차관(제34조제3항 및 제37조제2항에 따라 행정안전부 및 산업통상자원부에 두는 본부장을 포함한다)을 직접 보좌하기 위하여 차관보를 둘 수 있으며, 중앙행정기관에는 그 기관의 장, 차관(제29조제2항·제34조제3항 및 제37조제2항에 따라 과학기술정보통신부·행정안전부 및 산업통상자원부에 두는 본부장을 포함한다)·차장·실장·국장 밑에 정책의 기획, 계획의 입안, 연구·조사, 심사·평가 및 홍보 등을 통하여 그를 보좌하는 보좌기관을 대통령령으로 정하는 바에 따라 둘 수 있다. 다만, 과에 상당하는 보좌기관은 총리령 또는 부령으로 정할 수 있다.

03

정답 | ①

해설 | 「국가공무원법」 제5조 제8호에 따른 직렬에 대한 설명이다.
② 직류(職類)란 같은 직렬 내에서 담당 분야가 같은 직무의 군을 말한다(「국가공무원법」 제5조 제9호).
③ 직위(職位)란 1명의 공무원에게 부여할 수 있는 직무와 책임을 말한다(「국가공무원법」 제5조 제1호).
④ 직무등급이란 직무의 곤란성과 책임도가 상당히 유사한 직위의 군을 말한다(「국가공무원법」 제5조 제10호).

04

정답 | ③

해설 | 공무원이 외국 정부로부터 영예나 증여를 받을 경우에는 대통령의 허가를 받아야 한다(「국가공무원법」 제62조).
① 「국가공무원법」 제59조의2 제1항
② 「국가공무원법」 제57조
④ 「국가공무원법」 제60조

> 「국가공무원법」상 공무원의 의무
> • 제56조(성실 의무)
> 모든 공무원은 법령을 준수하며 성실히 직무를 수행하여야 한다.
> • 제57조(복종의 의무)
> 공무원은 직무를 수행할 때 소속 상관의 직무상 명령에 복종하여야 한다.
> • 제58조(직장 이탈 금지)
> ① 공무원은 소속 상관의 허가 또는 정당한 사유가 없으면 직장을 이탈하지 못한다.
> ② 수사기관이 공무원을 구속하려면 그 소속 기관의 장에게 미리 통보하여야 한다. 다만, 현행범은 그러하지 아니하다.
> • 제59조(친절·공정의 의무)
> 공무원은 국민 전체의 봉사자로서 친절하고 공정하게 직무를 수행하여야 한다.
> • 제59조의2(종교중립의 의무)
> ① 공무원은 종교에 따른 차별 없이 직무를 수행하여야 한다.
> ② 공무원은 소속 상관이 제1항에 위배되는 직무상 명령을 한 경우에는 이에 따르지 아니할 수 있다.

- 제60조(비밀 엄수의 의무)

  공무원은 재직 중은 물론 퇴직 후에도 직무상 알게 된 비밀을 엄수(嚴守)하여야 한다.
- 제61조(청렴의 의무)

  ① 공무원은 직무와 관련하여 직접적이든 간접적이든 사례·증여 또는 향응을 주거나 받을 수 없다.

  ② 공무원은 직무상의 관계가 있든 없든 그 소속 상관에게 증여하거나 소속 공무원으로부터 증여를 받아서는 아니 된다.
- 제62조(외국 정부의 영예 등을 받을 경우)

  공무원이 외국 정부로부터 영예나 증여를 받을 경우에는 대통령의 허가를 받아야 한다.
- 제63조(품위 유지의 의무)

  공무원은 직무의 내외를 불문하고 그 품위가 손상되는 행위를 하여서는 아니 된다.
- 제64조(영리 업무 및 겸직 금지)

  ① 공무원은 공무 외에 영리를 목적으로 하는 업무에 종사하지 못하며 소속 기관장의 허가 없이 다른 직무를 겸할 수 없다.
- 제65조(정치 운동의 금지)

  ① 공무원은 정당이나 그 밖의 정치단체의 결성에 관여하거나 이에 가입할 수 없다.
- 제66조(집단 행위의 금지)

  ① 공무원은 노동운동이나 그밖에 공무 외의 일을 위한 집단 행위를 하여서는 아니 된다. 다만, 사실상 노무에 종사하는 공무원은 예외로 한다.

05

정답 | ③

해설 | 내부접근형(Inside Access Model)에 대한 내용이다.

① 외부주도형(Outside Initiative Model)은 정부 외부의 집단들이 주도적으로 정책의제의 채택을 정부에게 강요하는 것을 말한다.

② 동원형(Mobilization Model)은 정부 내의 정책결정자들에 의하여 의제화가 주도되는 경우로, 정부의 PR활동을 통해 공중의제로 확산시키는 것을 말한다.

> **코브(Roger W. Cobb)의 정책의제 설정모형**
> - 외부주도형(Outside-initiative model)
>   - 정책 담당자가 아닌 외부의 주도에 의해 정책의 제화가 이루어지는 모형
>   - 사회문제 → 공중의제 → 정부의제
>   - 언론과 정당 등 외부의 역할이 중요

> - 동원모형(Mobilization model)
>   - 정책 담당자에 의해 채택된 정책안 등이 자동적으로 공식적 정부 정책으로 확정되도록 하되, 정책의제로 채택하기에 앞서 대중 혹은 해당 정책과 관련이 있는 집단으로부터 지지를 얻기 위해 동원(설득)이 필요하다고 보는 모형
>   - 사회문제 → 정부의제 → 공중의제
>   - 외부의 지지를 얻기 위한 정책 PR의 역할이 중요
> - 내부접근형(Inside access model)
>   - 정책문제가 외부(국민)의 관여 없이 정부기관 내 혹은 정책결정자의 접근이 쉬운 집단 내에서 제기되어 정책의제로 설정되는 모형
>   - 대중의 지지와 동원을 요하지 않는다는 점에서 동원모형과 차이가 있음
>   - 사회문제 → 정부의제
>   - 사전 공개가 어려운 문제를 다루거나 긴급을 요하는 정책 수립 등에 용이함

06

정답 | ③

해설 | 조직이 어떠한 목표를 달성하는 중에 그 목표를 달성하기 위한 수단이 목표가 되고, 달성할 목표는 오히려 수단이 되어 버리는 현상은 목표의 전환이다. 목표의 승계는 당초 설정한 목표가 실현되거나 또는 실현이 불가능한 경우, 조직의 존속을 위하여 새로운 목표로 교체함으로써 조직의 정통성을 확보하는 것을 말한다.

목표관리(MBO)의 장단점

장점	• 조직의 목표와 개인의 목표가 명확하게 제시된다. • 조직구성원의 참여가 활발하게 이루어져 사기가 증진된다. • 합의에 의해 목표를 설정하고 평가하므로 갈등과 대립이 감소한다. • 구성원 간의 협동성이 높아지고 수직적인 의사소통 과정이 개선된다. • 조직관리의 효율성과 능률성이 확보된다. • 객관적인 성과평가가 가능해진다.
단점	• 목표의 설정과 지침 제공이 곤란하여 환경의 급변화에 취약할 수 있다. • 운영 절차가 다소 복잡하다. • 전체적인 생산성이 떨어질 수 있다. • 목표로서 가치가 상실된 목표도 고집하는 경향이 나타날 수 있다. • 단기 목표를 지나치게 강조하여 지속적인 발전이 저해될 수 있다. • 공공행정조직의 경우 무사안일주의, 이해 부족 등 한계성이 드러날 수 있다.

07

정답 | ①

해설 | 규칙과 계획은 수직적 연결기제에 해당한다.

> - 수직적 연결기제 : 계층제, 규칙과 계획, 계층직위의 추가, 수직정보시스템
> - 수평적 연결기제 : 직접 접촉, 정보시스템, 임시작업단, 프로젝트 매니저, 프로젝트 팀

08

정답 | ③

해설 | 세종특별자치시의 자치계층은 단층제이나, 행정계층은 자치도·시 – 행정시·군·구 – 읍·면·동으로 되어 있으므로, 자치계층과 행정계층이 일치하지 않는다.

09

정답 | ②

해설 | 지방자치단체의 장은 제1항에 따른 자치사무에 관한 명령이나 처분의 취소 또는 정지에 대하여 이의가 있으면 그 취소처분 또는 정지처분을 통보받은 날부터 15일 이내에 대법원에 소(訴)를 제기할 수 있다(「지방자치법」 제169조 제2항).
① 「지방자치법」 제169조 제1항 전단
③ 「지방자치법」 제171조 제1항
④ 「지방자치법」 제171조 제2항

10

정답 | ②

해설 | 대표관료제는 외부통제만으로 행정의 책임성과 대응성이 충분히 확보되지 않는 상황에서 내부통제를 강화하여 국민에게 책임 있는 관료제를 시행할 수 있는 효과적인 방법이다.

대표관료제의 장·단점

장점	• 정부의 대표성 확보 • 민주적인 정부의 구성 • 내부통제의 강화 • 기회의 평등과 공직의 민주화 • 사회적 형평성의 제고
단점	• 행정의 전문성 약화 • 행정의 능률성 저하 • 특정 사회집단에 유리하게 작용될 우려 • 역차별 발생 우려

11

정답 | ③

해설 | 예산의 배정은 통제 방안에 해당한다. 예산집행의 신축성 확보 방안으로는 예비비, 계속비, 총괄예산제도, 추가경정예산, 예산의 이용·전용, 이체, 이월 등이 있다.

예산집행의 통제와 신축성

재정 통제 장치	신축성 유지 장치
예산의 배정·재배정, 회계기록 및 보고제도, 정원 및 보수 통제, 계약(지출원인행위) 통제, 예비타당성조사, 총사업비 관리제도	예산의 이용·전용, 예산의 이체, 예산의 이월, 예비비, 계속비, 국고채무부담행위, 수입대체경비, 총액계상예산제도, 추가경정예산, 수입·지출의 특례, 신축적 예산배정제도, 대통령의 재정·경제상 긴급명령권

12

정답 | ①

해설 | 명확성의 원칙은 전통적 예산원칙에 해당한다.

전통적 예산원칙 (Neumark)	현대적 예산원칙 (Smith)
• 공개성의 원칙 • 명확성의 원칙 • 통일성의 원칙 • 완전성의 원칙 • 한정성의 원칙 • 단일성의 원칙 • 엄밀성의 원칙 • 사전 의결의 원칙	• 행정부 책임의 원칙 • 행정부 재량의 원칙 • 행정부 계획의 원칙 • 다원적 절차의 원칙 • 시기 융통성의 원칙 • 예산기구 교류의 원칙 • 보고의 원칙 • 수단 구비의 원칙

13

정답 | ④

해설 | 신공공관리론(New Public Management)은 내부규제를 대폭 완화하고 각 부처와 관리자들에게 재량권을 부여하여 각자 책임을 지고 성과를 향상시키도록 하는 성과주의를 추구한다.

14

정답 | ③

해설 | 직위분류제는 전문가의 양성에 치중하므로 일반행정가 양성이 곤란하다는 한계를 가진다.

15

정답 | ②

해설 | 법원의 인사행정에 관한 기본정책의 수립과 「국가공무원법」의 시행·운영에 관한 사무를 관장하는 자는 법원행정처장이다.

2021년
2020년
2019년
2018년
2017년
2016년
2015년
2014년
2013년
2012년
2011년
2010년
2009년
2008년
2007년

16

정답 | ①

해설 | 계획담당자는 장기적, 예산담당자는 단기적 관점을 가진다.

17

정답 | ③

해설 | 네트워크 조직은 계층이 거의 없고 조직 간의 경계도 모호하여 상호 교류가 활발하게 이루어지며, 제품 공급의 안정성이 떨어진다는 특징이 있다.

18

정답 | ④

해설 | 권력 엘리트들에 의해 안전한 이슈만을 논의하고 불리한 문제는 거론조차 못하게 봉쇄하는 전략을 무의사결정이라고 한다. 이는 정책결정자들의 무관심이라기보다는 의도적인 것으로 보아야 한다.

19

정답 | ②

해설 | 직렬 및 직류는 공무원의 인적요건에 해당한다.

> **「공무원임용령」 제43조(보직관리의 기준)**
> 1. 직위의 직무요건
>   가. 직위의 주요 업무활동
>   나. 직위의 성과책임
>   다. 직무수행의 난이도
>   라. 직무수행요건
> 2. 공무원의 인적요건
>   가. 직렬 및 직류
>   나. 윤리의식 및 청렴도
>   다. 보유 역량의 수준
>   라. 경력, 전공분야 및 훈련실적
>   마. 그 밖의 특기사항

20

정답 | ③

해설 | 행태적 접근방법은 민주적·상향적·참여적·분권적 접근방법으로, 권위주의 성향이 높은 국가에는 부적합하다.

21

정답 | ②

해설 | 각 중앙관서의 장은 매년 1월 31일까지 당해 회계연도부터 5회계연도 이상의 기간 동안의 신규사업 및 기획재정부장관이 정하는 주요 계속사업에 대한 중기사업계획서를 기획재정부장관에게 제출하여야 한다(「국가재정법」 제28조).

① 헌법 제54조 제2항
③ 「국가재정법」 제35조
④ 「국가재정법」 제5조 제1항, 제2항

22

정답 | ③

해설 | 잉여금이 남은 경우는 해당되지 않는다.

> **「국가재정법」 제89조(추가경정예산안의 편성)**
> ① 정부는 다음 각 호의 어느 하나에 해당하게 되어 이미 확정된 예산에 변경을 가할 필요가 있는 경우에는 추가경정예산안을 편성할 수 있다.
> 1. 전쟁이나 대규모 재해(「재난 및 안전관리 기본법」 제3조에서 정의한 자연재난과 사회재난의 발생에 따른 피해를 말한다)가 발생한 경우
> 2. 경기침체, 대량실업, 남북관계의 변화, 경제협력과 같은 대내·외 여건에 중대한 변화가 발생하였거나 발생할 우려가 있는 경우
> 3. 법령에 따라 국가가 지급하여야 하는 지출이 발생하거나 증가하는 경우

23

정답 | ①

해설 | ①, ④ 기획재정부장관은 공공기관을 공기업·준정부기관과 기타공공기관으로 구분하여 지정하되, 공기업과 준정부기관은 직원 정원이 50인 이상인 공공기관 중에서 지정한다(「공공기관의 운영에 관한 법률」 제5조 제1항).
② 「공공기관의 운영에 관한 법률」 제5조 제3항 제1호
③ 「공공기관의 운영에 관한 법률」 제5조 제3항 제2호

24

정답 | ②

해설 | 개방형 인사제도는 공무원의 잦은 교체로 인한 신분의 불안정으로 행정의 일관성과 안정성을 저해할 우려가 있다. 그 외에 승진 기회의 제약으로 인한 사기 저하의 단점도 있다.

25

정답 | ②

해설 | 거래비용은 시장기구를 활용할 때 수반되는 모든 비용이므로, 거래비용의 최소화를 위해서는 거래를 내부화하여야 한다.

국방부(육·해·공군) 시행 필기시험(2017.07.01)

1	2	3	4	5	6	7	8	9	10
②	③	①	②	④	④	②	③	②	④
11	**12**	**13**	**14**	**15**	**16**	**17**	**18**	**19**	**20**
①	④	③	①	④	②	③	①	②	①
21	**22**	**23**	**24**	**25**					
①	④	①	①	②					

01

정답 | ②

해설 | 신공공관리론은 노 젓기가 아닌 방향 제시, 정치가 아닌 생산, 갈등이 아닌 협력, 권력 행사가 아닌 권한 위임, 고객 지향을 강조하는 특징이 있다.

신공공관리론(NPM)

대상	고객
정부의 역할	방향 잡기
공익의 개념	개인 이익의 총합
책임성 확보 방법	시장 지향적
조직 구조	분권화 조직
합리성	기술적·경제적 합리성
행정재량	폭넓은 재량 허용

02

정답 | ③

해설 | 상징정책은 알몬드(Almond)와 포웰(Powell)이 제시한 정책유형이며, 로위의 정책유형에는 분배정책, 규제정책, 재분배정책, 구성정책이 있다.

로위의 정책유형

구분	내용
분배정책	• 정부가 적극적으로 재화나 서비스를 공급하는 정책 • 정책의 내용이 하위 세부 단위로 분해되고, 다른 단위와 개별적·독립적으로 처리됨 • 비용부담자는 자신이 누구를 위해, 얼마나 비용을 부담하는지 인지하지 못함 • 갈등이나 타협보다는 상호 불간섭 혹은 상호 수용으로 특정됨
규제정책	• 개인이나 일부 집단에 대해 재산권의 행사, 행동의 자유 등을 구속·억제하여 반사적으로 다른 사람들을 보호하려는 목적을 지닌 정책 • 기업 간의 불공정 경쟁 혹은 과대광고 등의 통제 • 정책 결정 시 이득을 보는 자와 피해를 보는 자를 선택 • 반드시 국민의 대표기관인 국회의 의결이 필요
재분배정책	• 고소득층으로부터 저소득층으로의 소득 이전을 목적으로 하는 정책 • 평등한 대우가 아닌 평등한 소유를 목적으로 함 • 소득의 실질적 변경이 일어나므로 계급 대립적 성격을 띠며 정치적 갈등의 수준이 높음 • 결정 과정에서 이념적 성격이 강하게 드러남
구성정책	• 헌정 수행에 필요한 운영 규칙에 관련된 정책 • 구성정책의 결정에는 정당의 영향력이 매우 큼 • 선거구 조정, 정부의 새로운 기구 및 조직 설립, 공직자의 보수 및 퇴직 연금 정책 등

03

정답 | ①

해설 | 브룸(V.H. Vroom)의 기대이론은 동기부여이론 중 과정이론에 속하며, 나머지는 내용이론에 속한다.

동기부여이론

구분	초점	세부 이론
내용이론	행동을 유발하는 요인	• McGregor – X·Y이론 • Murray – 명시적욕구이론 • Maslow – 욕구단계이론 • Alderfer – ERG이론 • McClelland – 성취동기이론 • Schein – 복잡인모형 • Likert – 관리체제이론 • Argyris – 성숙미-미숙이론 • Herzberg – 2요인이론(동기·위생이론) • Hackman&Oldham – 직무특성이론

2021년
2020년
2019년
2018년
2017년
2016년
2015년
2014년
2013년
2012년
2011년
2010년
2009년
2008년
2007년

과정이론	행동의 방향 설명	• Vroom – 동기기대이론 • Berner – 의사거래분석 • Atkinson – 기대모형 • Adams – 공정성이론 • Georgopoulos – 통로 · 목표 이론 • Porter&Lawler – 업적 · 만족 이론
강화이론	행동이 지속되는 이유	Skinner – 조작적조건화이론

04

정답 | ②

해설 | 행정은 경영보다 엄격한 법적 규제를 받는다.

05

정답 | ④

해설 | 직군은 직무의 성질이 유사한 직렬의 군을 말한다. 직무의 종류가 유사하고 그 책임과 곤란성의 정도가 서로 다른 직급의 군은 직렬이다.

06

정답 | ④

해설 | 「국가재정법」 제17조 제1항에서 규정하는 예산 총계주의에 해당한다.

07

정답 | ②

해설 | 영기준 예산제도(ZBB)는 예산 편성 시 전년도 예산에 근거하지 않고 원점에서 재검토하여 편성하는 예산제도이다.

08

정답 | ③

해설 | 사업 구조는 조직을 산출물별로 분류하여 각 사업부가 자율적으로 운영되는 구조이다. 조직 전체 업무를 기능부서별로 분류한 구조는 기능 구조에 해당한다.

09

정답 | ②

해설 | 공식조직의 경직성을 완화시키는 것이 비공식조직의 장점이다.

10

정답 | ④

해설 | 복식부기는 발생주의 회계, 단식부기는 현금주의 회계와 밀접하게 연관된다.

현금주의와 발생주의

구분	현금주의	발생주의
개요	• 현금의 유입과 유출 여부에 따라 수익과 비용을 인식하는 방식 • 현금의 유입 = 수입 (수익) • 현금의 유출 = 지출 (비용)	• 재무상태를 변동시킨 거래나 사건의 발생 시점에 수익과 비용을 인식하는 방식 • 수입의 획득 = 수입 (수익) • 비용의 발생 = 지출 (비용)
장점	• 절차가 간편하고 이해와 통제가 용이함 • 회계처리가 객관적 • 실제 현금 흐름의 파악이 용이함	• 자산과 부채의 파악으로 재정의 투명성 · 책임성 확보에 유리 • 오류 발견 및 자기검정기능 • 성과에 대한 정확한 수익 · 비용 정보 제공
단점	• 실제 경영 성과의 파악 곤란 • 자산 및 부채의 파악 곤란 • 감가상각 등 실질 거래 가치 및 원가 반영 어려움	• 회계정보의 객관성 결여 가능 • 정보 생산에 비용 과다 발생 가능 • 절차가 복잡하고 현금 흐름 파악이 어려움

11

정답 | ①

해설 | 시장실패는 내부성이 아닌 외부성(외부효과)이 문제가 되며, 내부성은 정부실패의 원인이다. 시장실패의 원인으로는 규모의 경제, 공공재, 불완전 경쟁(독점), 불완전 정보, 외부성, 소득불균형 등이 있다.

12

정답 | ④

해설 | 애플비는 정치행정일원론자이다.

13

정답 | ③

해설 | ㄴ. 단체자치와 관련된 내용으로, 단체자치는 중앙정부로부터 독립된 지방자치의 지위를 전제로 하므로 지방분권이 강조된다.
ㄷ. 주민자치의 실현을 위해서는 중앙정부로부터 독립된 지방자치단체의 존재가 전제되므로, 결국 양자는 상호 의존 · 보완적 관계이다.

14

정답 | ①

해설 | 블레이크(Blake)와 머튼(Mouton)은 리더십의 유형을 인간에 대한 관심과 생산에 대한 관심으로 대응시켜, 아래와 같이 5개형으로 분류하였다.

> • **(1·1)형** : impoverished management
>   인간과 생산 모두 관심을 보이지 않는 무관심형
> • **(1·9)형** : country club management
>   인간에 대한 관심은 높으나 생산에 대한 관심은 낮은 친목형
> • **(5·5)형** : organizational man management
>   인간과 생산 모두에 적당한 정도의 관심을 보이는 절충형
> • **(9·1)형** : authority obedience management
>   생산에 대한 관심은 높으나 인간에 대한 관심은 낮은 과업형
> • **(9·9)형** : team management
>   인간과 생산 모두에 관심이 높아 조직 구성원의 신뢰뿐만 아니라 과업달성 역시 강조하는 팀형

15

정답 | ④

해설 | 가치재는 사적재의 성질이 있음에도 정부가 그 공급에 참여하는 재화이므로 무임승차의 문제는 발생하지 않으며, 무임승차가 발생할 우려가 있는 것은 공공재이다.

16

정답 | ②

해설 | 다양한 집단 간 경쟁성을 특징으로 하는 것은 조합주의가 아니라 다원주의의 특징이다.

17

정답 | ③

해설 | 사법부는 공식적 참여자이며, 나머지는 비공식적 참여자이다.

18

정답 | ①

해설 | 행정이 불확실한 상황에서는 중첩적인 부분의 제거가 아닌 가외성이 고려되어야 한다. 가외성은 행정기능의 중복을 의미하는 것으로, 조직의 신뢰성·안정성의 증진을 그 목적으로 하는 것이다.

19

정답 | ②

해설 | 효과성을 측정할 수 있는 것은 비용효과분석이다. 비용편익분석은 비용–편익 간의 상대적 크기를 분석하여 효율성을 측정할 수 있는 기법이다.

비용편익분석의 평가기준

구분	기본 개념	특징
순현재가치(NPV : Net Present Value)	편익(B)의 현재가치–비용(C)의 현재가치	• 'NPV > 0'일 경우 사업 타당성 있음 • 경제적 타당성 평가에 최선의 척도이자 가장 보편적인 척도
편익비용비(B/C : Benfit/Cost ratio)	편익(B)의 현재가치÷비용(C)의 현재가치	• 'B/C > 1'일 경우 사업 타당성 있음 • 예산 제약으로 순현재가치가 큰 대규모 사업을 채택하기 어려울 때 사용 • 이차적·보완적 기준
내부수익률(IRR : Internal Rate of Return)	NPV=0, B/C=1이 되도록 하는 할인율	• 투자원금 대비 이득을 계산하는 기대수입률 개념 • 할인율이 주어져 있지 않을 때 사용 • 내부수익률이 기존 할인율보다 클 때 사업 타당성 있음 • 내부수익률이 클수록 우수한 사업으로 인정

20

정답 | ①

해설 | 실적주의는 주로 채용의 공정성에 초점을 맞추어, 유능한 인재 및 능력 개발 등에 소홀해지게 되어 효율적 인사행정이 힘들어진다는 단점이 있다.
② 그 밖에 행정기기의 대두, 행정능률회의 요청, 관치의식 수준의 향상 등을 들 수 있다.
③ 실적주의의 요소로 실적 임용, 신분보장, 정치적 중립이 있다.
④ 시험에 합격하면 결격사유가 없는 이상 누구나 공직에 취임할 수 있는 기회균등이 보장된다.

> **실적주의의 특징**
> • 공등한 공직 취임 기회 부여
> • 공개경쟁시험을 통한 신규채용
> • 실적에 기준을 둔 임용
> • 인사행정상의 공평한 처우 및 공직자의 권익 최대 보장
> • 일한 만큼의 보수 실현과 적절한 인센티브 부여
> • 교육 및 훈련을 통한 직무능력의 향상
> • 공무원의 신분 보장
> • 정치적 중립 보장

21

정답 | ①

해설 | 징계는 파면 · 해임 · 강등 · 정직(停職) · 감봉 · 견책(譴責)으로 구분한다(「국가공무원법」 제79조).

> - 강등 : 1계급 아래로 직급을 내리고(고위공무원단에 속하는 공무원은 3급으로 임용하고, 연구관 및 지도관은 연구사 및 지도사로 한다) 공무원 신분은 보유하나 3개월간 직무에 종사하지 못하며 그 기간 중 보수는 전액을 감한다.
> - 정직 : 1개월 이상 3개월 이하의 기간으로 하고, 정직 처분을 받은 자는 그 기간 중 공무원의 신분은 보유하나 직무에 종사하지 못하며 보수는 전액을 감한다.
> - 감봉 : 1개월 이상 3개월 이하의 기간 동안 보수의 3분의 1을 감한다.
> - 견책(譴責) : 전과(前過)에 대하여 훈계하고 회개하게 한다.

22

정답 | ④

해설 | 인사혁신처장은 이 법에 따른 재산등록 및 공개, 주식의 매각 또는 신탁, 선물신고, 퇴직공직자의 취업제한 및 행위제한 등에 관한 기획 · 총괄업무를 관장한다(「공직자윤리법」 제20조).
① 「공직자윤리법」 제2조의2 제4항
② 「공직자윤리법」 제12조
③ 「공직자윤리법」 제17조 제1항

23

정답 | ①

해설 | 신 성과주의예산은 정치적 · 도덕적 책임을 중시하는 기존 성과주의예산과는 달리 구체적이고 보상적인 책임을 중시한다.

구 분	기존 성과주의 (1950년대)	신 성과주의 (1990년대)
성과 정보	투입과 산출(능률성)	산출의 결과(효과성)
성과 책임	정치적, 도덕적 책임	구체적, 보상적 책임
경로 가정	투입은 자동으로 성과로 이어진다 (단선적 가정).	투입이 반드시 성과를 보장해주지는 않는다 (복선적 가정).
성과 관점	정부(공무원) 관점	고객(만족감) 관점
회계 방식	불완전한 발생주의(사 실상 현금주의)	완전한 발생주의
연계 범위	예산제도에 국한	국정 전반에 연계 (인사, 조직, 감사, 정 책 등)

24

정답 | ①

해설 | 규제의 완화는 정부실패의 원인이 아닌 해결방안에 해당한다.

25

정답 | ②

해설 | ① 행정부 내부에서 채용할 수 있다.
③ 대상 직종은 일반직 · 특정직이다.
④ 이는 개방형 직위제도에 해당하는 내용이며, 공모직위제도에서는 임용기간에 대하여 별도 규정이 없다.

구분	개방형 직위제도	공모직위제도
대상 직위	전문성이 특히 요구되거나 효율적인 정책수립을 위하여 필요하다고 판단되는 직위	효율적인 정책수립 · 관리를 위하여 적격자를 임용할 필요가 있는 직위
공모 대상	- 내 + 외부 - 고위공무원에 속하는 직위 총수의 20% 이내 - 필요시 과장급 직위의 20% 이내	- 내부 - 고위공무원에 속하는 직위 총수의 30% 이내 - 필요시 과장급 직위 이하
지정 기준	전문성, 중요성, 민주성, 조정성, 변화필요성	직무공통성, 정책통합성, 변화필요성
대상 직종	일반직 · 특정직 · 별정직	일반직 · 특정직
임용 기간	5년 범위 내 소속 장관이 정하되, 최소 2년 이상	기간 제한 없음

국방부(육 · 해 · 공군) 시행 필기시험(2016.07.02)

1	2	3	4	5	6	7	8	9	10
②	②	③	①	④	②	①	③	③	②
11	**12**	**13**	**14**	**15**	**16**	**17**	**18**	**19**	**20**
③	②	①	②	③	①	①	②	④	①
21	**22**	**23**	**24**	**25**					
③	②	②	①	①					

01

정답 | ②

해설 | 뉴거버넌스는 정부, 기업, 시민사회가 상호 간 신뢰를 바탕으로 하여 사회문제를 해결하는 것을 강조하며, 네트워크 간 전달에 있어서의 효율성과 효과성을 제고하는 협력적 네트워크이다. 기존의 관료제는 정부가, 신공공관리(NPM)는 정부와 시장이 주체가 되는 것과 비교가 되며, 시장논리보다 협력체제를 강조한다.

02

정답 | ②

해설 | 체제이론에 따르면 사회체계는 체제상 한계를 지니고 있으며, 따라서 체제의 과중한 부담을 피하기 위하여 일부 사회문제만을 정책문제로 채택한다고 주장한다.

03

정답 | ③

해설 | 가외성은 행정에서 중첩 · 여분 · 초과분 등을 의미하며, 가외성과 효율성은 상반(갈등)관계에 있다.

04

정답 | ①

해설 | 시장재 : 경합성 + 배재성
② 공유재 : 경합성 + 비배제성
③ 공공재 : 비경합성 + 비배제성
④ 요금재 : 비경합성 + 배재성

05

정답 | ④

해설 | UN(2008)에서는 전자 거버넌스로서의 전자적 참여 형태에 대한 발전단계를 3단계로 구분하고 있다.
• 1단계 : 전자정보화(E-information) 단계
• 2단계 : 전자자문(E-Consultation) 단계
• 3단계 : 전자결정(E-Decision) 단계

06

정답 | ②

해설 | 사회자본을 매개로 한 사회적 교환관계는 다른 경제적 거래와 같이 동등한 가치를 지닌 등가물의 교환이 아니다.

> **사회자본의 특징**
> • 사회자본은 행위자들 간의 관계 속에 존재하는 자본이다.
> • 물적자본이나 인적자본과 달리 사회자본은 그 이익이 공유된다.
> • 사회자본은 소유주체가 지속적으로 유지하려는 노력을 투입해야 하는 자본이다.
> • 사회자본은 지속적인 교환과정을 거쳐서 유지 · 재생산된다.
> • 사회자본의 교환은 동시성을 전제로 하지 않는다.

07

정답 | ①

해설 | 후기 행태주의는 행정학의 실천적 성격과 적실성을 회복하기 위해 정책지향적인 행정학을 요구했으며, 전문직업주의, 가치중립적인 관리론에 대한 집착을 비판하면서 민주적 가치규범에 입각하여 분권화, 고객에 의한 통제, 가치에 대한 합의 등을 강조하였다. 즉, 과학적 연구가 지향하는 가치중립적인 연구에서 탈피하여 가치비판적이고 가치평가적인 연구를 할 수 있게 함으로써 정책연구에 기여하였다.

08

정답 | ③

해설 | 정책네트워크는 다원론과 조합주의 등에 대한 대안으로서 등장한 것으로, 특정 정책을 둘러싼 이해당사자들 간에 형성된 일정한 관계를 바탕으로 이들 간의 상호작용에 초점을 맞추는 정책망이다.

09

정답 | ③

해설 | 동원모형은 주로 후진국에서 나타나며, 정부 내 정책결정자들이 주도하여 정책의제를 채택하는, 정부가 민간을 동원하여 의제를 설정하는 모형이다.

10

정답 | ②

해설 | 공공관리론은 정부의 기능을 대폭 감축하여 민영화를 추구하는 한편, 정부부문에 기업적 경영방식을 도입하여 행정의 성과와 실적을 중시하고 고위관리자의 개인적 책임과 역할을 강조하는 데 그 특징이 있다. 공공관리론은 민간부문이 정부부문에 비하여 능률적이며 효과적이라는 전제에 입각하고 있다. 즉 공공관리론은 행정의 효율성과 전문성을 강조하며, 도덕적 해이, 역선택의 문제는 대리이론에서의 대리손실과 관련된 내용이다.

11

정답 | ③

해설 | 최적모형은 드로어(Y. Dror)가 제시한 모형으로, 기본적으로는 경제적 합리성(경제적 이익의 극대화)과 초합리성(영감 등)을 동시에 고려하는 최적치 중심의 규범적 모형이다. 이는 정책결정 과정을 하나의 체제이론적 관점에서 파악한다.

12

정답 | ②

해설 | 방송과 통신에 관한 규제와 이용자 보호 등의 업무를 수행하기 위하여 대통령 소속으로 방송통신위원회(이하 "위원회"라 한다)를 둔다(「방송통신위원회의 설치 및 운영에 관한 법률」 제3조 제1항).
① 금융정책, 외국환업무 취급기관의 건전성 감독 및 금융감독에 관한 업무를 수행하게 하기 위하여 국무총리 소속으로 금융위원회를 둔다(「금융위원회의 설치 등에 관한 법률」 제3조 제1항).

③ 고충민원의 처리와 이에 관련된 불합리한 행정제도를 개선하고, 부패의 발생을 예방하며 부패행위를 효율적으로 규제하도록 하기 위하여 국무총리 소속으로 국민권익위원회(이하 "위원회"라 한다)를 둔다(「부패방지 및 국민권익위원회의 설치와 운영에 관한 법률」 제11조).
④ 이 법에 의한 사무를 독립적으로 수행하기 위하여 국무총리 소속하에 공정거래위원회를 둔다(「독점규제 및 공정거래에 관한 법률」 제35조 제1항).

13

정답 | ①

해설 | 국가공무원은 경력직공무원과 특수경력직공무원으로 구분하며, 특수경력직공무원에는 정무직공무원과 별정직공무원이 있다. 특정직공무원은 일반직공무원과 함께 경력직공무원의 종류에 해당한다.

> **「국가공무원법」 제2조(공무원의 구분)**
> ① 국가공무원(이하 "공무원"이라 한다)은 경력직공무원과 특수경력직공무원으로 구분한다.
> ② "경력직공무원"이란 실적과 자격에 따라 임용되고 그 신분이 보장되며 평생 동안(근무기간을 정하여 임용하는 공무원의 경우에는 그 기간 동안을 말한다) 공무원으로 근무할 것이 예정되는 공무원을 말하며, 그 종류는 다음 각 호와 같다.
> 　1. 일반직공무원 : 기술·연구 또는 행정 일반에 대한 업무를 담당하는 공무원
> 　2. 특정직공무원 : 법관, 검사, 외무공무원, 경찰공무원, 소방공무원, 교육공무원, 군인, 군무원, 헌법재판소 헌법연구관, 국가정보원의 직원과 특수 분야의 업무를 담당하는 공무원으로서 다른 법률에서 특정직공무원으로 지정하는 공무원
> ③ "특수경력직공무원"이란 경력직공무원 외의 공무원을 말하며, 그 종류는 다음 각 호와 같다.
> 　1. 정무직공무원
> 　　가. 선거로 취임하거나 임명할 때 국회의 동의가 필요한 공무원
> 　　나. 고도의 정책결정 업무를 담당하거나 이러한 업무를 보조하는 공무원으로서 법률이나 대통령령(대통령비서실 및 국가안보실의 조직에 관한 대통령령만 해당한다)에서 정무직으로 지정하는 공무원
> 　2. 별정직공무원 : 비서관·비서 등 보좌업무 등을 수행하거나 특정한 업무 수행을 위하여 법령에서 별정직으로 지정하는 공무원

14

정답 | ②

해설 | 전통적 예산원칙은 공개성, 명료성, 완전성, 한정성, 단일성, 정확성, 통일성, 균형성, 사전의결의 원칙 등으로 이루어진다. 이 중 사전의결의 원칙에 대한 예외로는 준예산, 예비비, 사고이월, 전용, 재정상 긴급배정, 잠정예산 등이 있다.

15

정답 | ③

해설 | 예산심의절차 : 시정연설 및 제안설명 → 상임위원회의 예비심사 → 예산결산특별위원회의 종합심사 → 본회의 의결
① 헌법 제54조 제2항
② 헌법 제55조 제2항
④ 헌법 제55조 제1항

16

정답 | ①

해설 | 특별지방행정기관은 「정부조직법」 제3조를 근거로 하여 특정한 중앙행정기관에 소속되어 특정광역사무를 처리하기 위하여 별도로 설치하는 행정기관이다. 우리나라의 특별지방행정기관은 지방국세청, 지방병무청, 지방환경청, 지방국토관리청, 지방산림관리청 등이 있다.

17

정답 | ①

해설 | 선진국처럼 국가의 경쟁력이 크고 예측가능성이 높은 경우는 점증적 행태이다.

구분		국가의 경제력	
		큼	작음
예측 가능성	높음	점증적 행태 (점증예산)	양입제출적 행태(세입예산)
	낮음	보충적 행태 (보충예산)	반복적 행태 (반복예산)

18

정답 | ②

해설 | 학습 조직은 조직구성원 전체의 활동으로 지식 및 변화를 창출할 수 있는 조직으로, 기능분립적 구조가 아닌 수평적 조직구조가 되어야 한다.

19

정답 | ④

해설 | 지방자치단체의 장은 제2항에 따라 재의결된 사항이 법령에 위반된다고 인정되면 대법원에 소(訴)를 제기할 수 있다(「지방자치법」 제107조 전단).
① 지방의회의장은 지방자치단체의 장이나 재적의원 3분의 1 이상의 의원이 요구하면 15일 이내에 임시회를 소집하여야 한다(「지방자치법」 제45조 제1항 본문).
② 「지방자치법」 제101조
③ 「지방자치법」 제105조

20

정답 | ①

해설 | 스웨덴 옴부즈만은 행정부 및 사법부의 행위에 대하여 감시하기 위하여 의회에 의하여 임명되는 외부통제에 해당한다. 또한 필요 시 기소할 수 있는 권한이 있고, 소속은 의회에 속하나 직무상 독립한다는 특징이 있다.

21

정답 | ③

해설 | 개방형 직위제도는 공직사회의 경쟁력 제고를 위하여 전문성이 특히 요구되거나 효율적인 정책수립을 위하여 필요하다고 판단되는 직위에 공직 내외를 불문하고 공개모집에 의한 선발시험을 거쳐 직무수행 요건을 갖춘 최적격자를 선발하여 임용하는 제도로, 민주적 통제가 용이하다.

22

정답 | ②

해설 | 지방자치단체는 그 사무를 분장하기 위하여 필요한 행정기구와 지방공무원을 둔다(「지방자치법」 제112조 제1항). 제1항에 따른 행정기구의 설치와 지방공무원의 정원은 인건비 등 대통령령으로 정하는 기준에 따라 그 지방자치단체의 조례로 정한다(동조 제2항).
① 지방자치단체는 주민의 복리에 관한 사무를 처리하고 재산을 관리하며, 법령의 범위 안에서 자치에 관한 규정을 제정할 수 있다(헌법 제117조 제1항). 이렇게 헌법상 자치입법권이 규정되어 있으나 이에 따른 제약이 많다.
③ 지방자치단체는 법령의 범위 안에서 그 사무에 관하여 조례를 제정할 수 있다. 다만, 주민의 권리 제한 또는 의무 부과에 관한 사항이나 벌칙을 정할 때에는 법률의 위임이 있어야 한다(「지방자치법」 제22조).
④ 「지방세기본법」 제5조 제1항

23

정답 | ②

해설 | ① 인사이동은 갈등조장방법에 해당하지 않는다.
③ 지방자치단체와 주민의 갈등을 해결하는 방법으로 협약과 공청회가 있으며, 공람은 단순히 수평적으로 의사를 전달하는 것이므로 갈등해결과 관계가 없다.
④ 지방자치단체는 분쟁조정위원회, 국가와 지방자치단체는 행정협의조정위원회에서 다투는 것이 옳다.

24

정답 | ①

해설 | 다른 기관에서 감사하였거나 감사 중인 사항은 주민의 감사청구 대상에서 제외한다. 다만, 다른 기관에서 감사한 사항이라도 새로운 사항이 발견되거나 중요 사항이 감사에서 누락된 경우와 주민소송의 대상이 되는 경우에는 그러하지 아니하다(「지방자치법」 제16조 제1항 제3호).

> **「지방자치법」 제16조(주민의 감사청구)**
> ① 지방자치단체의 19세 이상의 주민은 시·도는 500명, 제175조에 따른 인구 50만 이상 대도시는 300명, 그 밖의 시·군 및 자치구는 200명을 넘지 아니하는 범위에서 그 지방자치단체의 조례로 정하는 19세 이상의 주민 수 이상의 연서(連署)로, 시·도에서는 주무부장관에게, 시·군 및 자치구에서는 시·도지사에게 그 지방자치단체와 그 장의 권한에 속하는 사무의 처리가 법령에 위반되거나 공익을 현저히 해친다고 인정되면 감사를 청구할 수 있다. 다만, 다음 각 호의 어느 하나에 해당하는 사항은 감사청구의 대상에서 제외한다.
> 1. 수사나 재판에 관여하게 되는 사항
> 2. 개인의 사생활을 침해할 우려가 있는 사항
> 3. 다른 기관에서 감사하였거나 감사 중인 사항. 다만, 다른 기관에서 감사한 사항이라도 새로운 사항이 발견되거나 중요 사항이 감사에서 누락된 경우와 제17조제1항에 따라 주민소송의 대상이 되는 경우에는 그러하지 아니하다.
> 4. 동일한 사항에 대하여 제17조제2항 각 호의 어느 하나에 해당하는 소송이 진행 중이거나 그 판결이 확정된 사항

② 「지방자치법」 제20조 제1항
③ 「지방자치법」 제17조 제2항 제2호
④ 「지방자치법」 제14조 제1항

25

정답 | ①

해설 | 뉴거버넌스는 정부와 시민 등 다양한 집단의 참여로 대표성을 높이는 것이다. 이는 대표관료제의 인종·종교·성별·신분·계층·지역 등의 여러 기준에 의하여 분류되는 모든 사회집단들이 한 나라의 인구 전체 안에서 차지하는 비율에 맞게 관료조직의 직위들을 차지해야 한다는 원리와 조화되는 것이다.

CHAPTER **07** **2015년 행정학** 기출문제 **정답 및 해설**

Civilian Worker In The Military **PART 04**

2021년
2020년
2019년
2018년
2017년
2016년
2015년
2014년
2013년
2012년
2011년
2010년
2009년
2008년
2007년

국방부(육·해·공군) 시행 필기시험(2015.07.04)

1	2	3	4	5	6	7	8	9	10
④	③	③	①	②	①	①	③	①	①

11	12	13	14	15	16	17	18	19	20
①	③	④	②	①	①	③	④	④	④

21	22	23	24	25					
④	②	④	③	④					

01

정답 | ④

해설 | 임시체제(Adhocracy)는 구성원들 간 권한과 책임의 한계가 명확하지 않다는 단점이 있다.

임시체제(Adhocracy)의 특징

특징	• 조직구조가 단순하고, 수평적으로 분화(分化)되어 있다. • 의사결정권이 전문가로 구성된 팀에 분화되어 있다. • 형식주의나 공식성(公式性)에 얽매이지 않으며, 전문성이 강하고 융통성이 있다.
장점	• 사회환경의 변화에 대한 적응력이 있다. • 조직구성원의 창의력 발휘에 용이하다. • 전문가들로 이루어져 복잡한 문제 해결에 용이하다. • 민주성과 자율성이 강하다.
단점	• 조직 내 갈등과 긴장이 불가피하다. • 구성원 간에 권한과 책임의 한계가 불명확하다. • 관료제 조직에 비하여 비효율적인 구조를 취하고 있다.

02

정답 | ③

해설 | 제퍼슨(Jefferson)은 지방자치와 지방분권을 통한 민주주의의 실현을 주장하였다. 강한 행정부는 해밀턴의 주장이다.

03

정답 | ③

해설 | 행정각부에 장관 1명과 차관 1명을 두되, 장관은 국무위원으로 보하고, 차관은 정무직으로 한다. 다만, 기획재정부·과학기술정보통신부·외교부·문화체육관광부·국토교통부에는 차관 2명을 둔다(「정부조직법」 제26조 제2항).

04

정답 | ①

해설 | 정책공동체에 비해 이슈네트워크가 더 광범위하고 다양한 참여가 이루어진다.

05

정답 | ②

해설 | Cooperation(협력)은 해당되지 않는다.

귤릭(Gulick) - 최고관리자의 7대 기능(POSDCoRB)
- 계획(Planning) : 조직의 목표를 달성하기 위하여 수행하여야 할 업무 등을 계획
- 조직화(Organizing) : 수립된 계획에 따라 직무와 권한 등을 배분하여 구조를 설정
- 인사(Staffing) : 직원의 채용·훈련 및 효율적인 행정업무를 위한 인사기능
- 지휘(Directing) : 의사를 결정하여 명령 및 지시
- 조정(Coordinating) : 부서별로 상호 협력 및 통합·조절하여 효율적인 행정업무를 수행
- 보고(Reporting) : 업무의 진행 과정 또는 결과, 상황 등을 보고
- 예산(Budgeting) : 조직의 목표 수행을 위한 예산 관련 항목

06

정답 | ①

해설 | 계층제는 수직적 조정기제에 해당한다.

수직적 조정기제	계층제, 규칙과 계획, 수직정보시스템, 계층직위의 추가 등
수평적 조정기제	직접 접촉, 임시작업단, 정보시스템, 프로젝트팀 등

07

정답 | ①

해설 | 상상(imagination)은 규칙 등에 얽매이지 않는 새로운 사고를 요구한다.

08

정답 | ③

해설 | 전문적 관료제는 업무의 표준화가 어려운 복잡한 업무의 경우에 적합하다.

> **민츠버그(Mintzberg)의 조직유형**
> • 단순구조 : 조직의 중간계층이 부족하고 최고 경영자에 대한 의존성이 크며, 주로 소규모 신설 기관에 나타나는 유형이다.
> • 기계적 관료제 구조 : 업무의 표준화를 중시하여 정해진 업무의 효율성 제고에 최적화된 형태로, 간단하고도 안정된 환경에서 반복업무가 많을 경우에 나타나는 유형이다.
> • 전문적 관료제 구조 : 업무의 표준화가 어려운 복잡한 업무의 경우 전문가로 구성된 핵심운영층이 주도하여 조직을 이끌어 나가는 유형이다.
> • 사업부제 구조 : 제한된 수직적 분권화 구조로, 조직의 중간 관리층이 핵심적 역할을 한다.
> • 애드호크라시(임시체제) : 조직구조 및 환경이 매우 유동적이며, 고정된 계층구조를 갖지 않고 표준화를 지양하는 조직이다. 기계적 관료제 구조와 반대된다.

09

정답 | ①

해설 | 하이예크는 자유주의자로, '노예의 길'을 통해 국가기획과 개인의 자유는 양립이 불가능하다는 입장을 보였으며, 국가기획은 독재를 초래한다고 하여 국가기획을 반대하는 주장을 하였다.

10

정답 | ①

해설 | 평정자가 일관성 있는 평가 기준을 갖지 못하여 관대화 및 엄격화 경향이 불규칙하게 나타나는 것은 총계적 오류에 해당한다.

근무성적평정상 오류

연쇄 효과	특정 항목의 평정 요소에 대한 판단이 연쇄적으로 다른 항목의 평정에도 영향을 주는 오류
총계적 오류	평정자의 평정 기준이 일정하지 않아 관대화 또는 엄격화 경향이 불규칙하게 나타나는 오류
규칙적 오류	평정자가 항상 관대화 또는 엄격화 경향을 보이는 오류
시간적 오류	• 첫머리 효과 : 초기의 업적에 크게 영향을 받아서 평가 • 막바지 효과 : 최근의 실적 또는 능력을 중심으로 평가
분포상 착오	• 집중화 경향 : 피평정자들에게 대부분 중간 수준의 점수를 부여하는 경향 • 관대화 경향 : 평정 결과 점수의 분포가 높은 쪽에 집중되는 경향 • 엄격화 경향 : 평정 결과 점수의 분포가 낮은 쪽에 집중되는 경향

11

정답 | ①

해설 | 조세의 종목과 세율은 법률로 정한다(헌법 제59조).
② 「국가재정법」 제16조 제1호

> **「국가재정법」 제16조(예산의 원칙)**
> 정부는 예산의 편성 및 집행에 있어서 다음 각 호의 원칙을 준수하여야 한다.
> 1. 정부는 재정건전성의 확보를 위하여 최선을 다하여야 한다.
> 2. 정부는 국민부담의 최소화를 위하여 최선을 다하여 한다.
> 3. 정부는 재정을 운용함에 있어 재정지출 및 「조세특례제한법」 제142조의2제1항에 따른 조세지출의 성과를 제고하여야 한다.
> 4. 정부는 예산과정의 투명성과 예산과정에의 국민참여를 제고하기 위하여 노력하여야 한다.
> 5. 정부는 예산이 여성과 남성에게 미치는 효과를 평가하고, 그 결과를 정부의 예산편성에 반영하기 위하여 노력하여야 한다.

③ 「국가재정법」 제17조 제1항
④ 「국고금관리법」 제7조

12

정답 | ③

해설 | 엽관주의는 특권적인 정부관료제를 일반 대중에 공개함으로써 평등의 이념을 구현한다.

엽관주의의 장·단점

장점	• 특권적인 정부관료제를 일반 대중에 공개함으로써 평등의 이념 구현 • 정당에 대한 충성도 등을 임용기준으로 하여 정당의 대중화 및 정당정치의 발달에 공헌 • 국민의 요구에 대한 관료적 대응성을 향상 • 국민에 의해 선출된 정치지도자의 국정지도력을 강화시켜 선거공약이나 공공정책의 실현이 용이
단점	• 정당의 과두적 지배로 인한 정치적·행정적 부패 초래 • 정권 교체로 대규모 인력교체 시 행정의 계속성·안정성 등에 훼손 • 임용기준에 능력 외의 요인이 포함되어 행정의 비능률성을 야기 • 소속 정당 또는 집권자에 대한 충성으로 신분이 유지되므로 정치적 중립성 훼손

13

정답 | ④

해설 | 중앙행정기관의 보조기관은 이 법과 다른 법률에 특별한 규정이 있는 경우를 제외하고는 차관·차장·실장·국장 및 과장으로 한다. 다만, 실장·국장 및 과장의 명칭은 대통령령으로 정하는 바에 따라 본부장·단장·부장·팀장 등으로 달리 정할 수 있으며, 실장·국장 및 과장의 명칭을 달리 정한 보조기관은 이 법을 적용할 때 실장·국장 및 과장으로 본다(「정부조직법」 제2조 제3항).

14

정답 | ②

해설 | A.Schick는 '예산개혁의 단계'에서 예산의 행정관리적 기능으로 통제·관리·계획이라는 세 기능을 제시하였다.
① 윌다브스키(Wildavsky)
③ 머스그레이브(Musgrave)

15

정답 | ①

해설 | 신공공관리론은 관리가치에 대하여 결과에, 뉴거버넌스는 과정에 그 초점을 두고 있다.

신공공관리론과 뉴거버넌스의 차이

신공공관리론	구분	뉴거버넌스론
신자유주의	인식론	공동체주의
결과	관리가치	과정
고객	국민인식	주인
경쟁	작동원리	협력
민영화	서비스	공동생산
조직 내	분석수준	조직 간

16

정답 | ①

해설 | 특정한 중앙행정기관에 소속되어, 당해 관할구역 내에서 시행되는 소속 중앙행정기관의 권한에 속하는 행정사무를 관장하는 국가의 지방행정기관을 말한다(행정기관의 조직과 정원에 관한 통칙 제2조 제2호).

17

정답 | ③

해설 | 기관통합형은 권력통합의 원칙에 따라 의사결정 및 집행 기능을 모두 지방의회에 귀속시키는 형태로, 의원내각제를 채택한 국가에서 많이 나타나고 있다.

18

정답 | ④

해설 | 이는 계획예산제도(PPBS)에 대한 내용이다.

19

정답 | ④

해설 | 행정학의 접근방법들은 상호 배타적인 것이 아니라 상호 보완적으로 사용될 수 있다.

20

정답 | ④

해설 | 국고보조금은 반대급부를 요하지 않는 무상재원이다.

21

정답 | ④

해설 | 정치행정이원론에 따르더라도 자유재량 또는 정책결정의 범위가 확대되고 있는 현대 행정국가에서 행정과 정치의 완전한 분리는 불가능하다.

22

정답 | ②

해설 | 전통적으로 경제학에서는 시장에 결함이 있으면 정부가 개입하는 것을 정당하다고 여겨 왔으나, 공공선택이론은 모든 경제주체가 자신의 이익을 추구한다는 가정을 정부에 대입하여 이를 분석하였으며, 정부실패와 이를 피하기 위한 방안을 모색하였다.

23

정답 | ④

해설 | 문제는 공유재산의 비극 이론에 대한 내용으로, Hardin에 의하여 주장되었다.

① 본인과 대리인 간에 정보의 비대칭으로 말미암아 발생하는 문제에 대한 이론으로, Jensen과 Meckling에 의해 제기된 이론이다.

② 정치인과 관료, 이익집단 간에 형성되는, 강철과 같이 견고한 관계를 말한다.

③ 서로 협력할 경우 이익이 되는 상황에서 자신의 욕심으로 서로에게 불리한 선택을 하는 이론이다.

24

정답 | ③

해설 | 민주성은 수단적 가치이며, 나머지는 본질적 가치에 해당한다.

> • 본질적 가치(그 자체로 목적이 되는 가치) : 정의, 자유, 평등, 복지, 공익성, 형평성 등
> • 수단적 가치(본질적 가치를 실현케 하는 가치) : 합법성, 합리성, 효과성, 민주성, 능률성, 투명성 등

25

정답 | ④

해설 | 정책문제 자체가 잘못 정의된 경우는 제3종 오류에 해당한다.

① 제1종 오류
② 제1종 오류
③ 제2종 오류

제1종 오류 (알파)	• 잘못된 대안을 선택하는 오류 • 옳은 기무가설을 기각하는 오류 • 틀린 대립가설을 채택하는 오류
제2종 오류 (베타)	• 옳은 대안을 선택하지 않은 오류 • 틀린 귀무가설을 채택하는 오류 • 옳은 대립가설을 기각하는 오류
제3종 오류 (메타)	정책문제 자체가 잘못 정의된 경우

2021년
2020년
2019년
2018년
2017년
2016년
2015년
2014년
2013년
2012년
2011년
2010년
2009년
2008년
2007년

국방부(육·해·공군) 시행 필기시험(2014.07.05)

1	2	3	4	5	6	7	8	9	10
②	②	④	③	③	④	③	②	④	①

11	12	13	14	15	16	17	18	19	20
③	④	②	②	④	④	①	④	①	④

21	22	23	24	25					
③	③	③	②	②					

01

정답 | ②

해설 | 점증모형은 합리모형의 비현실성을 전적으로 거부하고, 현실적인 측면에서 정책의 실현 가능성을 중요시한다. 인간이 이성과 합리성에 기반하여 정책을 결정한다는 이론은 합리모형이다.

02

정답 | ②

해설 | 제1항의 공무원에는 국회·법원 및 헌법재판소에 소속한 공무원은 제외한다(「감사원법」 제24조 제3항).
① 감사원은 국가의 세입·세출의 결산검사를 하고, 이 법 및 다른 법률에서 정하는 회계를 상시 검사·감독하여 그 적정을 기하며, 행정기관 및 공무원의 직무를 감찰하여 행정 운영의 개선과 향상을 기한다(「감사원법」 제21조).
③ 「감사원법」 제2조 제1항
④ 헌법 제99조

03

정답 | ④

해설 | 예산은 예산총칙·세입세출예산·계속비·명시이월비 및 국고채무부담행위를 총칭한다(「국가재정법」 제19조).
① 헌법 제54조 제2항
② 헌법 제57조
③ 「국가재정법」 제51조 제1항

04

정답 | ③

해설 | 델파이기법은 해당 분야의 여러 전문가들의 의견을 종합하여 미래를 예측하는 기법으로, 주관적 미래예측기법에 해당한다. 더불어 브레인스토밍도 주관적 미래예측기법에 해당한다.

05

정답 | ③

해설 | 예산의 배정은 통제 방안에 해당한다. 예산집행의 신축성 확보 방안으로는 예비비, 계속비, 총액계상예산, 추가경정예산, 예산의 이용·전용, 이체, 이월 등이 있다.

06

정답 | ④

해설 | 타르 베이비는 Joel Chandler Harris의 소설 중 타르 인형에서 유래된 것으로, 토끼들이 검은 칠을 한 인형을 친구로 착각하여 모여드는 현상에서 비롯된 효과이다.
① 투기로 인하여 실제 생산경제와 신용경제 간 괴리가 생기는 현상을 말한다.
② 어떤 일이든 주어진 시간이 다할 때까지 늘어진다는 것으로, 거대조직의 비효율성을 나타낸다.
③ 조직 내에서 인간은 무능해질 때까지 승진한다는 것으로, 자신의 무능력이 드러날 때까지 승진한다고도 표현된다.

07

정답 | ③

해설 | 거래적 리더십은 변혁적 리더십과는 대비되는 개념이다. 변혁적 리더십은 리더가 조직구성원들에게 비전을 제시하고 영감을 주어 부하들로 하여금 태도와 가치관의 변화를 통해 성과를 이끌어내는 리더십이며, 거래적 리더십은 리더와 부하들 간의 타산적 이해관계에 초점을 맞추는 것을 강조한다.

08

정답 ┃ ②

해설 ┃ 이는 킹던(J. W. Kingdon)이 주장한 정책의 창 모형(the policy window)에 대한 내용이다. 쓰레기통 모형은 정책 결정이 일정한 규칙 없이 쓰레기통 안의 쓰레기처럼 뒤죽박죽 움직이다가 우연한 결정이 이루어진다고 한다.

09

정답 ┃ ④

해설 ┃ 주민감사청구가 가능한 주민 수 조정은 지방자치단체가 중앙정부의 승인 없이 독자적으로 조례를 통하여 행사할 수 있다.

① 「지방재정법」에 따라 지방자치단체의 장이 법에서 정한 경우 지방채를 발행하려면 지방의회의 의결을 얻어야 하며, 외채를 발행하려면 미리 행정안전부장관의 승인을 받아야 한다.

> **「지방재정법」 제11조(지방채의 발행)**
> ① 지방자치단체의 장은 다음 각 호를 위한 자금 조달에 필요할 때에는 지방채를 발행할 수 있다. 다만, 제5호 및 제6호는 교육감이 발행하는 경우에 한한다.
> 1. 공유재산의 조성 등 소관 재정투자사업과 그에 직접적으로 수반되는 경비의 충당
> 2. 재해예방 및 복구사업
> 3. 천재지변으로 발생한 예측할 수 없었던 세입결함의 보전
> 4. 지방채의 차환
> 5. 「지방교육재정교부금법」 제9조제3항에 따른 교부금 차액의 보전
> 6. 명예퇴직(「교육공무원법」 제36조 및 「사립학교법」 제60조의3에 따른 명예퇴직을 말한다. 이하 같다) 신청자가 직전 3개 연도 평균 명예퇴직자의 100분의 120을 초과하는 경우 추가로 발생하는 명예퇴직 비용의 충당
> ② 지방자치단체의 장은 제1항에 따라 지방채를 발행하려면 재정 상황 및 채무 규모 등을 고려하여 대통령령으로 정하는 지방채 발행 한도액의 범위에서 지방의회의 의결을 얻어야 한다. 다만, 지방채 발행 한도액 범위더라도 외채를 발행하는 경우에는 지방의회의 의결을 거치기 전에 행정안전부장관의 승인을 받아야 한다.
> ③ 지방자치단체의 장은 제2항에도 불구하고 행정안전부장관의 승인을 받은 경우에는 그 승인받은 범위에서 지방의회의 의결을 얻어 제2항에 따른 지방채 발행 한도액의 범위를 초과하여 지방채를 발행할 수 있다.

② 조세의 종목과 세율은 법률로 정한다(헌법 제59조).

③ 지방자치단체의 명칭과 구역은 종전과 같이 하고, 명칭과 구역을 바꾸거나 지방자치단체를 폐지하거나 설치하거나 나누거나 합칠 때에는 법률로 정한다(「지방자치법」 제4조 제1항).

10

정답 ┃ ①

해설 ┃ 행정부지사와 도교육청 부교육감은 국가공무원(고위공무원단)이다.

ㄴ. 정무부지사 – 별정직 1급 상당 지방공무원 또는 지방관리관

ㄷ. 시·군·자치구의 부단체장인 부시장·부군수·부구청장 – 일반직 지방공무원

ㅁ. 지방의회 부의장 – 지방공무원

11

정답 ┃ ③

해설 ┃ 재분배정책은 계급 대립적 성격을 갖기 때문에 정치적 갈등 수준이 가장 높다.

12

정답 ┃ ④

해설 ┃ 행정은 여러 사적인 단체나 개인 등과의 긴밀한 협력과 상호작용 속에서 이루어진다.

13

정답 ┃ ②

해설 ┃ 다면평가의 단점으로, 평가자마다 평가 기준이 다르기 때문에 형평성이 떨어질 수 있다는 것을 들 수 있다. 또한 능력보다는 인간관계에서의 인기가 많은 사람이 더 좋은 평가 결과를 받게 되는 인기투표로 변질될 가능성이 있으며, 담합으로 인한 평가의 왜곡 발생 가능성 및 평가자의 익명성 보장의 어려움 등이 그 한계이다.

14

정답 ┃ ②

해설 ┃ 만약 가외성에만 집착하면 낭비가 될 것이며, 능률성에만 집착하면 실패 가능성이 높아진다. 따라서 가외성과 능률성은 적절히 조화되어야 한다.

15

정답 | ④

해설 | 전략적 기획은 참여적으로 수립되며, 전문가에 의하여 수립되는 것은 전통적 기획에 해당한다. 전략적 기획은 조직 전체의 적극적인 참여를 필요로 하기 때문에 다양한 이해관계를 조직의 전략에 반영할 수 있게 된다.

16

정답 | ④

해설 | 보수 상승을 위하여 승진에 집착하는 경향은 계급제에서 나타나는 현상이다. 직위분류제에서의 보수는 동일직무 동일보수를 그 내용으로 한다.

계급제와 직위분류제의 비교

계급제	구분	직위분류제
계급	분류단위	직위
폐쇄형	충원체계	개방형
강함	신분보장	약함
광범위 · 신축적	인사이동	제한적 · 경직적
장애	행정의 전문화	기여
낮음	직무수행 형평성	높음
동일계급 동일보수	보수	동일직무 동일보수
영국, 일본	채택국가	미국, 캐나다

17

정답 | ①

해설 | 내부고발자 보호제도는 「공직자윤리법」이 아닌 「부패방지 및 국민권익위원회의 설치와 운영에 관한 법률」에서 규정하고 있다.

② 옳은 내용이다.

> **「공직자윤리법」 제4조(등록대상재산)**
> ① 등록의무자가 등록할 재산은 다음 각 호의 어느 하나에 해당하는 사람의 재산(소유 명의와 관계없이 사실상 소유하는 재산, 비영리법인에 출연한 재산과 외국에 있는 재산을 포함한다. 이하 같다)으로 한다.
> 1. 본인
> 2. 배우자(사실상의 혼인관계에 있는 사람을 포함한다. 이하 같다)
> 3. 본인의 직계존속 · 직계비속. 다만, 혼인한 직계비속인 여성과 외증조부모, 외조부모, 외손자녀 및 외증손자녀는 제외한다.

③ 「국가공무원법」 제61조(청렴의 의무)
④ 「공무원임용령」 제58조

18

정답 | ④

해설 | 지식정보사회에서는 수평적인 네트워크 구조에 따라 조직의 협력이 강하게 요구되며, 개인의 역량도 고려해야 할 중요한 요소이다.

19

정답 | ①

해설 | 예산제도는 품목별 예산제도(LIBS) → 성과주의 예산제도(PBS) → 계획 예산제도(PPBS) → 영기준 예산제도(ZBB) → 신성과주의 예산제도(NPBS)의 순서로 변화하였다.

20

정답 | ④

해설 | 공무원의 출석요구권은 지방의회의 권한 중 감시권에 해당한다.

> • 의결권 : 조래의 제 · 개정 및 폐지, 예산의 심의 · 확정, 결산의 승인 등
> • 감시권 : 행정사무감사권, 행정사무조사권 등
> • 자율권 : 의회내부조직권, 회의의 비공개 결정, 의원에 대한 징계권, 국회의장 · 부의장에 대한 불신임권, 의회 내 질서유지권 등
> • 표명권 : 특정 사안에 대한 지방의회의 의견표명 등
> • 선거권 : 의회 의장단 선거, 임시의장 선출, 의장단 선거 등

21

정답 | ③

해설 | 연고성의 원칙은 해당되지 않으며, 이 외에 습숙성의 원칙이 있다.

> • 근시성의 원칙 : 새로운 경력은 오래된 경력보다 가치가 있다.
> • 친근성의 원칙 : 유사한 업무의 경력 · 학력을 중시하여야 한다.
> • 발전성의 원칙 : 학력 · 경력을 토대로 발전 가능성을 판단하여야 한다.
> • 습숙성의 원칙 : 상위직급의 경력을 중시하여야 한다.

22

정답 | ③

해설 | 기획재정부장관은 예산요구서에 따라 예산안을 편성하여 국무회의의 심의를 거친 후 대통령의 승인을 얻어야 한다 (「국가재정법」 제32조).
① 「국가재정법」 제41조
② 「국가재정법」 제56조
④ 「국가재정법」 제45조

23

정답 | ③

해설 | 네트워크 조직은 권한과 책임 소재가 불명확하다는 단점이 있다. 그밖에 수평적으로 연계된 조직이므로 조직 자체의 정체성이 저해될 수 있으며, 어느 한 조직의 실패가 네트워크 내의 다른 조직에도 영향을 미칠 수 있다. 또한 조직 간의 신뢰를 바탕으로 하므로, 신뢰가 무너지게 되면 조직의 운영이 불가능하게 된다.

24

정답 | ②

해설 | 민간위탁을 하게 되면 민간업체의 영리추구성으로 인하여 행정의 책임성을 담보할 수 없게 된다. 또한 형평성·공공성이 저해되며, 파업 등으로 인한 공공서비스 공급의 중단 가능성도 배제할 수 없고, 역대리인 문제가 야기될 수 있다.

> **민간화의 긍정적 효과**
> • 정부행정기구의 효율화에 따른 재정적 부담 감소
> • 공공서비스의 질과 서비스 공급의 융통성·효율성 제고
> • 고객의 요구에 대한 대응성 제고
> • 민간 참여 기회의 확대와 민간 부문의 활성화
> • 지역주민의 요구와 지역 특성에 부합하는 사업 추진 가능

25

정답 | ②

해설 | 미국 행정학은 엽관주의의 폐해를 타파하기 위하여 시작되었다. 정실주의의 비효율을 제거하기 위해 시작된 것은 영국의 행정학에 해당한다.

국방부(육 · 해 · 공군) 시행 필기시험(2013.06.29)

1	2	3	4	5	6	7	8	9	10
③	②	①	③	①	①	②	①	①	③
11	12	13	14	15	16	17	18	19	20
③	③	①	①	②	②	①	④	②	④
21	22	23	24	25					
①	①	③	④	④					

01

정답 | ③

해설 | 목표 달성을 위한 수단성, 관료제적 성격 및 구조, 관리 · 기술적 성향, 합리적 의사결정방식, 협동행위 등은 행정과 경영의 유사점이다.

행정과 경영의 차이

구분	행정	경영
목적	공익, 질서유지 등 다원적 목적	이윤 극대화라는 일원적 목적
주체	국가 또는 공공기관	기업
대상	전 국민	표적 집단(고객)
정치적 성격	강함	상대적으로 약함
법적 규제	경영보다 엄격한 법적 규제	상대적으로 약함
평등성	모든 국민은 법 앞에 평등함	고객 간 차별대우가 용이함
능률의 척도	사회적 능률	기계적 능률
활동 긴급성	있음	없음(혹은 약함)
법적 제약	엄격한 규제	상대적으로 자유로움
집행의 강제성	강제성 존재	강제성 부재
기대 수준	높음	낮음
독점성	독점적, 비경쟁적, 비능률적	비독점적, 경쟁적, 능률적
기타 성격	공개적, 평등적, 획일적, 타율적	비밀적, 비평등적, 자율적

02

정답 | ②

해설 | 「주민투표법」 제13조(주민투표의 발의)에서 '지방자치단체의 장은 지방의회 혹은 주민에 의한 주민투표의 청구가 이뤄진 경우 및 지방자치단체의 장이 직권으로 상정하는 경우 지체 없이 그 요지를 공표하고 관할선거관리위원회에 통지하여야 한다'고 규정하고 있다. 즉, 주민투표의 발의는 지방자치단체의 장에 의해 이루어진다.

① 「주민투표법」 제5조 1항 2호에 따르면 출입국관리 관계 법령에 따라 대한민국에 계속 거주할 수 있는 자격을 갖춘 외국인으로서 지방자치단체의 조례로 정한 사람은 주민투표권이 있다. 여기서 '거주할 수 있는 자격'은 체류자격변경허가 또는 체류기간연장허가를 통해 계속 거주할 수 있는 경우를 포함한다.

③ 「주민투표법」 제24조 1항 1호에 따라 전체 투표수가 주민투표권자 총수의 3분의 1에 미달되는 경우 개표를 하지 않는다.

④ 「주민투표법」 제21조 2항 1호에 따라 주민투표권이 없는 자는 투표운동을 할 수 없다.

03

정답 | ①

해설 | 1992년 청주시에서 우리나라 최초의 정보공개조례가 제정되었고, 이후 1996년 국가 차원의 「공공기관의 정보공개에 관한 법률」이 제정되었다.

② 외국인은 국내에 일정한 주소를 두고 거주하거나 학술 · 연구를 위하여 일시적으로 체류하는 경우, 혹은 국내에 사무소를 두고 있는 법인 또는 단체인 경우 정보공개제도를 이용할 수 있다.

③ 국회, 법원, 헌법재판소의 정보는 원칙적으로 공개청구의 대상이다. 단, 규칙이 비공개로 정하고 있는 경우에는 공개청구의 대상이 되지 않는다.

④ 공개청구가 있다고 반드시 공개하는 것이 아니라, 청구를 받은 날로부터 10일 이내에 공개 여부를 심의 · 결정하여야 한다.

2021년 2020년 2019년 2018년 2017년 2016년 2015년 2014년 2013년 2012년 2011년 2010년 2009년 2008년 2007년

04

정답 | ③

해설 | ㄱ. 고객정치에 해당한다. 고객정치 상황에서 소수의 수혜집단은 대단히 빠르게 정치조직화되며, 편익을 제도적으로 보장하기 위한 압력을 행사한다. 이로 인해 해당 사업에 대한 신규사업자의 진입이 제한된다.

ㄹ. 기업가적 정치에서 규제의 수혜자들은 '집단행동의 딜레마'로 인해 조직화되지 못하고 적극적 지지에 한계를 보인다.

> **집단행동의 딜레마**
> 집단 또는 잠재적 집단이 공통의 이해관계가 있는 문제를 스스로 해결하지 못하는 상황. 이는 공공재의 생산 및 공급을 위해 스스로 시간이나 노력, 비용 등을 투입하지 않으려 하는 일부 구성원의 '무임승차' 경향 때문에 나타난다.

05

정답 | ①

해설 | 행태주의는 정치와 행정현장에서 어디에도 적용 가능한 일반 법칙을 추구하였으며, 따라서 개별 국가의 특수성을 중시하지 않는 경향을 보였다.

06

정답 | ①

해설 | 감축관리를 추진할 때에는 '영기준 평가제도(Zero-Based Budgeting)'가 더 적합하다. 영기준 평가제도란 모든 예산에 대해서 과거의 관행을 전혀 고려하지 않고 백지 상태, 즉 0의 기준에서 평가를 하여 예산을 편성하는 제도를 말한다. 이를 통해 자원의 능률적 배분과 예산 절감의 효과를 얻을 수 있어 감축관리의 추진에 활용도가 높다.

② 계획예산제도는 장기적인 계획을 세우고(Planning), 목표 달성을 위해 사업을 구조화하고(Programming), 이에 따라 예산을 편성하는(Budgeting) 과정을 거친다.

③ 품목별예산제도는 지출 항목의 파악은 쉬우나, 해당 지출의 이유 등 세부 정보에 대해서는 알기 어렵다.

④ 성과주의예산제도는 성과를 기능·사업·활동별로 구분하여 예산을 책정·배분한다.

07

정답 | ②

해설 | 보호적 규제정책의 경우 소수의 피해집단이 적극적인 반대활동을 전개하는 경향을 보인다. 다수의 수혜집단은 '무임승차 현상'으로 인해 적극적인 지지활동을 전개하는 데 한계를 보인다.

로위의 정책분류

구분	내용
분배정책	• 정부가 적극적으로 재화나 서비스를 공급하는 정책 • 정책의 내용이 하위 세부단위로 분해되고, 다른 단위와 개별적·독립적으로 처리됨 • 비용부담자는 자신이 누구를 위해, 얼마나 비용을 부담하는지 인지하지 못함 • 갈등이나 타협보다는 상호 불간섭 혹은 상호 수용으로 특정됨
규제정책	• 개인이나 일부 집단에 대해 재산권의 행사, 행동의 자유 등을 구속·억제하여 반사적으로 다른 사람들을 보호하려는 목적을 지닌 정책 • 기업 간의 불공정 경쟁 혹은 과대광고 등의 통제 • 정책 결정 시 이득을 보는 자와 피해를 보는 자를 선택 • 반드시 국민의 대표기관인 국회의 의결이 필요
재분배정책	• 고소득층으로부터 저소득층으로의 소득 이전을 목적으로 하는 정책 • 평등한 대우가 아닌 평등한 소유를 목적으로 함 • 소득의 실질적 변경이 일어나므로 계급대립적 성격을 띠며 정치적 갈등의 수준이 높음 • 결정 과정에서 이념적 성격이 강하게 드러남
구성정책	• 헌정 수행에 필요한 운영 규칙에 관련된 정책 • 구성정책의 결정에는 정당의 영향력이 매우 큼 • 선거구 조정, 정부의 새로운 기구 및 조직 설립, 공직자의 보수 및 퇴직 연금 정책 등

08

정답 | ①

해설 | 무의사결정이란 정책의제의 설정에서 지배엘리트의 이해관계와 일치하는 사회문제만을 정책의제로 설정하도록 하기 위해 이러한 가치나 이익에 대한 잠재적인 도전을 폭력 또는 편견을 동원해 억압·방해하는 것을 말한다. 무의사결정은 정책의제 설정 단계에서 주로 발생하지만, 정책결정이나 정책집행 과정에서 나타나기도 한다.

09

정답 | ①

해설 | 예산의 배정·재배정은 재정을 통제하기 위한 제도에 해당한다.

예산집행의 통제와 신축성

재정 통제 장치	신축성 유지 장치
예산의 배정·재배정, 회계기록 및 보고제도, 정원 및 보수 통제, 계약(지출원 인행위) 통제, 예비타당성 조사, 총사업비 관리제도	예산의 이용·전용, 예산의 이체, 예산의 이월, 예비비, 계속비, 국고채무부담행위, 수입대체경비, 총액계상예산제도, 추가경정예산, 수입·지출의 특례, 신축적 예산배정제도, 대통령의 재정·경제상 긴급명령권

10

정답 | ③

해설 | 정부기업형은 정부조직법에 의해 설립되는 공기업으로 일반행정기관(정부기관)에 적용되는 조직, 인사, 예산에 관한 규정을 적용받는다.

① 공사형 공기업은 특별법에 의해 설립된 정부 소유의 기업이며, 전액 정부가 출자하여 설립된다.

② 주식회사형 공기업은 정부가 주식의 일부를 소유한 혼합 형태의 공기업이며, 출자한 지분만큼의 권한과 책임을 갖는다.

④ 공기업은 국가 기관이 수행하는 사업 중 기업적 성격을 지니는 사업을 수행하기 위한 기업이며, 따라서 공공성의 원칙 실현을 위한 '통제'와 기업성의 원칙 실현을 위한 '자율'의 조화가 적절히 이루어져야 한다.

11

정답 | ②

해설 | 립스키의 일선관료제 이론에서 일선관료란 업무의 수행 과정에서 시민과 직접적으로 접촉하며 업무수행상 상당한 재량을 보유하는 공무원을 말한다. 즉, 일선관료제 이론은 정책의 대상과 직접 접촉하고 정책을 전달하는 공무원(=일선공무원)의 업무 환경과 이들이 정책집행에 미치는 영향에 대해 논의한 이론으로, 정책집행 단계에서의 관료의 역할을 강조한 이론이다.

일선관료제의 특징

- **사람 처리적 업무** : 관료제의 업무 대부분이 서면 처리인 반면, 일선관료는 서면 처리보다는 사람에 대한 업무 처리를 주된 임무로 삼는다. 이러한 대상 집단과의 상호작용은 다음과 같은 특징을 보인다.
  - 고객과의 접촉은 많은 시간을 소요하며, 따라서 일선관료들은 면담시간을 통제하려 한다.
  - 고객과의 상호작용은 시간이 소요되며 내용이 존재한다.
  - 고객과의 상호작용은 예측 불가능한 사항이 많다.
- **고객의 범주화** : 일선관료는 고객을 범주화하여 차별적으로 다룬다. 이때 범주화는 일선관료의 재량이 작용하는 경우도 많다.
- **재량권** : 일선관료는 많은 재량권을 행사하며, 이러한 재량을 줄이지 못하는 이유는 다음과 같다.
  - 업무 수행 환경이 복잡하여 엄격한 규칙대로 업무를 수행할 수 없는 경우가 많다.
  - 상황의 인간적 측면에 대응해야 하므로 재량권을 행사할 수밖에 없다.
  - 일선관료들의 재량권은 그들의 자부심을 높이며, 대상 집단으로 하여금 일선관료가 그들의 복지에 큰 영향을 미친다고 여기게 한다.
- **과중한 업무** : 일선관료는 부족한 인력과 예산 등으로 업무량이 과중할 수밖에 없으며, 이는 필연적으로 서비스의 질적 저하를 초래한다.

12

정답 | ③

해설 | 헤일로 효과는 본래 인물이나 사물 등 대상을 평가하면서 그 대상의 특질이 다른 면의 특질에까지 영향을 미치는 것을 말한다. 포장이 세련된 상품을 고급품으로 인식하거나, 근무평정의 산정에서 성격이 차분한 직원에게 업무수행능력의 정확성 면에서 높은 평점을 주는 등의 경우를 예로 들 수 있다.

① 상동적 오류이다. 근무평정 시 선입견이나 인상 등의 선입견이 모든 평정 요소에 영향을 미치는 것을 말한다.

② 시간적 근접오류이다. 평가 시점과 가까운 시점에 일어난 사건이 평가에 영향을 미치게 되는 오류를 의미한다.

④ 집중화의 오류이다. 평정자가 모든 피평정자들에게 대부분 중간 수준의 점수를 주는 심리적 경향에 의한 오류이며, 이를 피하기 위해 강제배분법 등을 적용할 수 있다.

2021년
2020년
2019년
2018년
2017년
2016년
2015년
2014년
2013년
2012년
2011년
2010년
2009년
2008년
2007년

13

정답 | ②

해설 | 행정목표의 달성도를 의미하는 것은 효율성이 아닌 효과성이다. 즉, 효과성이 목적적이고 기능적인 이념이며, 효율성은 수단적이고 과정적인 이념이다.

행정이념

구분	내용
합법성	• 행정 행위 및 과적이 법률적합성을 지녀야 한다는 이념 • 법치주의 원리에 바탕을 둠
효율성 (능률성)	• 행정은 최소의 투입으로 최대의 산출을 얻어야 한다는 이념 • 기계적 능률성 : 기계적 · 물리적 · 금전적 측면에서 파악한 능률성 • 사회적 능률성 : 행정의 사회 목적 실현, 다원적 이익 간 통합 조정 등 → 민주성
민주성	• 행정은 국민의 의사를 반영하여야 하고 국민을 위해 수행하여야 한다는 이념 • 정치적 민주주의와 조직내성 민주성으로 구분 • 행정과정의 민주화, 행정기구의 민주화, 행정통제의 강화, 행정구제제도의 확립, 행정윤리의 확립
효과성	• 행정이 내건 목표의 달성도 • 투입과 산출의 비율이 아닌 목표의 성취도만을 따진다는 점에서 능률성과 구별
중립성	• 주로 공무원의 정치적 중립을 의미 • 행정은 특정 정당이나 정치인을 지원해서도 안 되며, 선거운동에 개입해서도 안 됨
사회적 형평성	• 동등한 자를 동등하게, 동등하지 않은 자를 동등하지 않게 취급하는 것 • 정치적 · 경제적으로 소외되어 온 소수집단에 대한 무관심을 극복하기 위한 이념 • 신행정론의 등장과 더불어 강조된 이념

14

정답 | ①

해설 | 민간화된 조직은 영리 추구를 우선하므로 해당 조직에서 서비스 제공에 대한 공공성 및 형평성, 책임성이 저해될 수 있다.

> **민간화의 긍정적 효과**
> • 정부행정기구의 효율화에 따른 재정적 부담 감소
> • 공공서비스의 질과 서비스 공급의 융통성 · 효율성 제고
> • 고객의 요구에 대한 대응성 제고
> • 민간 참여 기회의 확대와 민간 부문의 활성화
> • 지역주민의 요구와 지역 특성에 부합하는 사업 추진 가능

15

정답 | ②

해설 | 예산은 예산총칙 → 세입세출예산 → 계속비 → 명시이월비 → 국고채무부담행위 순으로 구성된다.
• 예산총칙 : 예산 전반에 걸쳐 적용되는 총괄적인 규정으로 일반회계와 특별회계별 예산총액, 국채, 차입금 발행한도, 비목 상호 간의 이용 허용 범위 등이 포함된다.
• 세입세출예산 : 예산의 핵심 내용으로 회계연도 내 모든 수입과 지출 예정액이 소관별 · 회계별로 구체적으로 표시된다.
• 계속비 : 완성에 수년이 걸리는 대형 투자 사업의 총사업비, 연간 투자예정액 등을 일괄하여 국회의 의결을 받아 행정부가 수년에 걸쳐 지출할 수 있는 사항이다. '회계연도 독립의 원칙'의 예외가 된다.
• 명시이월비 : 당해 회계연도 내에 지출하지 못할 것이 예측되는 경우 그 사유를 예산에 명시하여 미리 국회의 승인을 얻은 후 다음 연도에 이월하여 사용할 수 있도록 하는 항목이다.
• 국고채무부담행위 : 법률에 의한 것, 세출예산금액, 계속비 총액 범위 내의 것 외에 국가가 부담하는 채무 항목이다. 사항마다 사유를 명백히 표기하고 미리 국회의 의결을 얻어야 한다.

16

정답 | ②

해설 | 시장 · 교환적 접근법에서는 정치 · 경제 엘리트 간의 이권 개입이나 야합 등에 의한 공직 타락을 부패의 원인으로 본다.

공무원 부패의 접근 방법

구분	내용
도덕적 접근법	• 공무원 부패를 개인 행동의 결과로 본다. • 개인의 성격 및 독특한 습성과 윤리 문제가 부패 행태와 밀접한 관련이 있다고 본다.
시장 · 교환적 접근법	• 부패란 지위를 이용하여 특수한 이득을 추구하는 시장 교환 관계적 행위로 본다. • 정치 · 경제 엘리트 간의 이권 개입이나 야합 등에 의한 공직 타락을 부패의 원인으로 본다.
사회문화적 접근법	특정한 지배적 관습, 경험적 습성과 같은 것이 부패를 조장한다고 본다.
제도적 접근법	사회의 법과 제도상의 결함, 이러한 것들에 대한 관리기구 및 운영상의 문제 등이 부정부패의 원인으로 작용한다고 본다.
권력관계 접근법	• 부패란 권력의 남용이나 오용에서 유발된다고 본다. • 사회 내의 권력관계가 부패의 원인이며, 정치인이나 관료가 주어진 권력을 이용해 사익을 추구하는 것이 대표적인 예이다.

체제론적 접근법		• 부패란 어느 하나의 변수에 의해 설명되는 것이 아니라 다양한 요인에 의해 복합적으로 나타나는 것이라고 본다. • 공무원 부패는 부분적인 대응으로 억제하기 어려운 문제이다.

17

정답 | ①

해설 | '예산총계주의'는 헌법이 아닌 「국가재정법」 제17조에 규정된 사항이다. 예산총계주의는 '한 회계연도의 모든 수입을 세입으로 하고, 모든 지출을 세출로 한다'는 내용이다.

② 헌법 제56조 정부는 예산에 변경을 가할 필요가 있을 때에는 추가경정예산을 편성하여 국회에 제출할 수 있다.

③ 헌법 제55조 제1항 한 회계연도를 넘어 계속하여 지출할 필요가 있을 때에는 정부는 연한을 정하여 계속비로서 국회의 의결을 얻어야 한다.

④ 헌법 제55조 제2항 예비비는 총액으로 국회의 의결을 얻어야 한다. 예비비의 지출은 차기국회의 승인을 얻어야 한다.

18

정답 | ④

해설 | 동원모형의 과정은 '사회문제 → 정부의제 → 공중의제'의 순으로 진행된다. 사회문제 → 공중의제 → 정부의제 순으로 진행되는 것은 외부주도형이다.

19

정답 | ②

해설 | 아이오와 대학 모델, 오하이오 대학 모델, 미시간 대학 모델 등은 리더십의 특성이론이 아닌 행태이론을 연구한 모델이다. 행태이론은 지도자가 효과적으로 리더십을 발휘하는 행태가 무엇인지를 밝히는 이론이다.

리더십 이론

구분	내용
특성이론	• 효과적인 리더의 속성을 신체적, 성격적, 사회적 특성, 개인 능력에서 찾음 • 리더와 리더가 아닌 사람을 비교하여 리더의 공통 특성을 찾는 데 주력

행태이론	오하이오 대학 모델	리더십 스타일을 배려와 구조 중심의 두 가지 차원으로 분류
	미시간 대학 모델	리더십 스타일을 과업지향, 관계지향, 참여형의 세 가지 유형으로 분류
	관리격자 이론	• 생산에 대한 관심과 인간에 대한 관심을 두 축으로 하여 9등급으로 나눈 격자에 따라 리더십 스타일의 정도를 표시 • 주요 스타일로 무관심형, 과업형, 컨트리클럽형, 중간형, 팀형 등을 제시
상황이론	피들러 상황이론	• 리더십을 발휘하게 하는 상황 변수를 리더와 구성원 간의 관계, 과업의 구조, 직위권력 세 가지로 분류하여 제시 • 세 가지 상황변수가 결합하여 리더십을 발휘하는 상황을 8가지로 분류
	허쉬&브랜차드 상황이론	• 리더십 수명주기이론이라고도 불림 • 리더십 스타일을 과업지향과 관계지향의 두 축으로 구분 • 리더십 상황은 구성원의 성숙도에 따라 네 가지로 구분
	수직쌍관 이론	• 리더와 구성원 간 관계 속에서 어떤 리더십 스타일이 효과적인지를 탐구 • 구성원과 리더가 갖는 관계를 내집단 그룹과 외집단 그룹으로 분류

20

정답 | ④

해설 | ① 맥그리거의 X·Y 인간관은 매슬로우의 욕구단계이론을 바탕으로 한다.

② 브룸의 동기기대이론은 동기부여이론 중 행동의 방향 설명에 초점을 맞춘 과정이론에 해당한다.

③ 허즈버그의 2요인이론(동기·위생이론)에서는 동기요인과 위생요인을 이원화하여 별개의 것으로 보았다. 이에 따르면 동기 유발은 동기요인이 충족될 때 일어나며 위생요인의 충족은 불만을 줄여주는 소극적 효과만을 일으킨다.

21

정답 | ①

해설 | ㄴ. 교육청은 교육부장관 소속의 행정기관이 아닌 각 지방 교육감 소속의 행정기관이다.

ㄹ. 식품의약품안전처는 국무총리 직속의 행정기관이다.

※ 중소기업청은 2017년 7월 26일 중소벤처기업부로 승격, 독립되었다.

22

정답 | ①

해설 | 지방양여금은 2005년에 폐지되었고, 증액교부금은 지방
교육재정교부금에 포함되어 있다가 2004년 개정을 통해
보통교부금으로 흡수·통합되어 폐지되었다.

② 주민소송제는 2006년, 주민소환제는 2007년부터 시
행되었다.

③ 지방교부세 법정교부율은 2000년, 지방교육재정교부
금은 2004년에 인상되었다.

④ 분권교부세와 부동산교부세는 2005년에 신설되었다.

23

정답 | ③

해설 | 주관식 시험과 객관식 시험 중 객관도가 더 높은 것은 객
관식 시험이다.

타당도, 신뢰도, 객관도, 실용도

구분	내용
타당도	평가하고자 하는 것을 얼마나 충실하게 평가하였느냐의 정도, 즉 '측정해야 할 것을 측정하였는가'를 평가하는 척도이다.
신뢰도	대상을 얼마나 정확히 평가하고 있느냐의 정도. 동일한 시험을 시간차를 두고 두 번 시행하여 두 점수 간 차가 적을수록 신뢰도가 높은 시험이 된다.
객관도	검사가 검사자 혹은 채점자 등의 주관적 편견 없이 얼마나 객관적이고 공정하게 이루어졌는가를 측정하는 척도이다. 객관식 평가의 객관도는 당연히 높으며, 주관식인 경우 명확한 평가 기준을 제시하여 객관도를 높일 수 있다.
실용도	평가에 있어 경비, 시간, 노력을 얼마나 적게 들여 목적을 달성할 수 있느냐의 정도이다.

24

정답 | ④

해설 | 법 제27조(주민자치회의 설치)에 따라 풀뿌리 자치의 활성
화와 민주적 참여의식 고양을 위하여 읍·면·동에 해당
행정구역의 주민으로 구성되는 주민자치회를 둘 수 있다.

③ 법 제29조(주민자치회의 구성 등) 1항에 따르면 주민
자치회의 위원은 조례로 정하는 바에 따라 지방자치단
체의 장이 위촉한다.

①, ② 법 제19조(과소 구의 통합)에 따라 특별시 및 광역
시는 지방자치단체로서 존치하되, 특별시 및 광역
시의 관할구역 안에 두고 있는 구 중에서 인구 또
는 면적이 과소한 구는 적정 규모로 통합한다.

25

정답 | ④

해설 | 특별지방행정기관은 국가의 사무 집행을 위해 중앙부처
에서 설치한 일선집행기관으로, 통일성이 요구되는 업무
나 전문성이 높아야 하는 업무를 수행하는 데 유리하고
신속한 업무 처리와 통일적인 행정 수행을 통한 사무효율
성 제고의 효과가 있다. 그러나 주민의 직접 통제가 어려
워 민주성이 낮아지고 지방행정의 현지성을 약화시킨다
는 것이 단점으로 지적된다.

국방부(육 · 해 · 공군) 시행 필기시험(2012.06.30)

1	2	3	4	5	6	7	8	9	10
③	④	②	①	①	②	④	②	②	②

11	12	13	14	15	16	17	18	19	20
③	④	②	④	①	①	①	②	③	④

21	22	23	24	25					
④	④	①	①	②					

01

정답 | ③

해설 | 법규 중심의 융통성 없는 인사는 행정의 경직성을 초래할 수 있는 요인이기는 하지만, 행정권 오용으로 볼 수는 없다.

> **행정권 오용의 유형(Nigro, 1980)**
> • 부정행위 : 영수증의 허위 작성, 공금횡령 등
> • 비윤리적 행위 : 특정 집단에 대한 후원 행위 혹은 이득을 주기 위한 행위
> • 법규의 경시 : 법규를 무시하거나 자신의 행위를 정당화하기 위한 방향으로 법규를 해석
> • 불공정한 인사 : 능력과 성과를 무시하고 편파적인 인사를 시행
> • 입법의도의 편향된 해석 : 합법적 테두리 내에서 특정 집단의 이익을 옹호하는 것
> • 실책의 은폐 : 선별적인 정보 배포를 통해 자신의 실책을 은폐
> • 무사안일주의 : 재량권을 행사하거나 의무를 행하지 않고 적극적인 자세를 취하지 않는 직무유기
> • 무능과 무소신 : 맡은 업무에 대한 전문지식이나 능력의 부족

02

정답 | ④

해설 | 매트릭스 조직은 기능구조와 사업구조를 이중적으로 결합함으로써 이원적인 권한체계를 갖는 조직으로, 기능부서의 통제권한 계층은 수직적, 사업부서 간 조정권한 계층은 수평적이다. 이러한 이중적 구조로 인해 의사결정의 신속성을 확보하는 것이 어렵다.

03

정답 | ②

해설 | 법과 제도의 결함이 부패의 원인으로 작용한다고 보는 것은 체제론적 접근법이 아닌 제도적 접근법이다.

공무원 부패의 접근 방법

구분	내용
도덕적 접근법	• 공무원 부패를 개인 행동의 결과로 본다. • 개인의 성격 및 독특한 습성과 윤리 문제가 부패 행태와 밀접한 관련이 있다고 본다.
시장 · 교환적 접근법	• 부패란 지위를 이용하여 특수한 이득을 추구하는 시장 교환 관계적 행위로 본다. • 정치 · 경제 엘리트 간의 이권 개입이나 야합 등에 의한 공직 타락을 부패의 원인으로 본다.
사회문화적 접근법	특정한 지배적 관습, 경험적 습성과 같은 것이 부패를 조장한다고 본다.
제도적 접근법	사회의 법과 제도상의 결함, 이러한 것들에 대한 관리기구 및 운영상의 문제 등이 부정부패의 원인으로 작용한다고 본다.
권력관계 접근법	• 부패란 권력의 남용이나 오용에서 유발된다고 본다. • 사회 내의 권력관계가 부패의 원인이며, 정치인이나 관료가 주어진 권력을 이용해 사익을 추구하는 것이 대표적인 예이다.
체제론적 접근법	• 부패란 어느 하나의 변수에 의해 설명되는 것이 아니라 다양한 요인에 의해 복합적으로 나타나는 것이라고 본다. • 공무원 부패는 부분적인 대응으로 억제하기 어려운 문제이다.

04

정답 | ①

해설 | 가예산은 회개연도 개시일까지 본예산이 국회에서 통과되지 못했을 경우 국정상의 지장을 막기 위해 예산이 확정될 때까지 잠정 조치로 실행되는 예산을 말한다. 우리나라의 경우 제1공화국(1948~1960) 시기에 채택되었으나 현재는 사용되지 않고 있으며, 현재는 준예산 제도만을 채택하고 있다.

※ 준예산 : 회계연도 개시 전까지 예산이 의결되지 못한 경우 일정 범위 내에서 전 회계연도 예산에 준하여 집행하는 잠정적인 예산

② 지방정부에서 시행되고 있다.

③, ④ 중앙정부에서 시행되고 있다.

05

정답 | ①

해설 | 정책분석은 대안의 결과 및 장단점을 예측하고 이를 비교하여 정책결정자들이 더 나은 판단을 할 수 있도록 하는 과정이다. 따라서 내용적 측면을 대상으로 한다.

정책분석과 정책평가 비교

구분	정책분석	정책평가
시기	정책 결정 과정 시 (사전적)	정책 결정 과정 이후 (사후적)
목적	정책결정의 향상	정책의제 설정, 정책결정, 정책집행의 향상
방법	미시적 방법	거시적 방법

06

정답 | ②

해설 | 다원론은 다양한 이익집단이나 일반 대중의 의사가 반영되어 정책이 결정되고, 사회적 의사결정이 이루어진다고 본다. 이러한 견해의 바탕에는 '잠재적 이익집단론'과 '중복성원이론(중복회원이론)'이 자리하고 있다.

- 잠재적 이익집단론 : 정책결정자들이 잠재적 이익집단을 고려하기 때문에 소수의 특수한 집단만을 위한 정책을 결정·시행할 수 없다는 이론이다. 여기서 잠재적 이익집단이란, 실제 조직화되어 있지는 않지만 공유된 이해관계를 보유하고 있어 자신들의 이익이 침해될 가능성이 있는 경우 조직화될 수 있는 상태의 집단을 의미한다.
- 중복성원이론(중복회원이론) : 이익집단의 구성원들은 각각 하나의 집단에만 소속되는 것이 아니라 여러 집단에 중복 소속되므로, 일정한 집단의 특수한 이익만이 극대화되도록 의사결정을 할 수 없다는 이론이다.

07

정답 | ④

해설 | 지역 간 경쟁으로 인해 지역 간의 빈부격차가 심화될 수 있으며 이질성도 높아질 수 있다. 지역 간의 형평성 강화에는 지방자치제보다 중앙집권화가 더 유리하다.

지방자치의 의의

- 자유의 확보 : 지방자치를 통한 권력분립이 개인의 자유와 인권을 보장하는 데 중요한 역할을 한다.
- 참여를 통한 시민교육 : 지방 정치에 시민이 직접 참여함으로써 시민으로서의 책임감과 공공봉사 정신을 함양하고, 합의 형성에 관한 지식과 기술을 습득한다. 정치 인재의 육성 역할을 담당하기도 한다.
- 효율성의 추구 : 주민의 지역 간 이동을 통한 선호의 표출, 즉 '발에 의한 투표'를 통해 지방자치단체 간에 시장과 유사한 경쟁 상황이 조성되며, 이로써 효율적인 공공서비스의 제공이 이루어진다.
- 정책 실험장의 역할 : 전국적인 범위에서 실행하기 어려운 사업을 지역 차원에서 선도적으로 도입·실험이 가능하며, 바람직한 결과가 나타날 경우 해당 정책의 혁신적인 추진이 가능하다.

08

정답 | ②

해설 | 단체위임사무는 조례를 통한 제정이 가능하나, 기관위임사무는 원칙적으로 조례의 제정 범위에 속하지 않는다. 기관위임사무는 규칙으로만 제정이 가능하다.

①, ③, ④ 지방자치법 제22조(조례) 지방자치단체는 법령의 범위 안에서 그 사무에 관하여 조례를 제정할 수 있다. 다만, 주민의 권리 제한 또는 의무 부과에 관한 사항이나 벌칙을 정할 때에는 법률의 위임이 있어야 한다.

09

정답 | ②

해설 | 가계보전수당은 공무원의 가계 유지를 위해 국가가 보조해 주는 수당으로 가족수당, 자녀학비보조수당, 주택수당, 육아휴직수당 등이 이에 해당한다.

공무원의 수당제도

구분	내용
상여수당(3종)	대우공무원수당, 정근수당, 성과상여금
가계보전수당(4종)	가족수당, 자녀학비보조수당, 주택수당, 육아휴직수당
특수지근무수당	–
특수근무수당(4종)	위험근무수당, 특수업무수당, 업무대행수당, 군법무관수당
초과근무수당 등(2종)	초과근무수당, 관리업무수당
실비변상 등(4종)	정액급식비, 직급보조비, 명절휴가비, 연가보상비

10

정답 | ②

해설 | 티부 모델은 주민들이 지역(지방자치단체) 간 자유로운 이동이 가능하기 때문에 지방공공재에 대한 주민들의 선호가 표시되며, 따라서 개개인들은 지역 간의 자유로운 이동을 통해 자신의 선호에 맞는 지방정부를 택할 수 있다는, 즉 '발에 의한 투표(voting with feet)'를 행사할 수 있다는 가정에 근거하는 가설이다.

11

정답 | ③

해설 | 에치오니가 제시한 '혼합주사모형(mixed-scanning model)'은 합리모형의 이상적인 합리성을 현실화시킴과 동시에 점증모형의 보수성을 극복함으로써 장기적 안목 하에 단기적 변화에 대처하기 위해 마련한 정책결정의 모형이다. 그는 정책결정을 기본적 결정과 부분적 결정으로 나누어, 기본적 결정에서는 중요한 대안의 중요한 결과만을 고려하고, 그 기본적 결정의 테두리 안에서 부분적 결정을 하는 것이 바람직하다고 주장하였다.

12

정답 | ④

해설 |

> **실적주의의 특징**
> • 동등한 공직 취임 기회 부여
> • 공개경쟁시험을 통한 신규채용
> • 실적에 기준을 둔 임용
> • 인사행정상의 공평한 처우 및 공직자의 권익 최대 보장
> • 일한 만큼의 보수 실현과 적절한 인센티브 부여
> • 교육 및 훈련을 통한 직무능력의 향상
> • 공무원의 신분 보장
> • 정치적 중립 보장

13

정답 | ②

해설 | 정책문제는 수많은 문제와 서로 얽혀 있고 환경의 변화에 따라 그 성격이나 해결책이 변화한다. 또한 정책과 관련된 대상 간 이익의 극대화 및 피해의 극소화를 위한 고도의 정치적 협상과 타협, 투쟁 등이 전개되므로 이러한 과정에서 상이한 성격의 집단 간 연대가 이루어질 수 있다.

14

정답 | ④

해설 | 엽관주의는 정치적 지지자를 지지에 대한 보답 차원에서 공무원으로 임용하는 것이다. 소위 '보은인사'로서 정치적 중립을 저해하는 요소가 되며, 따라서 정치적 중립의 확보를 위해서는 엽관주의를 극복하기 위한 방안이 필요하다. 엽관주의를 극복함으로써 공무원의 정치적 중립을 확보하기 위한 가장 대표적인 제도가 '실적주의'이다.

> **정치적 중립의 확립 요건**
> • 정치적 중립성이 공무원의 직업윤리로 확립
> • 공무원의 정치적 중립을 가능케 하는 정치·사회적 환경의 조성
>   – 평화적 정권 교체가 가능한 정치적 여건의 조성
>   – 민주적 정치윤리가 확립된 정치인들
> • 높은 시민적 정치의식을 가진 국민

15

정답 | ①

해설 | 관료제는 엄격한 분업과 계층 구분, 표준화 등 공식적 구조를 중시하며, 이에 따라 비공식집단은 거의 나타나지 않는다.

> **관료제의 단점**
> • 보수주의 : 조직 내·외부의 변화에 저항하여 혁신의 걸림돌이 된다.
> • 할거주의 : 부서이기주의라고도 하며, 자신의 조직만을 생각하여 타 조직에 대해서는 고려하지 않는 현상이다.
> • 훈련된 무능 : 담당 분야에 대해서는 전문적 지식과 경험을 갖추지만 타 분야에 대해서는 기본적인 지식도 갖추지 못하게 되는 현상이다.
> • 레드 테이프 : 번문욕례, 서식주의 등으로도 불리는 현상으로, 절차에 집착하느라 오히려 업무수행 및 의사결정에 비효율을 초래하는 현상이다.
> • 복지부동 : 자신들이 지시받은 만큼만 일하려는 것으로 무사안일주의의 대표적인 사례이다.
> • 민주성·대표성의 제약 : 소수의 수뇌부가 권력을 잡고, 이로 인해 조직의 민주화가 훼손된다(과두제의 철칙).

16

정답 | ①

해설 | 전자거버넌스란 정보통신기술의 발달로 공간적 제약이 극복되고 다양한 관계의 네트워크가 형성되면서 전자공간을 활용하여 거버넌스가 구성되는 것이다. 전자공간을 통해 시민과 정부가 소통함으로써 사회문제를 해결하도록 하며, 이는 간접민주주의의 한계를 극복하고 시민참여와 직접민주주의의 가능성을 제고한다.

17

정답 | ①

해설 | ①은 '수정발생주의'에 대한 설명이다. 발생주의에서 수입은 '수익을 획득한 시점'에 수입으로 기록한다.

현금주의와 발생주의

구분	현금주의	발생주의
개요	• 현금의 유입과 유출 여부에 따라 수익과 비용을 인식하는 방식 • 현금의 유입 = 수입(수익) • 현금의 유출 = 지출(비용)	• 재무상태를 변동시킨 거래나 사건의 발생 시점에 수익과 비용을 인식하는 방식 • 수입의 획득 = 수입(수익) • 비용의 발생 = 지출(비용)
장점	• 절차가 간편하고 이해와 통제가 용이함 • 회계처리가 객관적 • 실제 현금 흐름의 파악이 용이함	• 자산과 부채의 파악으로 재정의 투명성·책임성 확보에 유리 • 오류 발견 및 자기검정기능 • 성과에 대한 정확한 수익·비용 정보 제공
단점	• 실제 경영 성과의 파악 곤란 • 자산 및 부채의 파악 곤란 • 감가상각 등 실질 거래 가치 및 원가 반영 어려움	• 회계정보의 객관성 결여 가능 • 정보 생산에 비용 과다 발생 가능 • 절차가 복잡하고 현금흐름 파악이 어려움

18

정답 | ②

해설 | 목표관리(MBO)는 조직의 목표와 개인의 목표를 유기적으로 관리함으로써 조직 전체의 효율성을 향상시키는 관리기법으로 구성원 전체의 참여를 중시하는 민주적·참여적 관리기법이다.

목표관리(MBO)의 장단점

장점	• 조직의 목표와 개인의 목표가 명확하게 제시된다. • 조직구성원의 참여가 활발하게 이루어져 사기가 증진된다. • 합의에 의해 목표를 설정하고 평가하므로 갈등과 대립이 감소한다. • 구성원 간의 협동성이 높아지고 수직적인 의사소통 과정이 개선된다. • 조직관리의 효율성과 능률성이 확보된다. • 객관적인 성과평가가 가능해진다.
단점	• 목표의 설정과 지침 제공이 곤란하여 환경의 급변화에 취약할 수 있다. • 운영 절차가 다소 복잡하다. • 전체적인 생산성이 떨어질 수 있다. • 목표로서 가치가 상실된 목표도 고집하는 경향이 나타날 수 있다. • 단기 목표를 지나치게 강조하여 지속적인 발전이 저해될 수 있다. • 공공행정조직의 경우 무사안일주의, 이해부족 등 한계성이 드러날 수 있다.

19

정답 | ③

해설 | 내부수익률(IRR)이 사회적 할인율보다 높아야 타당성이 인정된다.

비용편익분석의 평가기준

구분	기본 개념	특징
순현재가치(NPV : Net Present Value)	편익(B)의 현재가치 – 비용(C)의 현재가치	• 'NPV > 0'일 경우 사업 타당성 있음 • 경제적 타당도 평가에 최선의 척도이자 가장 보편적인 척도
편익비용비(B/C : Benfit/Cost ratio)	편익(B)의 현재가치÷비용(C)의 현재가치	• 'B/C > 1'일 경우 사업 타당성 있음 • 예산 제약으로 순현재가치가 큰 대규모 사업을 채택하기 어려울 때 사용 • 이차적·보완적 기준
내부수익률(IRR : Internal Rate of Return)	NPV=0, B/C=1이 되도록 하는 할인율	• 투자원금 대비 이득을 계산하는 기대수입률 개념 • 할인율이 주어져 있지 않을 때 사용 • 내부수익률이 기존 할인율보다 클 때 사업 타당성 있음 • 내부수익률이 클수록 우수한 사업으로 인정

20

정답 | ④

해설 | X-비효율성은 법제적 요인이 아닌 심리적·행태적 요인으로 인해 나타나는 비효율성이다. 경쟁압력에 노출되기 어려운 행정기구나 공공기관 등에서 쉽게 발생한다.
③ X-비효율성은 경쟁압력에 노출되기 어려운 환경에서 발생한다. 따라서 민영화를 통해 경쟁압력에 노출되도록 할 경우 해결될 수 있다.

21

정답 | ④

해설 | 계선조직은 조직의 장으로부터 수직·하향적으로 명령복종의 관계를 가진 조직형태이다. 행정관료조직의 기본적 형태이며, 페이욜(H. Fayol)이 언급한 '계층제의 원리'에 입각한 조직형태이다.

계선조직과 막료조직

구분	계선조직	막료조직
특징	• 최고책임자를 정점으로 한 수직적 상하관계 • 조직 목표를 직접 운영·집행하며 그에 대한 책임을 지는 중추적 조직 • 국민과 직접 접촉하고 봉사함 • 구체적인 집행권과 명령권을 행사	• 전문적 지식을 갖고 계선기관의 기능을 보완, 계선조직이 그 기능을 원활히 수행할 수 있도록 보조 • 권고, 자문, 통제, 인사, 회계, 조사, 연구 등의 활동을 통해 국민에 간접적으로 봉사함 • 구체적인 집행권이나 명령권 행사 불가
장점	• 권한과 책임의 한계가 명확함 • 강력한 통솔력 발휘와 신속한 결정이 가능 • 경비 절약 • 소규모 조직에 적합	• 전문적 지식과 경험으로 합리적 결정 가능 • 계선조직의 과중한 업무부담 분담 • 기관장의 통솔 범위 확대 • 계선조직 간 업무 조정을 용이하게 함
단점	• 전문가의 지식과 경험 활용 어려움 • 책임자의 주관적·독단적 결정 가능 • 업무량의 과중	• 계선조직과 알력·대립관계 형성 가능 • 경비가 많이 소요됨 • 결과에 대한 책임 전가 가능

22

정답 | ④

해설 | 정보화책임자는 행정기관이 정보화를 체계적으로 추진하여 효율적인 전자정부를 구현할 수 있도록 정보화 정책의 계획 및 수립, 정보자원의 관리 등을 담당한다. 따라서 전문적인 역량을 지녀야 한다.

> **UN의 전자정부 5단계 발전모형**
> (1) 출현 : 공식 사이트가 존재하고 국가 포털과 공식 사이트를 통해 중앙 혹은 지방정부와 연결
> (2) 발전 : 데이터베이스를 온라인으로 제공, 문서의 탐색과 최신 자료 제공이 온라인으로 가능
> (3) 상호작용 : 보안장치, 전자서명, 공공정보 제공 및 홈페이지의 정기적 업데이트
> (4) 전자거래 : 신용카드를 통한 범칙금·세금·우편요금의 납부 혹은 공공계약의 온라인 입찰 가능
> (5) 통합(연계)처리 : G2C(Government to Customer) 구축, 활발한 시민 의견 수렴

23

정답 | ①

해설 | 총액배분 자율편성예산제도는 중앙예산기관이 사전적으로 지출총액을 결정하고, 전략적 재원배분을 위한 분야별·부처별 지출한도를 설정한 다음, 동 지출한도 내에서 각 부처가 사업별로 재원을 배분하는 하향식(Top-Down) 예산제도이다. 즉, 재정의 흐름과 의사결정의 흐름이 하향적이다.

총액배분 자율편성예산제도

기대 효과	• 예산에 대한 이해 증진 : 예산의 총액과 배분의 부문별 증감 이해 증진 • 예산과 재원 배분의 투명성과 자율성 제고 • 예산의 관심이 금액에서 정책으로 전환 : 불필요한 사업의 구조조정 • 예산 요구의 가공성 제거 : 대패식 예산 삭감 관행 소멸로 비효율을 제거 • 경기 변동 대응 능력 및 재정건전성의 확보 • 예산 칸막이 장치의 무용화 : 기금 + 일반회계 + 특별회계를 통합적으로 관리 • 사후 평가를 위한 성과관리제도와의 연계 강화
문제점	• 부처 지출 한도액에 대한 공감대 부족 • 선심성 예산 편성 가능 • 통제제도의 미비 : 관료의 사적 이익 추구로 변질 가능

24

정답 | ①

해설 | 상업·경제적 측면에서 지식정보사회의 경우 다품종 소량생산체제가 나타난다. 소품종 대량생산체제는 기존 산업사회의 특징이다.

> **지식정보사회의 특징**
> 탈계층적 구조, 유연한 조직문화, 지리적 장벽의 제거, 경계를 타파한 이음매 없는 조직, 수평적 네트워크 구조, 다품종 소량생산체제 등

25

정답 | ②

해설 | 맥클레랜드(D. McClelland)의 성취동기이론과 해크만(J. R. Hackman), 올드햄(G. Oldham)의 직무특성이론은 내용이론으로 분류된다.

동기부여이론

구분	초점	세부 이론
내용이론	행동을 유발하는 요인	• McGregor − X·Y이론 • Murray − 명시적욕구이론 • Maslow − 욕구단계이론 • Alderfer − ERG이론 • McClelland − 성취동기이론 • Schein − 복잡인모형 • Likert − 관리체제이론 • Argyris − 성숙 − 미성숙이론 • Herzberg − 2요인이론(동기·위생이론) • Hackman&Oldham − 직무특성이론
과정이론	행동의 방향 설명	• Vroom − 동기기대이론 • Berner − 의사거래분석 • Atkinson − 기대모형 • Adams − 공정성이론 • Georgopoulos − 통로·목표이론 • Porter&Lawler − 업적·만족이론
강화이론	행동이 지속되는 이유	Skinner − 조작적조건화이론

국방부(육·해·공군) 시행 필기시험(2011.06.25)

1	2	3	4	5	6	7	8	9	10
①	①	④	③	④	②	②	③	①	③

11	12	13	14	15	16	17	18	19	20
③	③	①	③	③	①	③	②	④	②

21	22	23	24	25					
①	③	②	③	①					

01

정답 | ①

해설 | 목표 달성을 위한 수단성, 관료제적 성격 및 구조, 관리·기술적 성향, 합리적 의사결정방식, 협동행위 등은 행정과 경영의 유사점이다.

행정과 경영의 차이

구분	행정	경영
목적	공익, 질서유지 등 다원적 목적	이윤 극대화라는 일원적 목적
주체	국가 또는 공공기관	기업
대상	전 국민	표적 집단(고객)
정치적 성격	강함	상대적으로 약함
법적 규제	경영보다 엄격한 법적 규제	상대적으로 약함
평등성	모든 국민은 법 앞에 평등함	고객 간 차별대우가 용이함
능률의 척도	사회적 능률	기계적 능률
활동 긴급성	있음	없음(혹은 약함)
법적 제약	엄격한 규제	상대적으로 자유로움
집행의 강제성	강제성 존재	강제성 부재
기대 수준	높음	낮음
독점성	독점적, 비경쟁적, 비능률적	비독점적, 경쟁적, 능률적
기타 성격	공개적, 평등적, 획일적, 타율적	비밀적, 비평등적, 자율적

02

정답 | ①

해설 | 시민을 하나의 고객으로 이해하고 서비스헌장, 시민헌장 등을 공공서비스의 질을 향상시키는 구현 방식으로 여기는 것은 '신공공관리론'이다.

신공공관리론과 신공공서비스론의 비교

구분	신공공관리론 (NPM)	신공공서비스론 (NPS)
대상	고객	시민
정부의 역할	방향 잡기	봉사
공익의 개념	개인 이익의 총합	공유 가치에 대한 담론의 결과
책임성 확보 방법	시장 지향적	다면적
조직 구조	분권화 조직	협동적 조직
합리성	기술적·경제적 합리성	전략적 합리성
행정재량	폭넓은 재량 허용	제약과 책임을 수반한 재량

03

정답 | ④

해설 | 탈내부규제정부모형은 관료제 내부의 규제에 초점을 맞추고 있기 때문에 조직구조에 대해 특별한 관심을 갖지 않는다. 구조적 측면에서의 개혁 방안으로 계층제를 제시했던 것은 전통적 정부모형이다.

04

정답 | ③

해설 | 정책문제는 가치판단이 개입되는 주관적 성격의 문제
이다.

> **정책문제의 특징**
> - 주관성 : 정책문제는 현실적인 상황판단과 가치적
>   인 규범판단이 함께 적용되어 형성된다. 즉, 가치판
>   단적 주관에 의하여 형성된다.
> - 인공성 : 정책문제는 객관적인 실체로서 존재하는
>   것이 아니라, 주관적인 준거틀을 적용하여 얻어낸
>   인공물이다.
> - 상호의존성 : 정책문제는 그 원인이나 해결 방안,
>   영향력 등이 다른 문제들과 상호의존성, 상호연관
>   성, 상호작용성 등을 가지고 있다.
> - 동태성 : 정책문제는 항상 일정한 형태와 내용을
>   지니는 것이 아니며, 상황과 환경에 따라 그 해석과
>   가치판단의 내용, 해결 방법 등이 변화한다.
> - 중요성·심각성 : 정책문제는 일반적으로 중요하
>   고도 심각하다고 여겨지는 문제이며, 중요한 것으
>   로 여겨지지 않는 문제는 보통 정책문제로 취급되
>   지 않는다.
> - 차별적 이해관계성 : 정책문제는 어떤 이익에 대해
>   차별적인 성격을 가지고 있으며, 어떠한 문제로 인
>   해 고통을 받는 사람과 반사적 이익을 누리는 사람
>   이 공존한다.
> - 정치성 : 특정 문제에 대해 이해관계를 가지고 있
>   는 집단은 서로 자신들에게 유리한 방향으로 문제
>   가 정의되도록 정치적 활동을 벌이며, 따라서 정책
>   문제는 정치적 성격을 갖게 된다.

05

정답 | ④

해설 | 책임의 원칙은 '행정수반은 지휘·감독하게 계획된 예산
을 능률적·효율적으로 집행해야 할 책임이 있다'는 원칙
이며, 행정부 우위의 현대적 예산원칙에 해당한다.

현대적 예산원칙

구분	내용
행정부 책임의 원칙	행정수반은 지휘·감독하게 계획된 예산을 능률적·효율적으로 집행해야 할 책임이 있음
행정부 계획의 원칙	예산의 편성·기획은 행정수반의 직접적 감독하에서 전체 사업계획과 밀접한 관련성을 가지며 이루어져야 함
행정부 재량의 원칙	입법부가 예산안을 심의·의결할 때 심의를 엄격히, 그러나 총괄적으로 함으로써 입법부의 정치적 방침에 위배되지 않는 한 행정부가 필요한 운용수단을 결정할 수 있도록 재량권을 부여해야 함
보고의 원칙	예산의 편성·심의·집행 등은 정부의 각 행정기관으로부터 올라오는 보고에 기초하여 이루어져야 하며, 업무의 집행 상황에 되는 최신의 정보가 제공되어야 함
다원적 절차의 원칙	모든 정부기관은 다양한 예산절차와 형식을 활용하여 효율적으로 예산을 운용해야 함
적절한 수단 구비의 원칙	재정통제와 신축성 유지를 위한 적절한 제도와 수단이 조화적으로 마련되어 있어야 함
시기 신축성의 원칙	사업계획의 실시 시기를 행정부가 신축성 있게 조정할 수 있어야 함
예산기구 상호 교류의 원칙	중앙예산기관과 각 부처 간 예산기관 사이에는 상호교류를 통한 능률적·적극적 협력 관계가 확립되어야 함

06

정답 | ②

해설 | 무의사결정이란 정책의제의 설정에서 지배엘리트의 이
해관계와 일치하는 사회문제만을 정책의제로 설정하도
록 하기 위해 이러한 가치나 이익에 대한 잠재적인 도전
을 폭력 또는 편견을 동원해 억압·방해하는 것을 말한
다. 무의사결정의 발생 원인은 기득권에 대한 옹호, 지배
엘리트에 대한 행정 관료의 과잉충성, 지배적 가치·신념
에 대한 부정적 집착, 특정 문제에 대한 정치적 편견 등이
있다. 상급자에 대한 하급자의 반발은 무의사결정의 발생
원인으로 볼 수 없다.
④ 편견의 동원은 기존의 제도적 장치가 이미 기득권에
  유리하게 편재되어 있는 것을 이용, 기득권에 도전하
  는 갈등적 의제를 사전에 억압해 버리는 것을 말한다.

07

정답 | ②

해설 | 사이버네틱스(Cybernetics)모형은 온도조절기와 같이 특
정 조건이 설정되면 자동적이고 반복적으로 작동하는 기
계의 원리를 정책결정 현상에 응용한 것이다. 이 모형은
특정 정책목표를 설정해 놓으면 해당 목표를 달성하기 위
해 환류 매커니즘을 통해 일정 수준으로 행동을 조절해
나간다. 이 모형은 습관적 의사결정을 설명하는 데 활용
된다.
① 만족모형 : 정책 담당자들이 의사결정 과정에서 인
  적·물적 자원 및 시·공간 등 여러 제약 요건하에서
  만족할 만한 수준에서 의사결정을 진행하게 되는 것을
  말한다.
③ 회사모형 : 조직 내 각기 다른 부서가 각각의 목표를
  달성하기 위해 노력하다가 조직 전체 목표를 극대화하
  는 과정에서 나타나는 특징을 정리해 제시한다. 갈등
  의 준해결, 문제 중심의 탐색, 불확실성의 회피, 조직의
  학습, 표준운영절차의 활용 등을 그 특징으로 한다.

2021년
2020년
2019년
2018년
2017년
2016년
2015년
2014년
2013년
2012년
2011년
2010년
2009년
2008년
2007년

④ 쓰레기통모형 : 정책결정에 있어 문제, 해결책, 선택 기회, 참여자 등 각각의 요소가 개별적으로 떠다니다가 우연한 계기로 교차될 때 정책결정이 발생한다고 본다.

08

정답 | ③

해설 | 정책집행자가 대부분의 권한을 갖고 정책과정 전반에 영향력을 행사해 실질적인 정책결정과 정책집행을 주도하는 유형은 관료적 기업가형(Bureaucratic entrepreneur)이다.

나카무라와 스몰우드의 정책집행모형

구분	정책결정자의 역할	정책집행자의 역할
고전적 기술자형	세부적인 정책 내용까지 결정	• 제한된 부분의 재량권만 인정 • 정책목표 달성을 위해 노력
지시적 위임형	정책목표를 세우고 대체적인 방향만 정해 정책집행자들에게 위임	폭넓은 재량권을 위임받아 정책을 집행
협상형	정책목표를 설정하고 개괄적인 정책을 결정	정책목표와 집행방법 및 수단 등에 대해 정책결정자들과 협상
재량적 실험가형	현실적 제약으로 인해 추상적인 정책 방향만을 제시	• 정책목표를 구체화하고 필요한 정책수단을 선택 • 광범위하고 구체적인 책임하에 정책을 집행
관료적 기업가형	정책집행자가 만든 정책목표와 집행수단을 수용	• 정책 과정 전반에 영향력을 행사 • 실질적인 정책결정과 정책집행을 주도

09

정답 | ①

해설 | ①은 엘모어의 통합모형에 대한 설명이다. 엘모어의 통합모형은 정책프로그램 설계 시 전방향적(하향적) 접근방법에 의해 정책목표를 명확히 설정하되, 후방향적(상향적) 접근에서 제시하는 방법(일선 관료와 대상 집단의 조직운용 절차 등)을 수용하여 집행 가능성이 가장 높은 정책수단을 선택하는 방안을 제시하였다.

> **정책지지연합모형**
> • 가장 대표적인 통합모형
> • 상향식 접근방법의 분석 단위에 하향식 접근방법의 변수를 결합
> • 행위자의 집단을 구분하는 기준으로 신념체계를 활용
> • 행위자 집단인 지지연합의 정책학습을 강조
> • 정책집행 과정보다는 정책변화를 강조하는 모형

10

정답 | ③

해설 | 목표관리제(MBO ; Management By Objectives)는 상하 조직 구성원의 참여 과정을 통해 조직의 공동 목표를 명확하게 설정하고, 합의하에 구성원들의 개별 목표 및 책임을 체계적으로 부과하여 수행 결과를 사후에 공동으로 평가 · 환류함으로써 조직의 효과성 향상에 기여하고자 하는 관리체제이다.

① QC(Quality Control) : 품질관리를 의미한다.
② QWL(Quality of Working Life) : 노동생활의 질. 인간다운 노동생활을 뜻하는 용어이다.
④ TQM(Total Quality Management) : 전사적 품질경영. 제품이나 서비스의 품질뿐만 아니라 경영과 업무, 환경, 조직 구성원의 자질까지도 품질 개념에 넣어 관리하는 것이다.

11

정답 | ③

해설 | 기획과정은 '목표 설정 → 상황 분석 → 기획 전제 설정 → 대안 탐색 및 평가 → 최종안 선택'의 순으로 이루어진다.

> **기획과정**
> 1. 기획의제의 설정 : 사회문제가 기획문제로 수용되는 과정이다.
> 2. 기획 결정
>   (1) 문제 인지 : 기획문제를 정의한다.
>   (2) 목표 설정 : 목표를 제시한다.
>   (3) 정보의 수집 및 분석 : 정보를 수집 · 분석하여 기획 대상에 대한 상황을 분석한다.
>   (4) 기획 전제(Planning premise) 설정 : 통제가 불가능한 외생변수의 변화 등 향후 상황에 대한 전망과 과정을 설정한다.
>   (5) 대안 탐색 및 설정
>   (6) 대안의 결과 예측
>   (7) 대안의 비교평가
>   (8) 최종 대안 선택
> 3. 기획 집행 : 기획을 실제 행동에 옮기는 과정이다.
> 4. 기획 평가 : 기획의 집행 상황 및 결과를 분석한다.
>   예 집행관리, 성과분석 등

12

정답 | ③

해설 | 네트워크 조직은 유기적이며 개방적인 조직으로, 환경의 변화에 신축적이면서도 신속한 대응이 가능하다.

네트워크 조직

구분	내용
개념	• 상호의존적인 조직 간의 유기적 · 개방적 협력관계 • 업무적 상호의존성에도 불구하고 내부화 혹은 강력한 자본적 연결 없이 독립성을 유지 • 상대의 자원을 활용할 수 있도록 수직적 · 수평적 · 공간적 신뢰 관계로 연결
장점	• 조직의 개방화, 슬림화, 수평적 통합화가 이루어짐 : 관리인력 등 관련 자원의 절약 • 조직의 분권화로 구성원들의 책임과 자율에서 오는 참여 정신, 창의력 발휘, 동기 부여 등의 효과가 나타남 • 관련 분야의 최신 기술을 즉시 획득하여 지속적인 제품과 서비스의 혁신을 이룩함 • 최고의 품질과 최저의 비용으로 조직 내의 자원을 활용 • 변동적인 자원과 불확실한 환경하에서 유용함
단점	• 신전략 구상 혹은 신시장 진출 시 기존 네트워크 내 관련 조직들의 압력으로 인해 행동의 제약 발생 가능 • 상호 간의 행동 제약으로 의존성이 발생, 조직의 폐쇄화가 나타날 수 있음 • 관리가 철저하지 않을 경우 정보가 일방으로 유출되어 네트워크 파트너가 경쟁자로 변질될 수 있음 • 네트워크 간 경쟁 심화

13

정답 | ①

해설 | 권한과 유사한 것은 강압적 권력이 아닌 합법적 권력이다.

권력의 원천에 따른 분류

구분	정의
합법적 권력	• 법규에 의해 부여되는 권력 • 조직 내의 직위에 의해 결정되는 권력 • 권한과 유사한 개념
보상적 권력	• 다른 사람에게 보상을 제공할 수 있는 능력에 기반을 두는 권력 • 일반적으로 조직에서 제공하는 보상은 봉급, 승진, 직위 부여 등이 있음
강압적 권력	• 인간의 공포에 기반을 둔 권력 • 타인을 처벌할 수 있는 능력이나 육체적 · 심리적으로 타인에게 위해를 가할 수 있는 능력에 기반을 둔 권력 • 강압적 권력의 행사는 부하의 분노나 적대감을 유발할 수 있음

전문적 권력	• 전문적인 기술이나 지식에 기반을 두고 발생하는 권력 • 직위와 직무를 초월해 조직 내의 누구나 가질 수 있는 권력
준거적 권력	• 어떤 권력의 주체를 좋아하여 그를 본받고 닮고자 할 때 발생하는 권력 • 공식적인 지위와 항상 일치하지는 않음

14

정답 | ③

해설 | 권위주의적 리더십은 경제적 보상이나 통제, 억압을 중시하는 X이론적 인간관의 관리전략이다.

X-Y이론

맥그리거가 인간관을 동기부여의 관점에서 분류한 이론이다. 전통적 인간관을 X이론으로, 새로운 인간관을 Y이론으로 지칭하였다.

X이론	• 인간은 본래 일하기를 싫어하며 지시받은 일만 행한다. • 경영자는 금전적 보상을 유인책으로 사용하고 엄격한 감독과 상세한 명령으로 통제를 강화해야 한다.
Y이론	• 인간에게 노동은 놀이와 같은 자연스러운 행위이며, 노동을 통해 자신의 능력을 발휘하고 자아를 실현하고자 한다. • 경영자는 자율적 · 창의적으로 일할 수 있는 여건을 노동자에게 제공해야 한다.

15

정답 | ③

해설 | 신행정론에서 강조하는 사회적 형평성은 자원이나 지위의 공평한 배분과 관련된 개념으로서 사회적 약자를 보호하는 것을 출발점으로 삼는다. 이에 따르면 자원은 사회적 · 경제적 · 정치적으로 불리한 입장에 있는 사람들에게 우선적으로 혜택이 주어지도록 배분되어야 한다. 다만 이때 특정한 대상(경제적 혹은 사회적 약자)을 우선적으로 고려하지는 않는다.

16

정답 | ①

해설 | 전문적 지식과 기술을 가진 동질적 집단으로 조직되는 것은 전통적인 기능별 조직의 특징이다. 애드호크라시 조직은 문제해결을 위해 다양한 전문적 지식이나 기술을 가진 사람들로 구성된 '이질적 집단'으로 구성된다.

애드호크라시

구분	내용
정의	당면 과제를 해결하기 위해 다양한 전문적 기술을 가진 사람들로 구성된 임시적 조직 구조
특징	• 낮은 수준의 복잡성 : 높은 수준의 수평적 분화와 낮은 수준의 수직적 분화 • 낮은 수준의 집권화 : 의사결정이 분권화된 전문가 팀에 위임 • 낮은 수준의 공식화 : 높은 수준의 전문성으로 인한 낮은 수준의 공식화, 규칙과 규정이 없거나 느슨한 형태 혹은 비문서화된 형태로만 존재 • 고도의 유기적 구조 : 혁신을 방해하는 역할 명료성을 회피, 내부 구조의 빈번한 변화 • 고도의 수평적 직무전문화 : 고도의 훈련과정을 거친 전문가를 고용하여 권력을 부여함으로써 고도의 수평적 직무전문화를 도출 • 기능별 집단과 목적별 집단의 공존 : 전통적인 전문화 및 분화의 벽을 파괴 • 선택적 분권화 : 각 전문가들이 수행하는 의사결정의 성질에 따라 의사결정권이 위임되어 수평적·수직적·선택적 분권화가 이루어짐
대표적 사례	매트릭스 구조, 프로젝트 팀, 태스크포스, 칼리지아 등

17

정답 | ③

해설 | 제65조 제4항에 '정치적 행위의 금지에 관한 한계는 국회규칙, 대법원규칙, 헌법재판소규칙, 중앙선거관리위원회규칙 또는 대통령령으로 정한다.'라고 명시되어 있다.

※ 2015년 5월 18일 해당 항이 개정되어 '정치적 행위의 금지에 관한 한계는 대통령령 등으로 정한다.'로 변경되었다.

공무원의 정치 운동의 금지(국가공무원법 제65조)

① 공무원은 정당이나 그 밖의 정치단체의 결성에 관여하거나 이에 가입할 수 없다.

② 공무원은 선거에서 특정 정당 또는 특정인을 지지 또는 반대하기 위한 다음의 행위를 하여서는 아니 된다.
 1. 투표를 하거나 하지 아니하도록 권유 운동을 하는 것
 2. 서명 운동을 기도(企圖)·주재(主宰)하거나 권유하는 것
 3. 문서나 도서를 공공시설 등에 게시하거나 게시하게 하는 것
 4. 기부금을 모집 또는 모집하게 하거나, 공공자금을 이용 또는 이용하게 하는 것
 5. 타인에게 정당이나 그 밖의 정치단체에 가입하게 하거나 가입하지 아니하도록 권유 운동을 하는 것

③ 공무원은 다른 공무원에게 제1항과 제2항에 위배되는 행위를 하도록 요구하거나, 정치적 행위에 대한 보상 또는 보복으로서 이익 또는 불이익을 약속하여서는 아니 된다

④ 제3항 외에 정치적 행위의 금지에 관한 한계는 대통령령 등으로 정한다.

18

정답 | ②

해설 | 대표관료제는 사회를 구성하는 주요 집단으로부터 인구비례에 따라 관료를 충원함으로써 정부관료제가 그 사회의 모든 계층과 집단에 공평하게 대응하도록 하는 인사제도이다. 이는 관료제 내에 민주적 가치를 주입시키려는 의도에서 발달된 개념이다. 대표관료제는 진보적 평등주의를 기반으로 하고 있는데, 진보적 평등주의는 결과로서의 형평성을 강조함으로써 소외집단에 실실석인 기회의 균등을 보장하고자 한다. 따라서 이는 특정 집단의 이익이 아닌 사회 전체의 이익을 보장하고자 하는 제도이다.

19

정답 | ④

해설 | 재화의 유형

구분	경합성	비경합성
배재성	민간재(사적재)	요금재
비배재성	공유재	집합재(공공재)

20

정답 | ②

해설 | 〈보기〉는 전통적 예산원칙 중 '한정성의 원칙'에 해당한다.

전통적 예산원칙

구분	내용
공개성의 원칙	예상의 편성·심의·집행 등에 관한 정보를 공개해야 함
명료성의 원칙	예산은 모든 국민이 이해할 수 있도록 편성되어야 함
정확성(엄밀성)의 원칙	예산은 계획한 대로 정확히 지출하여 가급적 결산과 일치해야 함
완전성의 원칙 (예산총계주의)	• 예산에는 모든 세입·세출이 완전히 계상되어야 함 • 징수비용을 제외한 순수입만을 세입예산에 반영시켜서는 안 됨
통일성의 원칙	특정 수입과 특정 지출이 연계되어서는 안 되며, 국가의 모든 수입은 국고에 편입되고 이후에서부터 모든 지출이 이루어져야 함
사전승인(의결)의 원칙	예산은 집행이 이루어지기 전에 입법부에 제출되고 심의·의결되어야 함
한정성의 원칙	• 예산은 주어진 목적, 금액, 시간에 따라 한정된 범위 내에서 집행되어야 함 • 세 가지 한정성으로 구분 – 질적 한정성 : 비목 외 사용 금지 – 양적 한정성 : 금액 초과 사용 금지 – 시간적 한정성 : 회계연도 독립 원칙 준수
단일성의 원칙	예산은 가능한 한 단일 회계 내에서 정리되어야 함

21

정답 | ①

해설 | 정책에 대한 순응은 정책환경적 요인에 해당한다.

정책집행의 성패를 좌우하는 요인

내용적 요인	환경적 요인
• 정책목표 – 정책목표의 명확성 – 정책목표에 대한 합의 – 정책목표의 지속성 – 정책목표의 장·단기성(짧을수록 유리) • 정책이 초래할 혜택의 유형 ※ 포괄적 혜택(분배)이 분할적 혜택(재분배)보다 유리 • 정책이 요구하는 변화의 크기 • 정책집행에 관여하는 행정기관의 범위(적을수록 유리) • 집행기관 및 관료의 능력 • 정책 집행에 필요한 자원의 양	• 정책에 대한 순응 • 정치체제의 구조 및 정권의 특성 • 집행기관 및 관료의 책임과 반응 ※ 계층적·법적·정치적·전문적 책임 등이 중복되어 요구되는 경우 정책 집행이 곤란함

22

정답 | ③

해설 | 행정사무의 자동화는 관리·기술적 접근방법이다. ①, ②, ④는 구조적 접근방법에 해당한다.

행정개혁 접근방법 비교

구분	내용	사례
구조적 접근방법	행정체계의 구조적 설계의 개선	분권화 확대, 의사결정권한 수정, 의사전달체계 수정, 기능중복의 제거, 책임의 재규정, 통제절차 개선
관리·기술적 접근방법	행정체제 내의 과정 및 기술의 개선	새 행정기술·장비 도입, 관리과학, 체제분석, 행정사무의 기계화·자동화
행태적 접근방법	행태과학을 이용, 조직의 목표에 개인의 성장 의욕을 결부	조직발전이론 및 소집단이론, 집단동태이론에 속하는 방법(감수성훈련, 태도조사 등)
종합적 접근방법	외적인 환경에 따라 분화된 접근 방법들을 통해 해결 방안을 탐색	여러 접근방법을 적절히 혼합하여 행정의 목표를 수행

2021년

2020년

2019년

2018년

2017년

2016년

2015년

2014년

2013년

2012년

2011년

2010년

2009년

2008년

2007년

23

정답 | ②

해설 | 성과주의예산은 하의상달식(상향적)이므로 책임이 분산되고, 계획예산은 상의하달식(하향적)이므로 책임이 집중된다.

24

정답 | ③

해설 | 지방자치행정의 종합성이 보장되는 것은 기관대립형의 장점이다.

기관통합형과 기관대립형

구분	기관통합형	기관대립형
개요	• 의결기관과 집행기관 간이 상호 통합되어 있는 형태 • 의원내각제 채택 국가에서 많이 나타남 • 지방의회가 지방자치에 관한 모든 권한을 가짐	• 의사결정기능은 지방의회에, 집행기능은 자치단체장에게 부여 • 권력분립의 원칙에 따라 상호견제와 균형을 이루고자 하는 제도 • 선거형(직선형, 간선형)과 임명형으로 구분
장점	• 기관의 구성에서 주민대표성의 확보가 가능 • 집행의 실효성 제고 • 정책과정의 일관성 • 의결기관과 집행기관의 대립과 반목 방지 • 결정된 의사의 즉각적인 집행 가능	• 집행기관과 의결기관의 상호독립된 주민대표성 보장 • 집행기관과 의결기관의 상호 견제 및 균형 도모 • 지방자치행정의 종합성 보장
단점	• 정책결정의 정치하와 집행의 비효율성 초래 가능 • 상호견제와 균형의 원리가 무너져 권력의 남용 발생 가능 • 위원회 간 업무 및 의견을 조정할 집행 책임자의 부재 발생 가능	• 양 기관의 대립에 따른 지방행정의 혼란 혹은 마비 발생 가능 • 업무처리의 능률성 및 신속성의 제한 • 직선형의 경우 인기에 편승한 정책을 추구할 수 있으며, 임기 후반 레임덕(권력누수현상) 발생이 가능 • 집행기관 내부에서도 자치단체장과 전문적 관료조직 간의 갈등 유발이 가능

25

정답 | ①

해설 | 특별지방행정기관은 주민의 직접 참여와 통제가 용이하지 않아 민주성이 저해될 수 있다.

특별지방행정기관

구분	내용
개요	• 국가의 사무 집행을 위해 중앙부처에서 설치한 일선집행기관 • 고유의 법인권은 물론 자치권도 가지고 있지 않음 • 국가적 통일성이 요구되는 업무(출입국관리, 공정거래, 노동 조건 등) 수행
장점	• 지역별 특성을 확보하는 정책 집행 • 신속한 업무의 처리 및 통일적인 행정 수행 • 현장의 정보를 중앙정부에 전달하고 중앙정부와 지방정부 간의 매개 역할을 수행
단점	• 주민에 의한 직접 통제 및 참여의 곤란으로 행정의 민주화 저해 • 책임 확보가 어려워 책임행정 결여 가능 • 지방자치단체와의 기능 중복으로 인해 업무상 비효율성 발생 가능 • 관할 범위가 넓을 경우 이용자인 고객의 불편 가중

국방부(육 · 해 · 공군) 시행 필기시험(2010.06.26)

1	2	3	4	5	6	7	8	9	10
①	①	④	②	②	④	③	③	①	②
11	**12**	**13**	**14**	**15**	**16**	**17**	**18**	**19**	**20**
③	②	②	④	①	①	②	③	①	②
21	**22**	**23**	**24**	**25**					
④	④	④	②	①					

01

정답 | ①

해설 | 중층제는 단층제에 비해 행정서비스에 대한 주민의 접근성이 더 높다. 예컨대 '서울특별시 마포구 도화동'에 거주하는 주민은 서울시에서도 행정서비스를 제공받을 수 있으며 동시에 마포구, 도화동에서 각각 행성서비스를 제공받을 수 있기 때문이다. 반면 행정기능의 중첩으로 인한 낭비 및 지연의 가능성이 있다는 것이 단점이다.

02

정답 | ①

해설 | 전자바우처 시스템은 김대중 정부가 아닌 노무현 정부(2007년) 당시 도입되었다.

03

정답 | ④

해설 | 팀제 조직은 상호보완적인 소수가 공동의 목표 달성을 위해 책임을 공유하고 문제해결을 위해 노력하는 수평적 조직이다. 팀제는 정보화 및 세계화의 영향으로 조직 간의 외부 연계성이 강조되고, 이로 인해 의사결정의 신속성이 중시되는 풍조가 나타났으며, 동시에 민주화와 인본주의 영향이 가속화되는 상황에서 도입되었다.

04

정답 | ②

해설 | 대표관료제는 사회를 구성하는 주요 집단으로부터 인구 비례에 따라 관료를 충원함으로써 정부관료제가 그 사회의 모든 계층과 집단에 공평하게 대응하도록 하는 인사제도이다. 즉, 이상적인 대표관료제는 사회 전체를 이루는 집단의 비율과 동일한 비율로 정부를 구성하는 것이

며, 따라서 국민의 직접적인 통제를 받지 않는 관료제에 대한 내부통제수단으로 기능하는 것도 가능하다. 관료제를 이루는 공무원들은 출신 집단에서의 사회화 과정을 통해 각 집단의 가치와 이익을 내재화하며, 이에 대한 '심리적 책임'을 지려 하기 때문에 구성원 간 자연스러운 견제가 이루어지고, 이를 통해 내적 통제가 가능하게 되는 것이다.

③ 대표관료제의 기반인 진보적 평등주의에서는 기회가 모든 사람에게 진정으로 평등하기 위해서는 개인들 간의 자연적 불평등을 정부가 시정해 주어야 한다고 강조한다. 따라서 대표관료제는 정부가 사회적 · 자연적 불평등을 시정한 후의 형평성, 즉 결과로서의 형평성을 강조한다.

05

정답 | ②

해설 | 과정평가는 정책의 집행 과정에서 집행 내용 활동을 분석하여 문제점을 파악하고 이를 근거로 더 효율적인 집행 전략을 수립하거나 정책 내용을 수정 · 변경하는 데 도움을 주는 활동이다. 따라서 정책 중단 등에 큰 영향을 미친다.

06

정답 | ④

해설 | 신공공관리론은 기업경영논리와 기법을 정부에 도입함으로써 행정의 성과를 향상시키고 관리자의 개인적 책임을 더욱 강조하는 이론이다.

07

정답 | ③

해설 | 직무분석에 사용되는 요인 및 기준들은 담당자들의 주관적 판단에 의해 결정 · 활용되며 직무분석의 결과 또한 이러한 주관을 반영하게 된다. 반면 직무평가의 경우 서열법, 분류법, 점수법, 요소 비교법 등 비교적 과학적인 평가 요소를 활용하고 있다. 따라서 직무분석은 직무평가에 비해 과학적 타당도가 낮을 수밖에 없다.

② 직무평가는 직무분석의 결과물을 기반으로 각 직무가 차지하는 상대적 가치를 결정하여 등급화(계층화)하는 작업이다.

④ 직무분석은 직원의 모집, 선발, 배치, 평가, 보상, 인재개발 등 광범위한 인사기능의 기초자료가 되는 작업이다.

08

정답 | ③

해설 | 카오스 이론은 겉으로 보기에는 불안정하고 불규칙적으로 보이면서도 나름대로 질서와 규칙성을 지니고 있는 현상들을 설명하려는 이론이다. 특징으로는 나비효과(초기조건의 민감성), 자기조직화, 공진화, 비선형적(불규칙적) 변화 등이 있다.

09

정답 | ①

해설 | 규제정치는 조직의 구성원이 특정 상황에서 일정한 행위를 하도록 명하는 규제정책을 둘러싸고 벌어지는 상호작용 등을 조명하는 것으로, 윌슨의 규제정치이론은 비용 및 편익의 분포를 기준으로 하여 네 가지 유형으로 유형화할 수 있다.

구분		감지된 편익	
		넓게 분산	좁게 집중
감지된 비용	넓게 분산	대중정치 (Majority politics)	고객정치 (Client politics)
	좁게 집중	기업가적 정치 (Entrepreneur politics)	이익집단정치 (Interest–group politics)

10

정답 | ②

해설 | 예산 다원적 절차의 원칙은 행정부 우위의 예산원칙에 해당한다.

입법부 우위의 예산원칙 & 행정부 우위의 예산원칙

입법부 우위의 예산원칙 (전통적 예산원칙)	행정부 우위의 예산원칙 (현대적 예산원칙)
공개성의 원칙, 명료성의 원칙, 사전의결(사전승인)의 원칙, 엄밀성의 원칙, 한계성(한정성)의 원칙, 단일성의 원칙, 통일성의 원칙, 완전성(포괄성)의 원칙, 균형성의 원칙 등	보고의 원칙, 행정부 재량의 원칙, 다원적 절차의 원칙, 행정부 책임의 원칙, 행정부 계획의 원칙, 예산기구 상호교류 원칙, 시기 신축성의 원칙 등

11

정답 | ③

해설 | 정책목표란 정책을 통해 달성하려는 미래의 바람직한 상태를 말하는 것으로, 정책수단 선택의 기준이 되며 정책집행 과정에서 의사결정의 지침으로 기능한다. 또한 정책평가의 기준이 된다.

12

정답 | ②

해설 | 상황이론은 조직이 환경과 어떠한 관계를 맺고 있으며, 그러한 관련성이 조직에 어떤 영향을 미치는지에 초점을 두는 이론이다. 즉, 현실을 만들어내는 구조나 매커니즘에 역점을 두는 현실주의 중에서도 사회를 의미 있는 의도를 형성하고 그것을 실현하기 위한 구조와 기능으로 이루어진 행동체제로 이해하는 구조·기능론적 접근방법에 해당하는 접근방법이다.
① 실증주의에 기초한 접근방법이다.
③ 합리주의에 기초한 접근방법이다.
④ 상대주의에 기초한 접근방법이다.

13

정답 | ②

해설 | 시간과 노력, 비용의 발생은 자원배분에 대한 경제적 적용이 어려운 이유로 볼 수 없다.

14

정답 | ④

해설 | 탈관료제는 전통적 관료제의 역기능을 극복하기 위해 나타난 대안적 모형으로 구조의 유연성, 환경 변화에 대한 적응의 신속성, 인간적 가치의 존중 등을 강조한다. 탈관료제 모형의 특성으로는 비계층제적 구조, 구조적 배열의 잠정성, 권한보다는 능력이 지배하는 구조, 민주적 방법에 의한 감독, 직업상의 이동성 보장, 의사전달의 공개주의 등을 들 수 있다.

15

정답 | ①

해설 | 사회적 자본은 사람들 간의 협력을 가능하게 하는 구성원들의 공유된 제도, 규범, 네트워크, 신뢰 등 일체의 사회적 자산을 포괄하여 지칭하는 것이다. 물질적 자본이나 인적 자본과 달리 구성원들이 공동으로 소유하는 것이며, 따라서 이를 이용하여 발생한 이득 역시 공동의 소유가 된다.

16

정답 | ①

해설 | 성과주의예산은 행정급부의 수량화와 행정능률의 측정, 행정기관 개편 등이 곤란하다는 단점이 있다.
② 계획예산은 장기적인 계획을 세우고, 계획 달성을 위한 사업을 구조화하고, 이에 따라 예산을 편성하는, 자원 배분의 최적을 기하려는 체계적 예산제도이다.
③ 영기준예산은 전년도 예산에 기초하지 않고 영(0)을 기준으로 재검토한 뒤 예산을 편성하는 방법으로 자원의 능률적 배분과 예산 절감이 가능하다.
④ 품목별 예산은 회계책임이 명확해 부정부패의 방지에 용이하고, 행정부에 대한 재정통제 역시 용이하다.

17

정답 | ②

해설 | 계급제에서는 일반 교양과 능력을 가진 사람을 채용하며 직무의 성격과 내용에 따라 인사배치를 하는 것이 아니므로 행정의 전문화가 어렵다. 또한 인사행정에서 객관적인 기준을 제공하는 데도 어려움이 있다.

③ 특정 직책과 관계없이 공무원 신분을 유지하므로 안정감을 갖고 업무를 수행할 수 있으며, 따라서 행정의 안정화를 기할 수 있다.

④ 인사배치상 제약이 없으므로 능력과 개성에 따라 인재를 적재적소에 배치할 수 있어 인사배치에 융통성을 기할 수 있다.

18

정답 | ③

해설 | 행정윤리의 의미는 소극적 의미와 적극적 의미로 나눌 수 있는데, 소극적 의미는 '공무원의 부정부패를 막는 것'이다. 반면 적극적 의미는 부정부패의 방지뿐만 아니라 인간의 가치를 향상시키는 것을 포함한다. 「국가공무원법」과 「공직자윤리법」은 기본적으로 부정부패를 막는 소극적 행정윤리를 강조하고 있다. 적극적 의미의 행정윤리 강조는 「공무원윤리헌장」과 「취임선서」, 「복무선서」 등에서 확인할 수 있다.

19

정답 | ①

해설 | 정부실패는 시장에 대한 정부의 개입이 자원의 최적 배분 등 본래 의도한 결과를 가져오지 못하거나 오히려 기존의 상태를 더욱 악화시키는 경우를 말한다. 불완전 경쟁은 시장실패의 원인 중 하나이다.

> **정부실패 유형**
> - 세금·헌금 등으로 인한 비용과 수입의 분리(절연)
> - 조직성과를 유도하고 조절하기 위한 목표로서의 내부성
> - 권력과 특혜로 인한 분배적 불공평
> - 파생적 외부성

20

정답 | ②

해설 | 우리나라 예산분류 기준과 특징

기능별 분류	• 정부의 주요 기능에 따른 분류 • 행정수반의 예산 결정과 의회의 예산 심의에 도움을 줌 • 분류 내용에 대한 이해가 용이함
사업별·활동별 분류	• 사업별 분류 : 각 부처가 실시하는 단위 사업계획별로 분류 • 활동별 분류 : 사업 계획의 구성요소나 하위요소에 따라 분류
조직별 분류	• 예산 운용의 주체에 따라 분류 • 운용 주체가 명백하며 세입 및 세출도 조직별로 분류함
품목별 분류	• 급여, 수당, 정보비 등 지출 대상에 따른 분류 • 입법과목 : 소관, 장, 관, 항 • 행정과목 : 세항, 목
경제성질별 분류	• 경제적 성격에 따른 분류 • 국민 소득과 자본 형성에 관한 정부 활동 효과 확인에 용이함

21

정답 | ④

해설 | 정책집행이 아닌 정책결정에 대한 설명이다. 정책집행은 정책 수단들을 동원해 결정된 정책을 실질적으로 집행하는 것이다.

22

정답 | ④

해설 | 우리나라의 지방자치단체는 지방의회와 집행기관을 대립시켜 상호 견제와 균형을 취하도록 하는 기관대립형에 해당한다. 기관통합형은 정책의 결정 기능과 집행 기능 두 가지 모두를 지방의회에 귀속시키는 유형으로 영국, 독일, 프랑스 등 유럽 국가가 이러한 유형을 채택하고 있다.

① 정책 및 예산안 결정 등과 관련하여 주민의 참여도가 낮은 경향이 있다.

② 우리나라는 조세법률주의를 채택하여 지방세와 관련된 세율 및 징수 방법 등을 모두 법률로 규정하고 있다. 때문에 지방자치단체에서 재원을 자율적·효율적으로 조달·관리하는 데 한계가 따른다.

③ 일부 지방자치단체를 제외한 대부분의 지방자치단체가 재정자립이 불가능할 정도로 중앙 정부에 대한 재정의존도가 높은 상황이다.

23

정답 | ④

해설 | 보기는 분류법에 대한 설명이다. 분류법은 간단하고 비용이 적게 소요되며 평가 과정에 대한 이해가 쉽다는 장점이 있으나, 분류 기준이 애매하며 상세한 분석이 어려워 정확성이 낮아질 수 있다는 것이 단점이다.

직무평가방법 구분

서열법	직무가치를 포괄적인 관점에서 평가하고 등급을 정하는 것으로, 가장 하위는 가장 쉬운 업무, 가장 상위는 가장 어려운 업무 등으로 서열을 정하는 것
분류법	사전에 직무등급표를 제작해 두고 각 직무를 이 직무등급표의 분류기준과 비교·검토한 후 해당 등급에 편입하여 평가하는 방법
점수법	각 직무의 평가요소에 관해 등급을 부여한 후 각 등급에 점수를 매겨 점수의 총합으로 직무를 비교·평가하는 방법
요소비교법	조직에서 가장 핵심이 되는 몇 개의 기준직무를 선정하고 등급화한 후 기준직무 이외의 직무는 요소별 배분표를 참고하여 임금액을 산정, 총 임금액으로 직무를 평가하는 방법

24

정답 | ②

해설 | 베버의 관료제는 항구성 경향이 있어 스스로 현재 상태를 지속시키려고 하며, 새로운 환경 변화에 적응하지 못하는 경직성을 보인다.

25

정답 | ①

해설 | 직업공무원제는 젊은 인재들이 평생 직업으로서 공직을 선택할 수 있도록 채용 및 관리, 보상 등 인사행정의 각종 제도를 설계해 운영하는 것이다. 이는 유능하고 젊은 인재를 유치하는 데 도움을 준다.
② 직업공무원제는 공직에 대한 자부심과 일체감을 제고하여 공무원이 갖춰야 할 높은 봉사정신과 행동규범을 보장한다.
③ 직업공무원제는 장기 근무를 장려함으로써 공직을 하나의 전문 직업 분야로 확립한다.
④ 직업공무원제는 행정의 계속성과 일관성을 유지하고, 전문성 있는 고급 공무원을 육성하는 데 효과적이다.

2021년
2020년
2019년
2018년
2017년
2016년
2015년
2014년
2013년
2012년
2011년
2010년
2009년
2008년
2007년

국방부(육·해·공군) 시행 필기시험(2009.09.27)

1	2	3	4	5	6	7	8	9	10
④	①	③	④	②	④	①	①	①	③
11	**12**	**13**	**14**	**15**	**16**	**17**	**18**	**19**	**20**
②	②	①	②	③	④	②	④	②	③
21	**22**	**23**	**24**	**25**					
④	①	③	③	①					

01

정답 | ④

해설 | 엘리트이론에서 정책은 그 사회의 지배 엘리트의 가치와 선호를 반영하며, 지배적 위치를 차지한 소수의 엘리트에 의해 일방적으로 정책문제가 채택된다고 본다.

① 신베버주의에 해당한다. 베버(Wever)의 입장을 추종하는 현대 이론으로 국가를 스스로 결정하는 힘을 가진 실체로 인식하였다. 국가의 상대적 자율성을 강조하고 국가를 중심적으로 보는 시각이다.

② 다원주의에 해당한다. 다원론은 엘리트이론과 대비되는 이론으로 정부가 다양한 국민들의 의사를 중재, 조정하여 다수국민의 의사를 반영하는 것을 민주적으로 보는 입장을 말한다.

③ 정책네트워크에 해당한다. 참여자들 간의 상호작용관계를 포괄적이고 체계적으로 분석한 모형으로 다원주의, 엘리트이론 등이 설명하지 못하는 한계를 극복하고자 나타난 모형이다.

02

정답 | ①

해설 | 대리인이론은 시민의 권한위임을 받는 관료가 시민의 통제에서 벗어나고, 시민이 관료를 통제하는 방법을 설명해 주는 데 적절한 이론이다. 즉 대리인 문제를 최소화하기 위해서는 대리인의 자율성보다는 대리인에 대한 감시·통제의 강화가 필요하다.

> **주인-대리인이론**
>
> • 의의 : 주인이 대리인으로 하여금 자신의 이익과 관련된 행위를 재량으로 해결해 줄 것을 부탁하는 주인-대리인 관계에서 나타나는 여러 문제를 다루는 이론
>
> • 전제 : 개인을 자신의 이익을 극대화하려는 이기주의자로 가정하고, 개인과 대리인 간의 이해관계의 차이로 '대리손실'이 발생한다고 주장
>
> • 대리손실
>   - 역선택 : 대리인에 대한 정보가 부족하여 대리인에게 부적격한 사람이나 무능력자를 선택하게 되는 현상
>   - 도덕적 해이 : 정보의 격차로 인한 감시의 허술함을 이용하여 대리인이 주인의 이익보다 자신의 이익을 추구하는 현상
>
> • 정보의 균형화, 대리인에 대한 감시·통제, 유인기제, 규범과 신념의 내재화 등의 방법을 통해 대리손실의 최소화를 추구

03

정답 | ③

해설 | 다면평가제도는 주변의 인간관계에 의하여 평가가 달라질 수 있기 때문에 일종의 포퓰리즘적인 행태가 나타나는 단점이 있다.

04

정답 | ④

해설 | 제3종 오류(메타 오류)는 정책문제 자체를 잘못 인지하거나 성의하여 후속과성에서까지 영향을 비칠 수 있는 오류를 말한다. 문제에 나온 정책문제는 잘못된 교통신호체계를 문제화하지 않고 자가용 증대문제를 핵심으로 잘못 인지한 것이다. 이럴 경우 정책의 결정과정에 영향을 주어 문제의 근본적 해결에는 도움을 못 주는 정책이 도출될 수도 있다.

오류의 종류

제1종 오류 (알파 오류)	귀무가설(영가설)이 실제 옳은 데도 불구하고 검정 결과가 그 가설을 기각하는 오류를 말한다. 즉, 받아들여야 할 영가설을 거부하는 데서 따르는 오류를 말하며 대안이 실제로 효과가 없음에도 있다고 평가하여 채택하는 경우이다.

제2종 오류 (베타 오류)	귀무가설(영가설)이 실제로는 틀린 데도 불구하고 그 것을 옳은 것으로 잘못 받아들이는 오류를 말한다. 거부되어야 할 영가설을 받아들이는 데서 따르는 오류를 의미하며 대안이 실제로 효과가 있음에도 없다고 평가하여 기각하는 경우를 말한다.
제3종 오류 (메타 오류)	정책문제를 잘못 정의하고 있는 것이다. 귀무가설이란 직접 검증의 대상이 되는 가설로, 영가설 또는 당초가설이라고 한다. 영가설(null hypothesis)이란 연구가설에 대한 논리적 대안으로서 연구결과에 나타난 통계적인 차이 또는 분석된 관계들이 우연에 의한 것이거나 무작위 오차 때문에 생긴 것이라고 진술하는 형태이다.
환원주의 오류	개인을 분석단위로 한 연구결과를 집단이나 사회 등에 적용할 경우 발생할 수 있는 오류이다.

05

정답 | ②

해설 | 제도적 접근은 사회의 법과 제도상의 결함이나 이러한 것들에 대한 관리기구들과 그 운영상의 문제들, 또는 예기치 않았던 부작용들이 부정부패의 원인으로 작용한다고 보는 입장이다. 특히 행정통제장치의 미비를 대표적인 관료부패의 원인으로 본다.

① 도덕적 접근은 개인의 윤리의식이 부재하여 부패가 나타난다고 보는 입장이다.

③ 사회 · 문화적 접근은 해당 사회의 지배적인 관습이나 경험에 의하여 부패가 발생한다고 보는 접근방법이다.

④ 체제론적 접근은 한 사회의 문화적 특성, 제도상의 결함, 구조적 모순 등 다양한 요소가 복합적으로 작용하여 부패가 발생한다고 보는 접근방법이다.

06

정답 | ④

해설 | 우편사업을 비롯하여 조달사업, 양곡관리사업 등은 정부부처 형태의 국가공기업(정부기업)에 속하며, 정부기업의 예산 운용에 관한 법률은 「정부기업예산법」이다.

정부기업예산법

목적	정부기업별로 특별회계를 설치하고, 그 예산 등의 운용에 관한 사항을 규정함으로써 정부기업의 경영을 합리화하고 운영의 투명성을 제고함을 목적으로 한다.
적용대상	우편사업, 우체국예금사업, 양곡관리사업 및 조달사업

07

정답 | ①

해설 | 위원회 조직은 다수의 참여 · 토론을 통한 민주적인 합의로 보다 신중하고 공정한 결정을 내릴 수는 있으나, 의사결정이 지연되는 단점이 있다.

위원회 조직의 장 · 단점

장점(민주성 제고)	단점(능률성 저하)
• 집단적 결정 · 합의 결정 • 신중하고 공정한 결정 • 합리적 결정 • 관료주의의 지양 • 조정의 촉진 • 커뮤니케이션 · 인간관계 · 협조의 촉진 • 동기 유발 · 사기 양양 • 관리자의 양성 • 정치적 중립성 · 계속성 · 안정성	• 결정의 신속성 · 비밀성의 확보 곤란 • 경비 과다 • 책임 한계의 불명확 • 타협적 결정의 가능성 • 통솔력의 약화 • 소수의 전제화 • 사무국의 우월화 가능성

08

정답 | ①

해설 | 네트워크 조직은 조직 경계의 모호성으로 인하여 응집력 있는 조직문화의 형성이 어려우며, 구성원들이 조직에 충성하는 문화를 기대하기 어렵다는 단점이 있다.

네트워크 조직의 장 · 단점

장점	단점
• 전 지구적으로 최고 품질과 최저비용의 자원들을 활용할 수 있으면서도, 대단히 간소화된 조직구조를 갖는 데 있다. • 환경변화에 신축적이고, 신속한 대응이 가능해진다. • 네트워크 조직 내 개인들은 도전적인 과업을 수행하면서 직무의 확장과 확충에 따라 직무동기가 유발된다. • 네트워크 조직은 조직망 속의 중심점들(nodes) 간의 지속적인 교환관계에서 정보의 새로운 종합과 지식의 산출을 증진시킴으로써 학습이 촉진된다. • 조직구성단위의 자율성이 높으며, 조직구성원의 관계가 수평적이다. 따라서 수평적 공개적 의사전달이 강조된다.	• 계약관계에 있는 외부 기관을 직접 통제하기 어렵다는 점이다. 외부 기관들의 협력으로 대리인 문제가 발생하기 쉬워, 조정 및 감시비용이 증가한다. • 제품의 안정적 공급과 품질관리에 어려움이 있을 수 있다. • 네트워크 구조에서 조직은 모호한 조직 경계에 따라 조직의 정체성이 약해 응집성있는 조직문화를 가지기 어렵고, 구성원의 충성을 기대하기 쉽지 않다. 따라서 조직구성원의 이직이 빈번하게 일어난다.

09

정답 | ①

해설 | 국가보조금은 수직적 재정조정제도에 해당한다. 그 밖에도 수직적 재정조정제도에는 지방교부세, 시·군재정보전금 등이 있다.

② 국고보조금은 보조금의 교부에 대한 반대급부를 요구하지 않기 때문에 무상재원인 성격을 지닌다.

③ 국고보조금은 국가로부터 교부되는 의존재원이면서 용도를 지정하여 도와주는 의미의 특정재원으로서의 성격을 가지고 있다.

④ 우리나라의 국고보조금은 지나치게 통제 위주로 운영되어 지방자치단체의 행정적·재정적 자율성을 저해하는 측면이 존재한다.

10

정답 | ③

해설 | 노인돌봄 서비스, 장애인활동 보조서비스 등은 전자바우처의 대표적 운영사례이다.

한국의 바우처제도

사회서비스 전자바우처	정부가 2007년부터 도입하여 노인돌봄종합서비스, 장애인 활동지원, 산모·신생아 건강관리지원, 장애아동 가족지원, 임신출산 진료비지원 등의 서비스를 전자바우처로 제공하고 있다.
문화바우처	저소득층이 공연 및 전시회 티켓, 도서 등을 구매하여 문화생활을 향유할 수 있도록 정부가 비용을 지원하는 제도를 말한다. 문활누리카드라는 이름으로 발행하고 있다.
주택바우처	서울시의 주택바우처가 대표적이며, 자기 소득의 일정 수준을 넘는 임대료에 대하여 그 차액을 바우처로 지원하는 제도이다. 서울시의 주택바우처는 월세액의 일정부분을 바우처로 지원하고 있다.
아동급식 지원	각 지자체에서 시행하고 있으며 서울시의 꿈나무카드, 경기도의 G-Dream 카드 등이 대표적인 바우처이다. 결식아동에게 식비를 지원하고 카드 가맹점에서 식료품 구입을 할 수 있도록 하는 제도이다.

11

정답 | ②

해설 | 공공선택이론은 전통적인 관료제를 비판하는 입장을 취한다. - 공공서비스를 독점적으로 공급하는 전통적인 관료제는 시민의 요구를 민감하게 반응을 보일 수 없는 제도적 장치이며, 동시에 조직화된 압력단체들의 영향력하에 이들에게 공공서비스를 편향적으로 공급하고 주된 소비자인 시민의 선택을 억합한다는 것이다.

12

정답 | ②

해설 | 사법부는 정책 과정의 참여자 중에서 공식적 참여자이다.

①, ③, ④은 비공식적 참여자이다.

정책과정의 참여자

공식적 참여자	의회(입법부), 대통령, 행정기관과 관료, 법원(사법부), 헌법재판소, 지방(지방자치단체장, 지방의회, 지방공무원, 일선기관 등)
비공식적 참여자	정당, 이익집단, 일반국민, 여론과 언론기관(대중매체), 전문가와 지식인 및 정책공동체, 시민단체와 NGO

13

정답 | ①

해설 | 균형성과표는 과정을 중심으로 다양한 관점에서 균형을 추구하려는 성과표이다. 그렇기에 재무 상태가 양호하여도 고객 만족도나 내부프로세스 효율성이 낮고 구성원의 학습과 성장 상태가 좋지 않으면 점수가 낮게 기록된다.

균형성과표(BSC)

조직의 비전과 전략을 달성하기 위해 수행해야 할 색심적인 사항을 측정 가능한 형태로 바꾼 성과지표의 집합이다.

균형성과표가 추구하는 4가지 균형	균형성과표의 4가지 관점
1. 재무적 지표와 비재무적 지표(고객, 내부프로세스, 학습, 선장) 2. 조직의 내부요소와 외부요소의 균형 3. 선행지표(결과 예측)와 후행지표(결과)의 균형 4. 단기적 관점과 장기적 관점	1. 재무적 관점 : 재무지표를 의미, 전통적인 후행지표 2. 고객 관점 : 조직이 고객에게 전달해야 하는 가치에 중심을 둔 관점 3. 내부프로세스 관점 : 고객이 원하는 가치를 구현하기 위해 조직이 운영해야 하는 내부프로세스 확인 4. 학습과 성장 관점 : 주로 인적 자원에 대한 성과를 포함한 장기적인 관점

14

정답 | ②

해설 | 절차적 합리성은 결정과정이 이성적인 사유에 따라 이루어졌을 때 존재한다. 목표에 비추어 적합한 행동이 선택되는 정도를 의미하는 것은 사이먼(Simon)의 내용적 합리성이다.

15

정답 | ③

해설 | 발생주의 회계에서는 거래의 발생 시점을 인식하는 과정에서 주관성이 개입할 가능성이 있다는 단점이 존재한다.

16

정답 | ④

해설 | 선형계획 : 이론적 예측기법으로 인과관계를 분석하는 연역적·객관적 예측기법인 이론적 예측에는 선형계획, 회귀분석, 상관분석, 경로분석 등이 있다.
① 브레인스토밍 : 대면적인 접촉관계를 유지하며 자유분방하게 의견 혹은 아이디어를 교환하는 집단자유토의 기법
② 교차영향분석 : 미래 특정 사건의 발생확률을 연관된 사건의 발생 여부에 기초하여 추정하는 추측기법

현금주의와 발생주의

구분	현금주의	발생주의
장점	· 절차가 간편하고 이해가 쉬움 · 관리와 통제가 용이 · 현금흐름 파악 용이 · 회계처리의 객관성 확보	· 비용·편익 등 재정성과 파악이 용이 · 자산과 부채파악으로 재정의 건전성 확보 · 자기검정기능으로 회계오류 시정 · 재정의 투명성·신뢰성·책임성 제고 · 출납폐쇄기한 불필요
단점	· 경영성과 파악 곤란 · 자산과 부채 파악 곤란 · 감가상각 등 거래의 실질 및 원가 미반영, 자산의 감소를 기록 못 함	· 복잡하고 작성비용이 과다 · 회계담당자의 주관성이 작용 · 절차복잡 및 현금흐름 파악 곤란 · 수익의 과대평가 가능성

17

정답 | ②

해설 | 지시적 위임가형은 정책결정자에 의해 수립된 목표에 대하여 집행자는 바람직한 것임을 동의함으로써 정책결정자로부터 상당한 수준의 재량권을 위임받아 정책을 집행하는 모형이다. 정책결정자는 정책형성에 대한 통제권을 가지는 반면, 집행자에게는 수립된 목표의 달성에 필요한 수단을 결정할 광범위한 권한이 부여된다는 점이 특징이다.

정책집행의 유형

구분	정책결정자	정책집행자	성공적 집행의 기준
고전적 기술관료(자)형	명확한 목표 제시	목표달성을 위한 기술적 권한만 위임	정책목표의 달성도(효과도)
지시적 위임자(가)형	명확한 목표 제시	목표달성을 위한 기술적 권한+행정적·관리적 권한을 위임	효과성 또는 능률성
협상(자)형	결정자와 집행자 간에 정책목표와 정책수단에 대해 협상		정책지지 및 유권자의 만족도
재량적 실험가형	결정자의 지식 부족 등으로 추상적·일반적 목표만 설정	목표 구체화와 수단의 개발에 관한 광범위한 재량을 위임	정책수혜집단의 대응도
관료적 기업가형	결정자와 수단에 대해 협상	집행자가 정책과정 전반을 완전히 통제	체제 유지

18

정답 | ④

해설 | 지방자치단체인 구(자치구)는 특별시와 광역시의 관할 구역 안의 구민을 말하며 특별시 또는 광역시가 아닌 인구 50만 이상의 시에는 자치구가 아닌 구를 둘 수 있다. 따라서 경기도 수원시 팔달구는 지방자치구가 아니라 행정구에 해당한다.

> **지방자치단체의 종류(「지방자치법」 제2조)**
> 지방자치단체는 다음의 두 가지 종류로 구분한다.
> · 특별시, 광역시, 특별자치시, 도, 특별자치도
> · 시, 군, 구

19

정답 | ②

해설 | 직렬(series)이란 직무의 종류가 유사하고 그 책임과 곤란성의 정도가 상이한 직급의 군을 말한다.

① 직위(position) : 1인의 공무원에게 부여할 수 있는 직무와 책임을 말한다.

② 직류(sub-series) : 동일한 직렬 내에서의 담당분야가 동일한 직무의 군을 말한다.

④ 직군(occupational group) : 직무의 성질이 유사한 직렬의 군을 말한다.

20

정답 | ③

해설 | 순현재가치(NPV)는 최초 투자시기부터 사업 종료 시점까지 연도별 순편익의 흐름을 각각 현재가치로 환산한 것을 말한다. 순현재가치가 0보다 크면 사업의 타당성(경제적 타당성)이 있다고 분석되어 채택 가능이라 판단할 수 있다.

> **비용-편익분석(Cost-benefit Analysis)**
> 투입되는 비용과 산출량의 상관관계를 고려하여 편익이 큰 것을 기준으로 대안 선택 여부 혹은 우선순위를 명백하게 하는 것을 의미하며 편익은 금액으로 표현되거나 환산될 수 있는 것이다. 비용-편익분석(CBA)과 비용-효과분석(CEA)의 가장 중요한 차이점은 비용과 편익(효과)의 화폐가치(금전)로 표현되는지의 여부이다.

21

정답 | ④

해설 | 적격심사(Screening)는 주인에게 차별화된 복수의 계약을 제공하여 대리인으로 하여금 선택하게 함으로 능력과 지식에 대한 정보를 얻는 방법으로 주인과 대리인의 이익을 일치시키는 방법이다.

22

정답 | ①

해설 | ㉠은 영향, ㉡은 산출, ㉢은 투입, ㉣은 결과에 해당한다.

공공서비스 성과를 측정하는 지표 기준

성과 지표	내용	예시
투입(input)	생산과정에서 사용된 것들의 명세(재원, 인력, 장비 등)를 자칭하는 것으로 품목별 예산에서 일차적으로 고려되는 요소	공사에 참여한 인력과 장비, 범죄 현장에 출동한 인력과 장비 등
산출 (output)	수행된 활동 자체보다는 생산과정에서 활동에서 창출된 직접적인 생산물을 의미	포장된 도로의 면적, 범죄자 체포 건수, 화재진압 건수 등
결과 (outcome)	산출물이 창출한 조직 환경에서 직접적인 변화를 의미	차량의 통행 속도 증가, 범죄율 감소, 화재 발생률 감소 등
영향 (impact)	조직 혹은 사업의 궁극적인 사회·경제적 효과를 의미	안전한 지역 사회 형성, 지역사회의 발전, 환경 개선 등

23

정답 | ③

해설 | 외부주도형은 정책 담당자가 아닌 외부집단이 주도하여 정책의 제화가 이루어지는 모형으로, '사회문제 → 사회이슈 → 공중의제 → 정부의제'의 순서로 정책의제설정이 이루어진다.

① 내부접근모형에 해당한다. 관료집단이나 외부집단에 의하여 주도되어 이들이 최고 정책결정자에게 접근하여 정책의제로 채택되는 경우를 말한다.

② 동원형에 해당하는 과정이다. 동원형은 내부접근형과 유사하게 정부에서 사회문제를 채택하여 정책의제로 형성하지만, 효율적인 집행을 위해 외부(대중)의 지지를 얻기 위한 과정을 거치게 된다.

24

정답 | ③

해설 | 신공공관리론은 조직 내 관계를 중시하며, 뉴거버넌스론은 조직 간 관계를 중시한다.

신공공관계론과 뉴거버넌스론 비교

구분기준	신공공관리	뉴거버넌스 (신국정관리)
인식론적 기초	신자유주의 (비정치적 개념)	공도체주의 (정치적개념)
관리기구	시장	연계망 (network)
관리가치	결과(outcomes)	신뢰(trust), 과정
정부역할	방향잡기 (steering)	방향잡기 (steering)
관료역할	공공기업가 (public entrepreneur)	조정자 (coordinator)
작동원리	경쟁(시장 메커니즘)	협력체제 (partnership)
서비스	민영화, 민간위탁 등	공동공급 (시민, 기업 등 참여)
관리방식	고객지향	임무 중심
분석수준	조직 내 (intra-organizational)	조직간 (inter-organizational)
공통점	• 노젓기(rowing)보다 방향잡기(steering) 중시 • 투입보다 산출에 대한 통제 강조 • 공공과 민간부문의 구분 필요성 회의적	

25

정답 | ①

해설 | 기획담당자는 혁신적이며, 예산담당자는 보수적인 성향을 띤다.

기획과 예산

구분	계획	예산
특징	• 장기적, 추상적, 포괄적 • 개혁적, 합리적, 분석적	• 단기적, 구체적, 점증적 • 보수적 · 정치적
담당자의 특징	• 미래지향적, 발전지향적, 쇄신적 • 소비지향적	• 비판적, 보수적, 부정적 • 저축지향적

국방부(육·해·공군) 시행 필기시험(2008.06.14)

1	2	3	4	5	6	7	8	9	10
④	③	④	④	②	④	④	④	④	①
11	**12**	**13**	**14**	**15**	**16**	**17**	**18**	**19**	**20**
④	①	④	②	①	②	①	②	③	①
21	**22**	**23**	**24**	**25**					
②	②	②	①	①					

01

정답 | ④

해설 | 스미스(A. Smith)로 대표되는 자유방임사상은 "국가경비는 비생산적인 경비이므로 국가의 의무는 국방, 사법제도(치안), 공공토목사업, 주권유지를 위한 재정권의 행사에 국한해야 한다."고 주장하였다. 환경규제는 현대에 와서 강조된 국가의 기능에 해당한다.

02

정답 | ③

해설 | 통제 지향적 예산에 해당하는 대표적인 예산제도는 품목별 예산제도(LIBS)이다. 품목별 예산제도는 하향적 의사결정구조가 아닌 상향적 의사결정구조를 가지는 것이 특징이며, 일하는 데 필요한 재화와 용역(품목)에 따라 예산을 편성하는 제도이다. 조직의 활동이나 사업에 정보의 초점을 두는 예산제도는 성과주의예산(PBS)이다.

03

징답 | ④

해설 | 점증주의는 당파적 상호 조정을 통하여 예산결정에서 발생할 수 있는 갈등을 원만히 결하는 방식을 취하고 있다. ①, ②, ③ 모두 합리주의(총체주의)에 대한 설명에 해당한다.

합리주의와 점증주의

구분	합리주의	점증주의
초점	예산상의 총 이득을 어떻게 극대화할 것인가?	예산상의 이득을 누가 얼만큼 향유하는가?
목적	• 효율적인 자원배분(파레토최적) • 사회후생(총편익)의 극대화	• 공정한 몫의 배분(균형화) • 득표(정치적지지)의 극대화
방법	• 분석적 기법(비용편익분석 등) • 체계적 결정	• 정치적 타협이나 협상 • 단편적 결정
행동원리	시장(최적화)원리	게임(균형화)원리
이론	총체주의	점증주의
적용분야	• 순수공공재, 분배정책 • 신규 사업에 적용 가능성 높음 • 기술적·미시적 문제	• 준공공재, 재분배정책 • 계속사업에 적용 가능성 높음 • 거시적 문제
개혁목표	예산배분의 효율	재정민주주의 구현

04

정답 | ④

해설 | 채무부담주의회계는 지출원인행위가 행해진 시점을 기준으로 기록·보고하는 방식이므로 물품 구매, 공사 등에 대한 주문, 계약에 유용한 제도이다. 또한, 이 방식은 예산잔고에서 지출을 감하는 방식으로 지출이 있을 때 비용을 기록하지 않아 예산 초과 지출을 억제하는 예산통제기능을 할 수 있다.

① 재정융자특별회계법에 의한 재정융자특별회계의 출자계정에서는 정부출자 및 출연을 수행(제5조)하였으나 1996년 폐지되었고, 재정융자특별회계법 역시 폐지되었다(2006.12).

② 현금주의는 현금의 수취와 지출시점에서 수익과 비용을 인식하는 기준이다. 즉, 수입은 현금이 수납되었을 때 기록하고 지출은 계좌이체를 하거나 현급이 지급되었을 때 기록하는 것이다. 이 방식은 자의적 회계처리가 불가능하여 예산의 통제기능에 적합하고, 그 내용을 이해하기 쉬우며 현금의 흐름을 파악하는 데 유용하다.

③ 발생주의는 현금의 수취나 지출과 관계없이 수익은 실현된 때에 인식하고 비용은 수익 획득과 관련하여 발생한 때에 인식하는 기준을 말한다. 즉, 정부의 수입이 발생했을 때(세입의 징수 결정이 이루어졌을 때) 그것을 수입으로 기록하고, 정부가 재화와 용역을 획득함으로써 지출해야 할 채무가 발생했을 때 그것을 지출로 기록하는 것이다.

05

정답 | ②

해설 | 독립채산제란 산하기관의 재정을 모(母)기관의 재정으로부터 분리하여 독자적으로 경영하는 제도를 말한다. 공기업 경영에 있어서 국가의 재정적 지배로부터 독립하는 이른바 '재정과 경영의 분리'를 지향하는 제도로 발전하게 되었다. 따라서 독립채산제는 공기업에 관하여 중앙집권적인 관리가 아니라 분권적으로 관리하는 기업이라고 할 수 있다.

06

정답 | ④

해설 | 공기업이 책임운영기관보다 영리 추구를 더욱 중시한다.

> **책임운영기관**
> 1. 의의 : 정부가 수행하는 사무 중 공공성(公共性)을 유지하면서도 경쟁 원리에 따라 운영하는 것이 바람직하거나 전문성이 있어 성과관리를 강화할 필요가 있는 사무에 대하여, 책임운영기관의 장에게 행정 및 재정상의 자율성을 부여하고, 그 운영 성과에 대하여 책임을 지도록 하는 행정기관을 말한다.
> 2. 특징 : 정책결정과 정책집행의 분리, 경쟁의 도입, 관리자에의 재량권 부여, 성과에 대한 책임, 기관장의 계약제
> 3. 제도 도입 대상 분야 : 민영화 및 공사화 추진이 곤란한 분야, 내부시장을 창출 할 수 있는 분야, 독립채산제를 적용하여야 하므로 사용료·수수료 등이 활용 가능한 분야

07

정답 | ④

해설 | 예산, 회계, 계약, 재산관리, 지방세, 사용료, 공금의 부과 등 위법한 재무행위에 대해서는 주민투표가 아니라 주민감사청구를 거쳐 주민소송을 통하여 시정이 가능하다.

> **「주민투표법」**
> 제7조【주민투표의 대상】
> ① 주민에게 과도한 부담을 주거나 중대한 영향을 미치는 지방자치단체의 주요결정사항으로서 그 지방자치단체의 조례로 정하는 사항은 주민투표에 부칠 수 있다.
> ② 제1항의 규정에 불구하고 다음 각 호의 사항은 이를 주민투표에 부칠 수 없다.
>   1. 법령에 위반되거나 재판 중인 사항
>   2. 국가 또는 다른 지방자치단체의 권한 또는 사무에 속하는 사항
>   3. 지방자치단체의 예산·회계·계약 및 재산관리에 관한 사항과 지방세·사용료·수수료·분담금 등 각종 공과금의 부과 또는 감면에 관한 사항
>   4. 행정기구의 설치·변경에 관한 사항과 공무원의 인사·정보 등 신분과 보수에 관한 사항
>   5. 다른 법률에 의하여 주민대표가 직접 의사결정 주체로서 참여할 수 있는 공공시설의 설치에 관한 사항. 다만, 제9조 제5항의 규정에 따라 지방의회가 주민투표의 실시를 청구하는 경우에는 그러하지 아니하다.
>   6. 동일한 사항(그 사항과 취지가 동일한 경우를 포함한다)에 대하여 주민투표가 실시된 후 2년이 경과되지 아니한 사항

08

정답 | ④

해설 | 윌슨-베버리안의 패러다임을 비판하면서 민주행정 패러다임을 제시한 학자는 오스트롬(V. Ostrom)이다. 오스트롬은 『미국 행정학의 지적 위기, 1993』라는 저서를 통해, 행정학에 공공선택론적 관점을 접목시켰다. 또한, 윌슨-베버리안의 집권적 능률성 패러다임을 비판하며 민주행정 패러다임을 내세웠다. 왈도(C. D. Waldo)는 가치주의와 사회적 형평성의 추구를 학문적 이념으로 삼고 미노브룩 회의에서 젊은 행정학자들과 함께 신행정론을 전개한 학자이다.

09

정답 | ④

해설 | 신공공관리론에서는 정부의 기능과 지출을 감축할 것을 주장하였다. 즉, 정부는 민간부분에서 능률적·효율적으로 수행할 수 없는 일만 수행하고, 나머지 정부의 기능은 모두 민영화할 것을 주장하였다. 따라서 사회적 문제에 대한 정부의 공적 역할을 축소하고 민영화 등을 통해 민간에 이양하여 정부는 관리에만 집중할 것을 강조하였다.

10

정답 | ①

해설 | 직위분류제도는 과학적 관리론과 실적주의를 배경으로 추진되었다. 즉, 직위분류제는 엽관주의의 폐해를 극복하고자 실적주의가 강조되는 상황에서 과학적 관리론의 영향으로 합리적인 보수제도의 확립을 위한 직무분석, 직무평가가 촉진됨으로써 성립·발전되었다.

11

정답 | ④

해설 | 시장실패란 시장경제체제에서 시장기구가 그 기능을 제대로 발휘하지 못하여 자원이 효율적으로 배분되지 못하는 상태를 말한다.

> **시장실패의 원인**
> • 불완전 경쟁(시장의 불완전성)
> • 규모의 경제(비용체감산업)
> • 외부효과(외부경제, 외부비경제)
> • 공공재의 공급 부족
> • 정부의 불완전성(불확실성, 비대칭성)

12

정답 | ①

해설 | 법관 및 검사의 경우도 일반공직자와 같이 「공직자윤리법」, 「부패방지 및 국민권익위원회의 설치와 운영에 관한 법률」이 적용된다.

13

정답 | ④

해설 | 허시와 블랜차드(Hersey & Blanchard)는 리더십 상황이론을 3차원 모델로 제시하였다.
① 번스(Burns)는 1978년에 변혁적 리더십 이론을 처음으로 주장한 인물이다.
② 피들러(Fiedler)는 상황적응적 리더십 모형(상황결정이론)을 연구·발전시킨 인물이다.
③ 블레이크와 머튼(Blake & Mouton)은 관리유형도를 통해 생산에 대한 관심과 인간에 대한 관심을 기준으로 리더십 유형을 5가지로 분류하였다.

> **3차원 리더십 이론**
> 1. 기본 유형 : 3차원적 리더십 이론은 과업지향과 인간관계지향이라는 두 가지 리더십 형태의 차원을 기준으로 관련형, 통합형, 분리형, 헌신형까지 4가지 기본적 리더십 유형을 제시하고 있다.
> 2. 3차원 유형 3차원적 리더십 이론은 과업 중심적 리더십 형태와 인간관계 중심적 리더십 형태라는 두 가지 차원 이외에 상황에 따른 효과성이라는 차원을 추가시켜 입체적인 이론모형을 전개하고 있다. 결국, 이 이론에서는 리더십 유형의 효과성 여부는 상황에 의존한다고 할 수 있다.

14

정답 | ②

해설 | 재정분석진단제도란 「지방재정법」 제55조에 의하여 시행되고 있는 제도로, 중앙정부가 지방재정운영에 대하여 사후적으로 평가하고 관리하는 제도이다.
① 기채승인제도란 지방자치단체가 지방채를 발행하고자 할 때, 행정안전부장관의 사전승인을 먼저 얻어야 하는 제도를 말한다. 이전의 「지방재정법」상에는 모든 지방채 발행에 있어서 중앙정부의 승인을 받아야 했으나 2006년 1월 1일부터 시행된 「지방재정법」에서 해당 제도는 폐지되었다. 현재는 외채의 발행, 한도액을 초과한 발행, 지방자치단체조합의 지방채 발행 등 일부 경우에 한하여 중앙정부의 승인을 요구한다.
③ 중기지방재정계획은 다음 회계연도부터 5회계연도 이상의 기간에 대한 지방재정계획으로 사전적 관리제도에 해당한다.
④ 「지방재정법」에 따라 재정투·융자사업에 대한 예산안을 편성하기 위해서는 사전에 투·융자심사를 거쳐야 한다.

15

정답 | ①

해설 | 중첩권위형(상호의존형)에서는 연방정부(중앙정부)와 주정부, 지방정부가 각자 고유한 영역을 가지면서 동시에 같은 관심과 책임 영역을 가진다고 보고 있다. 또한, 정부 간에 교환관계가 형성되고, 재정적 상호 협조와 경쟁 관계가 이루어진다고 보고 있다.

라이트(Wright)의 정부 간 관계모형(IGR)

분리권위형	• 연방정부와 주정부는 상호 독립적이며 완전 자치적으로 운영되는 것으로 대등한 경쟁관계 형성 • 지방정부는 주정부에 종속되어 이원적 관계가 형성 • 정부 간 관계를 적절히 나타내지 못하여 현실에 부적합하다는 비판
포괄권위형	• 연방정부가 주정부와 지방정부를 완전히 포괄하고 있는 형태 • 수성부와 시방성부는 연방성부의 결정에 의존, 강력한 계층제적 통제 • 중앙집권적 체제하의 상위 정부의 통제를 반영한 유형
중첩권위형	• 연방정부와 주정부, 지방정부가 각자 고유한 영역을 보유 • 정부 기능의 상당 부분이 연방·주·지방정부에 의해 동시적으로 작용 • 상호 의존적, 재정적 상호 협조 • 정부 간 관계의 가장 이상적인 실천모형

16

정답 | ②

해설 | 집행담당자의 자원·시간·능력이 부족하다면 재량권을 준다 하더라도 재량권을 행사할 수 없으므로 교육·훈련과 순응 확보를 위한 중앙의 강력한 통제가 필요하게 된다.

17

정답 | ①

해설 | 우리나라 국회에서의 예산심의기간은 헌법상 60일이다. 정부는 회계연도마다 예산안을 편성하여 회계연도 개시 90일 전까지 국회에 제출하고, 국회는 회계연도 개시 30일 전까지 이를 의결하여야 한다(헌법 제54조 제2항).

18

정답 | ②

해설 | 아른슈타인(Arnstein)은 시민참여를 주민참여의 효과에 따라 8단계로 구분하였다. 조작, 치료, 정보제공, 자문(상담), 회유(유화), 협력단계(공동협력), 권한위임, 주민통제(자주관리)로 구분된다.

① 샥터(Schachter)는 정부재창조론에서 시민을 정부의 고객으로 보는 것을 문제점으로 지적하면서, 정부기관의 성과를 효과적으로 제고하기 위하여 시민들의 능동적 참여가 필요하다고 강조하였다.

③ 로젠블룸(Rosenbloom)은 행정학의 접근방법을 분류한 인물로 관리적 접근법, 정치적 접근법, 법적 접근법으로 분류하였다.

④ 프리드릭슨(Frederickson)은 왈도(Waldo)의 제자이며 신행정학을 주창했던 대표적인 학자이다.

19

정답 | ③

해설 | 데이터 마이닝(data mining)은 대규모로 저장된 데이터 안에서 체계적이고 자동적으로 통계적 규칙이나 패턴을 찾아내는 것이다. 즉, 데이터 베이스로부터 과거에는 원하는 정보를 알지 못했지만, 데이터 속에서 유도된 새로운 데이터 모델을 발견하여 실행 가능한 유용한 정보를 도출해 내고 의사결정에 이용하는 것을 말한다.

① 데이터 베이스(data base) : 어느 한 조직의 여러 응용 프로그램들이 공유하는 관련 데이터들의 모임이다. 즉, 데이터 베이스는 특정 조직의 업무를 수행하는 데 필요한 상호 관련된 데이터들의 모임으로, 최소의 중복으로 통합(integrated), 저장(stored)된 운영(operation) 데이터로 구성된다.

② 데이터 웨어하우스(data warehouse) : 정보(data)와 창고(warehouse)의 합성어로 기업의 정보 자산을 효율적으로 활용하기 위한 하나의 패러다임이다. 방대한 조직 내에서 분산 운영되는 각각의 데이터 베이스 관리 시스템들을 효율적으로 통합하여 조정·관리하며, 효율적인 의사 결정 시스템을 위한 기초를 제공하는 실무적인 활용 방법론이다. 경영자의 의사 결정을 지원하는 주제 지향적(subjectoriented), 통합적(integrated), 시계열적(timevarient) 그리고 비휘발적(nonvolatile) 데이터의 집합체이다.

④ 데이터 마트(data mart) : 데이터 웨어하우스와 사용자 사이의 중간층으로, 하나의 주제 또는 하나의 부서 중심의 데이터 작은 규모의 웨어하우스라고 할 수 있다. 데이터 마트 내 대부분의 데이터는 데이터 웨어하우스로부터 복제되지만, 자체적으로 수집될 수도 있다. 관계형 데이터 베이스나 다차원 데이터 베이스를 이용하여 구축한다.

20

정답 | ①

해설 | 공사형 공기업은 독립된 특별법인으로서 법률상 당사자 능력을 보유하며, 정부조직이 아니므로 직원은 공무원이 아니다.

② 시장형 공기업은 특별법에 의해 설치되며 특별법의 적용에 따라 운영된다.

③ 공기업이란 국가 또는 공공단체의 출자와 관리·지배 하에 공공 수요의 충족을 목적으로 수지적합주의에 입각하여 경영하는 사업을 말한다.

④ 기획재정부장관은 공공기관을 공기업·준정부기관과 기타 공공기관으로 구분하여 지정하되, 공기업과 준정부기관은 지원 정원이 50인 이상인 공공기관 중에서 지정한다. 공기업은 자체 수입액의 2분의 1 이상인 기관 중에서 지정하고, 준정부기관은 공기업이 아닌 공공기관 중에서 지정한다(「공공기관의 운영에 관한 법률」 제5조)

21

정답 | ②

해설 | 허즈버그(F. Herzberg)는 인간의 욕구 차원을 불만과 만족으로 구분하고, 불만을 일으키는 요인(위생요인)과 만족을 주는 요인(동기요인)은 서로 다르다는 욕구충족요인 이원론을 제시하였다. 만족감을 느끼게 하는 것이 아니고 불만을 막는 작용을 하는 것은 위생요인(불만요인)이라 하였다.

22

정답 | ②

해설 | 인트라넷(intranet)은 조직 내부의 업무통합을 위하여 인터넷 관련 기술을 이용하여 정보시스템을 구축하는 것을 말한다. 즉, 조직 내의 각종 정보시스템과 인터넷을 결합하여 사용할 수 있도록 한 정보시스템으로 기업 내에서 정보를 공유하는 수단으로 가장 많이 사용되고 있다.

③ 엑스트라넷(extranet) : 기업들이 외부 보안을 유지한 채 협력업체들과 서로의 전산망을 이용하여 업무를 처리할 수 있도록 협력업체들의 인트라넷을 인터넷으로 연결한 것이다.

④ 지식관리시스템 : 조직 내 지식자원의 가치를 극대화하기 위하여 통합적인 지식관리 프로세스를 지원하는 정보기술시스템으로, 지식경영시스템이라고도 한다.

23

정답 | ①

해설 | NGO(Non Govermental organization)는 비정부기구로서 시민들의 자발적이고 능동적인 참여로 이루어지는 사적 조직에 해당한다. 비정부기구는 제3섹터라고도 불리는데, 제1섹터인 공공 부문 및 제2섹터의 민간 부분과 독립적으로 운영된다. 비정부기구는 조직 형태가 민간단체(사적 조직)이면서도 공익을 추구하고 공공 부문과 민간 부문의 보완적 역할을 한다는 특성에서 제3섹터라고 할 수 있다.

24

정답 | ①

해설 | 직위분류제는 동일 직류, 직렬, 직군에 따라서 전보 · 승진이 이루어지므로 인사배치의 신축성 · 융통성이 결여된다.

직위분류제의 장 · 단점

장점	단점
• 보수체계의 합리화(직무급수립에 용이)	• 인사배치의 신축성 · 융통성의 결여
• 적재적소의 인사배치	• 유능한 일반 행정가 확보의 곤란
• 훈련수요의 명확화	
• 근무성적평정의 기준 제시	• 장기적 · 종합적 능력 발전과 직업공무원제의 확립이 곤란
• 권한 · 책임 한계의 명확화	• 단기적 효용
• 행정의 전문화 · 분업화에 촉진	• 커뮤니케이션 · 협조 · 조정의 곤란
• 예산행정의 능률화와 행정의 민주적 통제	• 신분 불안
• 사무관리의 개선	• 사무적 인간관계
• 정부의 홍보에 도움	

25

정답 | ①

해설 | 공익의 개념은 '일반적인 불특정 다수의 배분적 이익, 사회 전체에 공유된 가치로서의 사회 일반의 공동이익'이라고 정의할 수 있다. 따라서 공익은 상대적 · 불확정적 개념이다.

공익과 관련된 학설

실체설 (적극설)	• 공익은 사익과 구별되는 실체가 있으며 한 사회가 추구해야 할 궁극적인 가치로, 공익을 개인이나 이익집단의 이익과는 다른 사회공동체의 선험적 공공선으로 파악 • 공익과 사익은 갈등할 수 없기 때문에 전체의 이름으로 부분을 희생하는 전체주의 경향 우려 • 주로 개발도상국에 적용 • 대표 학자 : 플라톤(Plato), 롤스(Rawls), 칸트(Kant), 립먼(Lipman) 등
과장설 (소극설)	• 공익을 선험적인 개념이 아니라 정치과정의 결과적 산출로 파악 • 공익은 상호경쟁적 · 대립적인 다원적 이익이 조정되고 균형화된 결과(경험적 공익관)이며, 사익과 본질적으로 구분되는 사회전체의 이익은 존재하지 않는다고 보는 입장 • 다원화된 선진사회에 적용 • 대표 학자 : 벤틀리(Bentley), 린드블롬(Lindblom), 벤담(Bentham), 홉스(Hobbes) 등

2021년
2020년
2019년
2018년
2017년
2016년
2015년
2014년
2013년
2012년
2011년
2010년
2009년
2008년
2007년

CHAPTER 15 2007년 행정학 기출문제 정답 및 해설

Civilian Worker In The Military **PART 04**

국방부(육·해·공군) 시행 필기시험(2007.05.12)

1	2	3	4	5	6	7	8	9	10
④	③	②	①	②	①	③	①	①	③

11	12	13	14	15	16	17	18	19	20
③	③	②	③	④	③	④	①	③	④

21	22	23	24	25					
①	③	①	②	④					

01

정답 | ④

해설 | 다운사이징(Downsizing)은 조직의 규모를 축소하는 것을 말하며, 신공공관리론에서는 정부의 조직을 축소하는 것을 말한다. 업무프로세스를 근본적으로 재설계하는 기법은 리엔지니어링(re-engineering)이다.

신공공관리론(New Public Management)

개념	공공조직 구조와 관리에 있어서 일어나는 지속적이면서도 새로운 변화를 총칭하는 개념으로, 공공분야에 대한 합리적인 관리에 대한 대안으로서 기업체의 경영방식을 원용하자는 의견을 의미한다.
주요 내용	• 기업가적 정부 • 고객지향적 행정관리 • 총체적 질 관리(TQM : Total Quality Management) • 다운사이징(Downsizing) • 벤치마킹 시스템(benchmarking system) • 각종 Re-기법 : 리스트럭처링, 리엔지니어링, 리오리엔테이션 • 시장성 검증제도(MKT Testing)

02

정답 | ③

해설 | 고정된 계층구조는 관료제(bureaucracy)의 특징에 해당한다. 애드호크라시(adhocracy)는 관료제의 결함을 극복하기 위해서 등장한 조직구조이다.

애드호크라시(Adhocracy)

개념	행정조직의 동태화(動態化)란 행정조직이 환경 변화에 신축성 있게 적응하고, 끊임없이 제기되는 새로운 행정 수요를 충족시킬 수 있도록 경직화된 수직적 구조의 행정조직(관료제 조직)을 변동 대응 능력을 가진 쇄신적 조직(애드호크라시)으로 전환시켜 문제해결 중심의 협동체제를 구성해 나가는 과정을 의미한다.
의의	애드호크라시란 관료제(bureaucracy)의 결함을 보완하고자 등장한 임시적·동태적·유기적 조직을 총칭하는 개념으로 토플러(A. Toffler)가 「미래의 충격」이라는 저서에서 최초로 사용한 바 있다.
구조적 특징	• 높은 수준의 수평적 분화·직무 전문화 • 낮은 수준의 수직적 분화·직무 전문화 • 낮은 수준의 집권화, 분권적·전문적 의사결정 • 높은 수준의 전문화로 낮은 수준의 공식화·표준화를 강조 • 고도의 유기적 구조
장점	• 적응성·창조성이 제고된다. • 다양한 전문가 간의 유기적인 협조가 확보될 수 있다. • 비정형적 업무·고도의 전문적 업무·상호의존도가 높은 업무에 보다 유용하다.
단점	• 명확한 서열 구분이 없어 구성원 간에 갈등이 불가피하다. • 책임·과업의 불명확성으로 책임의식이 약화된다. • 임시성에 따른 심리적 불안감이 야기된다. • 비효율적 구조이며 기계적 편의성·정밀성이 결여되어 있다.

03

정답 | ②

해설 | 계층제는 경직성으로 인해 유연성 있는 조직의 변화가 어렵다.

계층제의 기능

순기능	• 권한과 책임 한계의 명확성 • 조직의 통일성과 안정성 · 질서 유지 • 신속하고 능률적인 업무수행 • 분쟁조정 수단 • 승진경로의 제공으로 구성원의 사기 양양
역기능	• 구성원의 소속감 저하 • 부처 할거주의 초래 • 의사전달의 왜곡 • 단일 의사결정 중추에 따라 독단적 결정 가능 • 역동적 · 민주적 인간관계 형성 저해 • 조직의 경직화 : 외부환경의 변화에 탄력적 대응 곤란

04

정답 | ①

해설 | 기업의 성장과 시장의 효율성을 저해하는 과도하거나 근시안적인 규제가 발생하면서 정부실패가 발생하게 되는데, 이러한 원인을 해결하기 위하여 과도하거나 불필요한 규제를 철폐하거나 완화하는 방법이 있다. 따라서 규제의 철폐는 원인이 아닌 해결책으로 작용하는 것이 적절하다.

정부실패

개념	시장의 실패를 바로잡으려는 정부의 개입이 의도한 결과를 내지 못하거나, 기존의 상태를 더욱 악화시키는 상황
원인	• 과도하거나 근시안적인 규제 • 시장 상황에 대한 정확한 정보와 지식 결여 • 정책 수립 및 집행과정에서 발생할 수 있는 비효율성 • 관료주의의 폐단과 정치적 제약 • 권력과 특혜로 인한 분배의 불평등 • 독점적 생산으로 인한 방만한 경영과 경쟁력 저하

05

정답 | ②

해설 | 행정과 경영은 구조적 측면에서 관료제적 성격을 갖는다는 공통점이 있다.

> **정부조직과 기업조직의 공통점**
> • 목적달성 수단(수단성) : 행정과 경영이 추구하는 목표는 서로 다르지만, 목표달성을 위한 수단이라는 점에 있어서 공통된다.
> • 관료제적 성격(탈관료제적 요소) : 행정(조직)이든 경영(조직)이든 전문화 · 분업, 계층제, 일반적인 법규체계 등을 구조적 특성으로 하는 것이며 동태적인 기능면으로는 순기능도 때로는 역기능도 지닌다는 점에서 유사하다.
> • 협동행위(협동성) : 목표달성을 위한 협동적인 집단노력이라는 점에서는 공통된다.
> • 관리기술(기술성) : 행정은 공사를 막론하고 어떻게 하면 인적 · 물적 자원을 효율적으로 이용 · 관리하느냐 하는 것이 주된 임무로, 관리기술성을 공통적으로 지니게 되며 광범위한 관리적 행위가 이루어진다.
> • 의사결정 : 공 · 사행정은 조직의 목표를 효율적으로 달성하기 위하여 여러 대안 중에서 최선의 대안을 선택하는 행위를 하게 된다.
> • 봉사성 : 행정은 국민에게, 경영은 소비자에게 봉사를 도모한다.
> • 개방체제 : 행정이든 경영이든 개방체제로서 외부환경과의 유기적인 상호 의존작용 관계를 유지하여야 한다.

06

정답 | ①

해설 | 각종 상담제도는 사회적 욕구를 충족시키는 방법에 해당한다. 매슬로우(Maslow)의 5단계 욕구이론에서 사회적 욕구에 해당하는 것은 애정과 소속의 욕구, 존중의 욕구가 해당하며, 상담제도를 통하여 이러한 욕구들을 해소할 수 있다.

② 자아실현의 욕구를 충족시키는 방법이다.

③, ④ 안전 욕구(개인적인 안정과 재정적인 안정)를 충족시키는 방법이다.

07

정답 | ③

해설 | 효과성과 효율성

효과성	• 목표의 달성도, 산출/목표 • 산출에 초점 • 목표지향적 · 결과지향적 · 변화지향적 • 비용 고려하지 않음
효율성 (=생산성)	• 효과성+능률성 • 투입과 산출에 초점 • 비용 고려

08

정답 | ①

해설 | 관료제는 관료의 전임화로 안정성 및 계속성이 확보되어 직업적 보상이 중시된다.

관료제의 특징과 장 · 단점

특징	장점	단점
법규에 의한 지배	예측 가능성, 신뢰성 확보	동조과잉 현상, 목표대치 발생
계층제적 구조	신속하고 통일된 명령 체계 및 의사소통 확보	상관의 귀에 대한 의존 증가, 무사안일주의 초래
비정의성 (Impersonality)	공정성과 객관성 확보, 기회균등의 보장	인격적 관계 상실, 개별적 특성 및 개성 무시
문서에 의한 행정	정확성과 책임성 확보	번문욕례 및 형식주의 초래
관료의 전문화	능력 · 자격 등을 강조하여 능률성 확보	훈련된 무능, 할거주의 초래
관료의 천임화	안정성 및 계속성 확보	폐쇄집단화, 변화에 대한 저항

09

정답 | ①

해설 | 중앙인사기관은 국가기능의 확대와 그에 따른 공무원 수의 지속적인 증가에 따라 이를 합리적으로 관리할 필요에 의해 설치되었다.

②, ③ 엽관주의와 정실주의 개입을 배제하고 인사행정의 공정성과 중립성을 확보하는 데는 강력한 권한을 지닌 인사기관이 필요하다.

④ 인사행정의 전문화 · 능률화를 추진하는 데는 집권적인 인사기관이 요청된다.

중앙인사기관

개념	체계적이고 효율적인 인사관리를 위해 중앙에서 인사기준을 마련하고 정부 전체의 인사행정을 전문적 · 집권적으로 총괄
대두 배경	• 국가기능의 확대 · 강화에 따른 공무원 수 증가 • 인사관리의 공정성 및 중립성 • 행정의 전문성 · 일관성 확보 • 엽관주의의 폐해 극복
성격	독립성, 합의성, 집권성

10

정답 | ③

해설 | 교육기회의 부여는 위생요인(불만요인)이 아니라 동기요인(만족요인)이다.

허즈버그(Herzberg)의 욕구충족요인 이원론

불만요인(위생요인)	만족요인(동기요인)
〈직무의 조건 · 환경〉 조직의 정책 · 방침 · 관리 감독, 근무조건, 보수, 대인관계(상사와의 인간관계), 복지시설	〈직무 자체〉 직무상의 성취, 직무성취에 대한 인정, 보람 있는 일, 책임의 증대, 발전 · 성장, 승진

11

정답 | ③

해설 | 감사원의 일반 직원은 일반직 공무원이다. 감사원장과 사무총장은 정무직, 사무차장은 별정직이다.

> **특정직 공무원**
> 법관, 검사, 외무공무원, 경찰공무원, 소방공무원, 교육공무원, 군인, 군무원, 헌법재판소 헌법연구관 및 국가정보원의 직원과 특수분야의 업무를 담당하는 공무원으로서 다른 법률이 특정직 공무원으로 지정하는 공무원이다. 특정직 공무원은 개별 법률에 의해 별도 계급(직급) 체계를 유지하고 있다.

12

정답 | ③

해설 | 프로젝트 팀은 인적 성격이 강하며, 태스크포스는 물적 성격이 강한 것이 특징이다.

구분	프로젝트 팀	태스크포스
구조	수평적 구조	수직적 · 입체적 · 계층적 구조
존속 시기	임시적 · 단기적 성향(목표달성 후 해체)	장기적 성향(목표 달성 후 존속 경향)
설치 범위	부문내에 설치(소규모)	부문 간에 설치 (대규모)
성격	인적 성격	물적 성격
설치 근거	법적 근거를 요구하지 않음	법적 근거를 요구함 → 비교적 더 전문적임
소속 관계	소속기관에서 시간제(일시적 차출)	이탈하여 전임제

13

정답 | ②

해설 | 비교행정론은 발전행정론의 발달에 기여하였다.

① 미국의 대외원조정책 실패로 인한 반성의 결과, 전통적 행정이론은 일부 선진국에나 타당한 특수지역적 학문에 불과하다는 인식을 갖게 되면서 세계 여러 나라에 보편타당하게 적용될 수 있는 행정이론의 과학화를 추구하게 된다.

③ 2차 대전 종전 이후 후진국과 신생국에 대한 미국의 대외원조정책이 강화되고 있었으나 그것이 실패로 돌아가고 기술원조 제공의 하나로 발전도상국의 행정문제를 연구하게 되면서 비교행정이 발전하게 되었다.

④ 유럽의 학자들이 미국으로 이주하여 이들의 학풍이 미국의 비교연구를 자극하였다.

14

정답 | ③

해설 | 네트워크 조직은 조직활동을 핵심역량 위주로 구성하고 나머지 분야는 아웃소싱 또는 전략적 제휴를 통해 외부 전문가에게 맡기는 조직을 말한다. 네트워크 조직은 정보기술을 이용한 조직이므로 정보통신기술이 필수적으로 확보가 되어야 한다. 또한, 조직구조가 간소화되어 있고, 개방적인 특성을 가지고 있으므로 외부의 환경변화에 대하여 빠르고 탄력적인 대응이 가능하다는 특징을 가지고 있다.

네트워크 구조의 장 · 단점

장점	• 최고 품질과 최저비용의 자원들을 활용할 수 있으면서도, 대단히 간소화된 조직 구조를 갖는다. • 환경변화에 신축적이고 신속한 대응이 가능해진다. • 개인들은 도전적인 과업을 수행하면서 직무의 확장과 확충에 따라 직무 동기가 유발된다. • 조직망 속의 중심점(nodes) 간의 지속적인 교환관계에서 정보의 새로운 종합과 지식의 산출을 증진시킴으로써 학습이 촉진된다. • 조직구성단위의 자율성이 높으며, 조직구성원의 관계가 수평적이다.
단점	• 계약관계에 있는 외부기관을 직접 통제하기 어렵다. 외부기관들의 협력으로 대리인 문제가 발생하기 쉬워, 조정 및 감시 비용이 증가한다. • 제품의 안정적 공급과 품질관리에 어려움이 있을 수 있다. • 네트워크 구조에서 조직은 모호한 조직경계에 따라 조직의 정체성이 약해 응집성 있는 조직문화를 가지기 어렵고, 구성원의 충성을 기대하기 쉽지 않다.

15

정답 | ④

해설 | 호손(Hawthorne) 실험의 결과 등장한 인간관계론은 조직구성원의 사회적 · 심리적 요인의 중요성을 강조하였다.

①, ② 과학적 관리론의 설명이다.

16

정답 | ③

해설 | 맥그리거(McGregor)의 Y 이론은 고차욕구이고, 리커트(Likert)의 체제 I 은 저차욕구에 해당한다.

맥그리거 (McGregor)	매슬로우 (Maslow)	알더퍼 (Alderfer)	허츠버그 (Herzberg)	아지리스 (Argyris)	리커트 (Likert)
X 이론	생리적 욕구	생존 욕구(E)	위생요인	미성숙인	체제 I, II
	안전의 욕구				
Y 이론	사회적 욕구	관계 욕구(R)	동기요인	성숙인	체제 III, IV
	존경의 욕구				
	자아실현의 욕구	성장 욕구(G)			

17

정답 | ④

해설 | 신공공관리론(NPM)은 투입보다는 산출을, 절차의 과정보다는 성과(결과)를 중시한다.

① 전통적 관료제 정부에서 정부의 역할은 주로 노 젓기(rowing)인 데 반하여, 신공공관리론에서 정부는 방향키(steering)로 보고 있다.

② 정부의 경쟁력·생산성을 향상하기 위하여 공공 부문의 시장화 및 공공서비스의 시장지향화를 추구하며, 개인도 공동 생산자(Co-Producer)로서 인식된다.

③ 신 공공관리론은 전통적 관료제 정부모형을 새로운 정부모형으로 전환하기 위한 행정개혁전략의 개발을 지향하는데 그 새로운 정부모형을 '기업가적 정부'로 규정하고 있다.

18

정답 | ①

해설 | 실적주의의 대표적인 폐해로 인사행정의 소극화를 꼽을 수 있다. 따라서 실적주의의 강화는 적극적 인사행정의 내용으로 적절하지 않다.

19

정답 | ③

해설 | 신중앙집권화는 분권화의 필요성이 약해지면서 등장한 것이 아니라 중앙정부의 역할이 증대됨에 따라 중앙정부와 지방정부 간에 새로운 협력 관계가 요구되면서 나타났다.

① 영국과 미국을 중심으로 등장하였다.

② 신중앙집권화는 지방행정의 조정·통합을 통해 민주성과 능률성을 조화할 수 있는 국가행정의 전체적 발전을 모색함으로써 복지사회의 실현에 기여하고자 하는 데 의미를 둔다. 즉, 권력은 분산하나 지식과 기술은 집중함으로써 지방자치 민주화와 능률화의 조화를 추구한다.

④ 중앙정부와 지방정부가 기능적으로 협력하고 조화를 모색하는 민주성과 능률성의 조화로서 등장하였다.

20

정답 | ④

해설 | 예산의 기능은 크게 정치적 기능, 법적 기능, 행정적 기능, 경제적 기능으로 분류할 수 있으며, 쉬크(A. Schick)가 제시한 통제적 기능, 관리적 기능, 계획적 기능으로 구분될 수 있는 기능은 행정적 기능에 해당한다.

21

정답 | ①

해설 | 일몰법(SSL)은 수행되고 있는 모든 행정 활동을 일정 기간 후에 자동으로 폐지하도록 법률로써 강제하는 것을 말한다. 영기준예산이 보통 1년 단위의 단기적 예산 활동을 하는 데에 비하여, 일몰법은 다년도의 장기적 정책 활동을 한다.

영기준예산(ZBB)와 일몰법(SSL)의 비교

영기준예산(ZBB)	일몰법(SSL)
• 행정적 과정(예산 편성) • 최상위부터 중·하위 계층까지 관련 • 단기적(1년)	• 입법적 과정(예산 심의) • 최상위 계층에 관련 • 장기적(3~7년)

22

정답 | ③

해설 | 막료기관(staff agency)은 계선 기관에 정보·지식·기술 등을 제공하여 계선 기관으로 하여금 효과적으로 직무를 수행할 수 있도록 보좌하는 기관을 말한다. 계선 기관에 비하여 비계층적인 성격을 지니고 있으며 수평적인 관계를 가지고 있는 것이 특징이다.

㉠, ㉣은 계선기관(line)에 해당하는 설명이다.

23

정답 | ①

해설 | 정당 등 이익집단이 활성화될 경우 개혁에 대한 반발이 활성화될 수 있으므로, 오히려 행정개혁에 있어 걸림돌로 작용할 우려가 있다.

> **행정개혁의 성공요건**
> • 정치적·사회적 안정
> • 강력한 리더십의 확립
> • 개혁의 분위기와 열의
> • 여론의 지지와 활발한 의사소통
> • 행정조직의 신축성과 개혁에 대한 적극적 사고
> • 저항세력에 대한 정확한 진단

24

정답 | ②

해설 | 대표적 관료제는 행정의 자율성보다는 내부 통제를 강화하기 위한 제도이다.

대표적 관료제

개념	대표관료제는 정부 관료조직이 그 사회의 인적 구성을 반영하도록 구성함으로써 관료제 내에 민주적 가치를 주입시키려는 의도에서 발달된 개념이며(관료제 구성 비율의 적정성), 임명직 관료집단이 민주적 방법으로 행동하도록 하기 위한 방안으로 도입되었다.
기능	• 정부관료제의 대표성 강화와 대응성·책임성 제고 • 내부 통제의 강화와 책임성 제고 • 기회 균등의 적극적·실질적 보장과 사회적 형평성 제고 • 실적제의 역기능 시정
한계	• 실적제에 대한 갈등 • 행정의 전문성과 생산성 저하 • 재사회화의 불고려 • 역차별의 우려 • 사회적 형평성 저해

25

정답 | ④

해설 | 계획예산제도(PPBS)는 체제분석(비용-편익-분석)을 이용한 예산제도로써, 예산의 절약과 능률의 제고에 기여하지만, 계량화가 어려운 곳에는 적용이 어렵고 집권화를 유발하며 입법부의 지위를 약화시키는 문제점이 있다.

기획예산의 장·단점

장점	• 자원 배분의 합리화 • 의사결정의 일원화 • 조직의 통합적 운영·부서 간 갈등 완화 • 계획과 예산의 일치
단점	• 지나친 집권화 초래 • 성과의 계량화 곤란 • 의회의 이해 부족과 의회 지위의 악화 • 제도적 경직성으로 인한 융통성과 신축성 부족

P / A / R / T

05

행정학 모의고사
정답 및 해설

1	2	3	4	5	6	7	8	9	10
③	③	④	②	②	③	①	②	②	③

11	12	13	14	15	16	17	18	19	20
④	③	③	④	③	①	④	②	②	③

21	22	23	24	25					
③	③	②	③	④					

01

정답 | ③

해설 | 지방소방사는 특정직 공무원에 해당한다.

02

정답 | ③

해설 | 계층제는 조직 내 갈등해결을 통해 통일성·안정성을 꾀할 수 있고 행정책임이 명확해지며, 승진 기회를 지속적으로 제공함에 따라 조직 구성원의 사기 증진이 가능하다는 순기능이 있다. 다만 계층의 수가 많아질수록 의사전달이 왜곡될 우려가 있으며, 환경 변화에 능동적으로 대응하지 못하게 된다. 또한 조직의 경직성, 조직구성원의 개성·창의성 저해 등의 문제도 발생할 수 있다.

03

정답 | ④

해설 | 애드호크라시는 형식주의나 공식성에 얽매이지 않으며, 대신 전문성이 강하고 융통성이 있다는 특징이 있다.

04

정답 | ②

해설 | 감축관리를 위해서는 오히려 위원회를 축소하여야 한다.

05

정답 | ②

해설 | 보기 중 대통령 소속의 위원회는 방송통신위원회뿐이고, 국민권익위원회, 금융위원회, 공정거래위원회는 국무총리 소속이다.

06

정답 | ③

해설 | 사업구조(programming structure) 작성의 곤란은 계획예산제도(PPBS)의 단점이다.

07

정답 | ①

해설 | 형평성은 본질적 가치이며, 나머지는 수단적 가치에 해당한다.

> 행정가치
> • 본질적 가치 : 공익, 정의, 자유, 평등, 형평성 등
> • 수단적 가치 : 합법성, 합리성, 민주성, 신뢰성, 책임성, 투명성, 능률성, 가외성, 생산성 등

08

정답 | ②

해설 | 시장실패는 시장 자체가 자율적으로 기능하도록 맡겨두었으나 시장이 효율적인 자원 배분을 달성하지 못하는 것을 말하며, 시장실패의 원인은 내부효과가 아니라 외부효과이다.

09

정답 | ②

해설 | 엽관주의는 정당에 대한 충성도 또는 공헌도를 관직임용의 기준으로 삼는 인사행정제도를 말하는 것으로, 행정의 전문성과 능률성이 저해된다. 또한 정치적 부패를 초래하고 행정의 계속성·일관성·안정성이 훼손될 수 있다.

10

정답 | ③

해설 | 비정부기구(NGO ; Non Governmental Organization)는 대중의 자발적인 참여를 유도하여 이루어지는 사적 조직이면서도 공익을 추구하는 성격을 지니고 있다.

11

정답 | ④

해설 | 독립채산제란 국가 · 지방자치단체 산하의 기업이 재정으로부터 독립하여 자기 수지로 운영하는 제도를 말하며, 독립채산제의 경우 명령일원화의 원칙이 적용되지 않아 전체적인 관리가 어렵다는 단점이 있다.

12

정답 | ③

해설 | ③은 계급제의 특성에 해당한다. 직위분류제에서의 인사이동은 동일 직렬 내에서만 제한적 · 경직적으로 이루어지며, 인사권자의 리더십이 낮다.

13

정답 | ③

해설 | 국가의 세입 · 세출의 결산, 국가 및 법률이 정한 단체의 회계검사와 행정기관 및 공무원의 직무에 관한 감찰을 하기 위하여 대통령 소속하에 감사원을 둔다(헌법 제97조).
① 감사원은 대통령에 소속하되, 직무에 관하여는 독립의 지위를 가진다(「감사원법」 제2조 제1항).
② 감사원은 세입 · 세출의 결산을 매년 검사하여 대통령과 차년도 국회에 그 결과를 보고하여야 한다(헌법 제99조).
④ 감사위원은 정당에 가입하거나 정치운동에 관여할 수 없다(「감사원법」 제10조).

14

정답 | ④

해설 | 허즈버그(Herzberg)의 욕구충족 요인 이원론(동기 · 위생이론)에 관한 내용이다. 구성원의 동기유발은 불만을 제거(위생요인)해주는 것만으로는 어려우며, 동기요인(만족요인)이 충족되어야만 비로소 동기유발이 이루어진다고 말하였다.
① 브룸(V. H. Vroom)은 기대이론을 제시하였다.
② 아지리스(C. Argyris)는 성숙—미성숙 이론을 제시하였다.
③ 메슬로우(A. H. Maslow)는 인간욕구 5단계 이론을 제시하였다.

15

정답 | ③

해설 | 의결권은 지방의회의 가장 기본적인 권한으로 볼 수 있으며, 조례의 제정 · 개정 및 폐지, 예산안 심의 · 확정, 결산 승인, 기금 설치 · 운용 등의 사항을 의결한다. 조례의 공포는 자치단체장의 권한에 해당한다.

16

정답 | ①

해설 | 성인지예산은 남녀평등예산이라고도 불리며 세입세출예산이 남성과 여성에게 미치는 영향이 다르다는 전제하에 남녀평등을 구현하려는 정책의지를 예산과정에 명시적으로 도입한 차별철폐지향적 예산이다. 예산편성 · 집행 과정에서 남성과 여성의 동등한 참여를 보장하고 고르게 통합하여 성차별이 초래되지 않도록 하는 것이다.

17

정답 | ④

해설 | 성과주의 예산제도는 정부의 예산을 기능 · 활동 · 사업계획에 근거를 두고 정부계획의 비용 지출과 효과 간의 관계를 명시하는 제도로, 재정운용의 투명성과 효율성을 제고하기 위하여 2001년부터 도입되었다.

18

정답 | ②

해설 | 위원회 제도는 책임소재가 불분명하다는 단점이 있다.

장점	단점
• 책임의 분산 • 신중하고 공정한 집단적 결정 • 다수의 지지를 획득 • 의사결정에서 위원의 전문성 확보	• 책임소재 불명확 • 결정의 신속성 · 효율성 저해 • 정치적 압력 우려 • 행정업무의 능률성 저해

19

정답 | ②

해설 | Lowi의 정책유형은 배분(분배)정책, 규제정책, 재분배정책, 구성정책으로 분류된다.

20

정답 | ③

해설 | 탈 신공공관리는 신공공관리의 배척 및 대체가 아니라 신공공관리의 수정 · 보완을 주장한다.

21

정답 | ③

해설 | 다면평가 시 동료 · 하급자에 의한 평가의 경우에는 소극적인 평가 태도로 인하여 평가 결과의 왜곡을 초래할 수 있다. 또한 익명성이 보장되지 않는다면 평가 결과의 왜곡이 더 심해질 우려가 있다.

22

정답 | ③

해설 | 일반적으로 볼 때는 민주적 구조로 이루어진 조직이 더 효과적이라고 할 수도 있지만 반드시 그렇지만은 않다. 예컨대 정책의 신속한 집행을 요하는 경우에는 권위주의적 구조로 이루어진 조직이 더 효과적일 수 있다.

23

정답 | ②

해설 | 개방형 인사제도에서의 신분 보장은 임용권자가 좌우하기 때문에 신분이 불안정하게 된다.

24

정답 | ③

해설 | 신제도주의는 제도를 중시한다. 하지만 제도가 개인과 조직 국가의 성패와 연관이 있을 뿐 성패를 결정하는 데 절대적 결정요소라 보고 있지 않다.

신제도주의 유형

사회학적 신제도론	제도가 개인과 조직, 국가의 성패와 연관성이 있다.
경제학 (합리선택적) 신제도론	제도와 관련 행위자 간의 상호작용을 동태(動態)적으로 분석하였으며, 제도는 개인의 선호와 행위를 결정하는 것이 아니라 제약한다고 보았다
정치학 (역사론적) 신제도론	제도만이 개인의 선호와 행위를 결정하는 것이 아닌 다른 요인 또한 영향을 미칠 수 있다는 가능성을 열어두었다.

25

정답 | ④

해설 | 행정지도는 상대방의 동의와 협조를 요하는 것이므로 행정절차의 민주화를 촉진하는 효과가 있다.

1	2	3	4	5	6	7	8	9	10
③	①	④	③	③	③	②	④	④	①
11	12	13	14	15	16	17	18	19	20
①	②	④	②	③	①	④	③	④	③
21	22	23	24	25					
②	②	③	④	④					

01

정답 | ③

해설 | 행정과 경영은 법적 규제의 정도 수준에서 차이가 있다. 행정은 엄격한 법적 규제를 받지만, 경영은 비교적 느슨한 법적 규제를 받는다.

구분	행정	경영
차이점	• 규제와 기속행위가 많다. • 행정은 정치로부터 분리되지 않았다. • 강제적 · 물리적 · 일방적 권력을 행사한다. • 엄격한 평등의 원칙이 적용되고 획일적이다. • 공익실현을 위하여 다양하다. • 합법성, 능률성, 민주성, 효과성, 사회적 형평성 등 다원적 기준에서 평가된다. • 전 국토와 전 국민에게 영향을 미치므로 영향력이 매우 광범위하다. • 비경쟁성(비경합성)이 강한 분야가 대부분이다. • 공개행정의 원칙이 강조된다.	• 규제가 적으며 재량행위가 많다. • 경영은 정치로부터 분리되어 있다. • 공리적 · 쌍방적 권력을 행사한다. • 차등이 인정되고 자율적이다. • 이윤추구를 위한 활동이기에 그 성질이 단일적이다. • 능률성(수익성)이라는 단일적 기준에서 평가된다. • 특정 이해관계자나 소비자에게 국한되므로 영향력이 협소하다. • 독점성이 약하고 경쟁성이 강한 분야가 대부분이다. • 경영 기법 자체가 노하우이므로 비공개 경영이 많다.
유사점	목표달성을 위한 수단성, 관료제적 성격, 관리성, 관리기술의 적용성, 협동성, 봉사성, 의사 결정성을 띠고 있다.	

02

정답 | ①

해설 | 경기가 불황 조짐을 보일 경우 예산 지출 규모를 확대하고, 경기 과열 시에는 지출 규모를 억제하여 경제 안정 효과가 나타나도록 한다.

03

정답 | ④

해설 | 공공선택론은 시장실패에 버금가는 정부실패나 정치실패가 존재할 수 있음을 지적하며, 이에 대한 처방을 제시한 이론으로 정부실패를 인정한다.

> **공공선택론**
> 공공서비스를 제공할 때에 시민 개개인의 선호와 선택을 존중하고, 경쟁을 통해 서비스를 생산 · 공급하게 함으로써 행정의 대응성을 높일 수 있다는 이론이다. 또한 경제학적인 분석도구를 국가이론, 투표규칙, 투표자 행태, 정당정치, 관료 형태, 이익집단 등의 연구에 적용하였다.

04

정답 | ③

해설 | 상동적 오류는 유형화(정형화, 집단화)의 오류에 해당하는 것으로 편견이나 선입견, 고정관념 등에 의한 오류를 뜻한다. 높은 학력을 지닌 사람에게 좋은 평기를 내리는 것 등이 그 예이다. 이를 막기 위해서는 개인의 신상정보를 밝히지 않은 상태에서 근무평정을 해야 한다.
① 헤일로 효과 : 특정 평정요소의 결과가 다른 평정요소에 영향을 주는 착오이다. 성격이 차분한 직원에게 업무수행능력의 정확성 부분에서 높은 점수를 주는 등이 그 예이다.
② 시간적 근접오류 : 평가 시점과 가까운 시점에 일어난 사건이 평가에 영향을 미치는 것이다.
④ 관대화의 오류 : 평정자와 피평정자 간의 개인적인 친분, 긍정적인 사람으로 인식되고자 하는 평정자의 욕구 등으로 인해 평정자가 피평정자의 수행이나 성과를 전반적으로 더 높게 평가하는 오류이다.

05

정답 | ③

해설 | 예산 명료성의 원칙은 예산 공개의 원칙에서 파생한 것으로, 일반 국민이 알기 쉽게 예산을 분류 · 정리하여 편성하는 것을 말한다.

② 보고의 원칙 : '예산의 편성 · 짐의 · 집행 등이 정부의 각 행정기관으로부터 올라오는 보고에 기초해 이루어져야 한다'는 원칙으로, 행정부 우위의 현대적 예산원칙에 해당한다.

전통적 예산원칙

구분	내용
공개성의 원칙	예상의 편성 · 심의 · 집행 등에 관한 정보를 공개해야 함
명료성의 원칙	예산은 모든 국민이 이해할 수 있도록 편성되어야 함
정확성(엄밀성)의 원칙	예산은 계획한 대로 정확히 지출하여 가급적 결산과 일치해야 함
완전성의 원칙 (예산총계주의)	• 예산에는 모든 세입 · 세출이 완전히 계상되어야 함 • 징수비용을 제외한 순수입만을 세입 예산에 반영시켜서는 안 됨
통일성의 원칙	특정 수입과 특정 지출이 연계되어서는 안 되며, 국가의 모든 수입은 국고에 편입되고 이후에서부터 모든 지출이 이루어져야 함
사전승인(의결)의 원칙	예산은 집행이 이루어지기 전에 입법부에 제출되고 심의 · 의결되어야 함
한정성의 원칙	• 예산은 주어진 목적, 금액, 시간에 따라 한정된 범위 내에서 집행되어야 함 • 세 가지 한정성으로 구분 　– 질적 한정성 : 비목 외 사용 금지 　– 양적 한정성 : 금액 초과 사용 금지 　– 시간적 한정성 : 회계연도 독립 원칙 준수
단일성의 원칙	예산은 가능한 한 단일 회계 내에서 정리되어야 함

06

정답 | ③

해설 | 총괄평가는 평가 기준에 따라 효과평가, 능률성평가, 공평성평가 등으로 나눌 수 있으며, 이 중 '의도한 정책 효과가 해당 정책으로 인해 발생했는가'를 평가하는 것으로서 총괄평가의 핵심이 되는 평가는 효과평가이다.

07

정답 | ②

해설 | 전문적 관료제 유형은 높은 전문화, 낮은 공식화의 특징을 지닌다. 일선의 전문가가 가장 중요한 역할을 하며 수평적 · 수직적 분권화가 이루어져 있다. 안정된 조직에 적합하지만, 그만큼 환경 변화에 대응하는 것이 어려운 유형이다. 종합대학이나 종합병원이 대표적인 예이다.

08

정답 | ④

해설 |

> **문재인 정부 정부조직법 개편**
> • 행정자치부와 국민안전처 통합 후 행정안전부로 개편
> • 소방청과 해양경찰청 독립
> • 중소벤처기업부 신설
> • 미래창조과학부를 과학기술정보통신부로 명칭 변경
> • 중앙행정기관 : 18부 5처 17청 · 2원 4실 6위원회 등 52개

09

정답 | ④

해설 | 외부지향적 조직목표를 가진 경우 유리한 조직유형은 사업구조이다. 기능구조는 수평적 조정의 필요가 적고 조직 내적 능률성이 중요한 경우에 유리한 조직유형이다.

10

정답 | ①

해설 | 상벌사항 공개는 「공직자윤리법」에 규정되어있지 않다.

> **공직자윤리법**
> • 재산등록 및 공개 의무
> 　– 4급 이상(고위공무원단 포함) 공무원과 이에 상당하는 공무원, 정무직, 공기업 등의 장과 부기관장, 감사 등은 본인 · 배우자 · 직계존비속의 보유 재산을 등록
> 　– 1급 이상, 정무직, 공기업의 장 · 부기관장, 감사 등은 이를 공개해야 함.
> • **선물수령의 신고 및 국고귀속** : 미화 100불, 한화 10만원 이상
> • **퇴직공직자의 취업제한** : 등록의무자(취업심사대상자)는 퇴직일부터 3년간 퇴직 전 5년 동안 소속하였던 부서 또는 기관의 업무와 밀접한 관련성이 있는 일정한 기관(취업제한기관)에 취업할 수 없음.
> • **이해충돌방지의무** : 공직자가 수행하는 직무가 공직자의 재산상 이해와 관련되어 공정한 직무수행이 어려운 상황이 일어나지 아니하도록 노력해야 함.

- **퇴직공직자 등에 대한 행위제한** : 퇴직한 모든 공무원과 공직유관단체의 임직원은 본인 또는 제3자의 이익을 위하여 퇴직 전 소속기관의 임직원에게 법령을 위반하게 하거나 지위 또는 권한을 남용하게 하는 등 공정한 직무수행을 저해하는 부정한 청탁 또는 알선을 하여서는 안 됨.
- **주식백지신탁의무** : 재산공개대상자와 기재부 · 금융위 소속공직자는 일정 금액 이상의 주식을 매각 또는 백지신탁하여야 함.

11

정답 | ①

해설 | 회사모형(연합모형)이 아닌 최적모형에 대한 설명이다. 회사모형은 개인의 의사결정원리를 집단 차원에 그대로 유추 · 적용함으로써 조직의 의사결정을 설명한 모형이다. 갈등의 준해결, 문제 중심의 탐색, 불확실성의 회피 등을 특징으로 한다.

12

정답 | ②

해설 | 장기계속계약제도가 아닌 국고채무부담행위에 대한 설명이다. 장기계속계약제도는 당해연도 예산의 범위 내에서 분할공사 혹은 제조의 발주를 허용하는 제도로, 계속비 예산의 편성에 따른 재정의 경직성을 완화할 수 있다는 것이 장점이다.

13

정답 | ④

해설 | 행태적 접근방법에 대한 설명이다. 행태적 접근방법에서는 사회 현상의 연구에 있어 인간의 주관이나 의식을 배제하고 논리실증주의를 중시한다. 역사적 접근방법은 가장 고전적인 접근 방법으로 과거의 정치 · 행정적 사건들을 자세하게 묘사하는 일종의 사례연구 형식을 띤다.

14

정답 | ②

해설 | 미시적 절연은 규제의 편익이 집중되는 반면 규제비용은 다수에게 분산되는 것으로, 대중적 정치가 아닌 고객정치모형에서 나타나게 된다. 고객정치모형에서 정부는 소수집단에 포획당하기 쉬워 그들의 이익을 대변하게 되고, 이 경우 공익은 저하된다.

15

정답 | ③

해설 | 예산의 절감과 탄력적 행정 집행은 기관대립형이 아닌 기관통합형의 장점이다. 기관통합형은 행정의 능률성과 안정성 제고가 가능하고 신중하고 공정한 행정이 가능하며 예산의 절감과 행정의 탄력적 집행이 가능하여 소규모 기초자치단체에 적합하다는 장점이 있다.

16

정답 | ①

해설 | '동기유발에 관련된 변수 간의 관련성과 동기부여 과정에서의 인간의 지각과정 및 기대요인의 작용을 중시하는 이론'은 동기부여이론 중 과정이론에 해당한다. 동기부여이론 중 공정성이론, 동기기대이론, 의사거래분석, 기대모형, 통로 · 목표이론, 업적 · 만족이론 등이 과정이론으로 분류된다. 머레이(Murray)의 명시적욕구이론은 행동을 유발하는 요인 자체에 초점을 두는 내용이론으로 분류된다.

17

정답 | ④

해설 | 1995년 지방자치제가 부활한 후에 가장 먼저 도입된 것은 조례제정개폐청구제(1999)이다.
① 주민참여예산제(2006)
② 주민투표제(2004)
③ 주민소송제(2005)

18

정답 | ③

해설 | 한정성 예산원칙의 예외에는 예산의 이용과 전용, 예비비, 예산의 이월, 계속비 등이 해당한다.
ⓛ 기금은 국가가 특정한 목적을 위해 특정한 자금을 신축적으로 운용할 필요가 있을 때에 한해 법률로써 설치되는 특정 자금이다.
ⓒ 신임예산은 입법부가 예산 총액만 결정하고 세부적인 내용은 행정부에 위임하는 예산 제도를 말한다.

19

정답 | ④

해설 | 집행에 영향을 미치는 비법률적 변수가 아닌 문제의 용이성에 해당하는 요건이다. 비법률적 변수에는 사회경제적 요건 · 기술, 대중의 지지, 관련 단체의 태도와 자원, 지배기관의 지지, 집행 담당자의 적극성 및 리더십 등이 있다.

Sabatier & Mazmanian의 정책집행과정모형

```
┌─────────────────────────────┐
│        문제의 용이성          │
│ • 기술적 난점                 │
│ • 대상집단 행태의 다양성       │
│ • 전체 인구에 대한 대상 집단의 │
│   비율                       │
│ • 요구되는 행태 변화의 정도    │
└─────────────────────────────┘
        ↓        ↓        ↓
┌──────────────────┐  ┌──────────────────┐
│  법령의 집행구조화 │  │ 집행에 영향을 미치 │
│      능력         │  │  는 비법률적 변수  │
│ • 명확하고 일관성  │  │ • 사회경제적 요건 · │
│   있는 목표       │  │   기술             │
│ • 적절한 인과이론의│  │ • 대중의 지지       │
│   내포           │  │ • 관련단체의 태도와 │
│ • 재원의 초기 할당 │  │   지원             │
│ • 집행기관의 의사결│  │ • 집행 담당자의 적  │
│   정규칙          │  │   극성 및 리더십    │
│ • 집행담당자의 충원│  └──────────────────┘
│ • 외부인사의 공식적│
│   참여            │
└──────────────────┘
        ↓                      ↓
┌─────────────────────────────────────┐
│       정책과정의 단계(종속변수)        │
│ ┌──────────┐   ┌────────────────┐   │
│ │ 집행기관의│ → │ 정책 산출에 대한 대상│   │
│ │ 정책 산출 │   │   집단의 순응    │   │
│ └──────────┘   └────────────────┘   │
│                          ↓          │
│ ┌────────┐ ┌────────┐ ┌────────┐   │
│ │ 법령의  │←│정책 산출의│←│정책 산출의│   │
│ │주요한 수정│ │인지된 영향│ │실질적 영향│   │
│ └────────┘ └────────┘ └────────┘   │
└─────────────────────────────────────┘
```

20

정답 | ③

해설 | 〈보기〉에서 설명하는 집단적 의사결정기법은 지명반론자 기법으로 악마의 옹호자법이라고도 불린다. 중요한 것은 반론자들이 단점과 약점을 지적하는 과정을 거쳐 선택된 대안은 여러 상황 및 약점을 보완할 수 있어 보다 현실적 용성이 높아진다는 것이다.

① 델파이기법 : 구성원이 토론을 거쳐 결정하는 것이 아 니라, 설문을 통해 전문적인 의견을 전하고 다른 사람 들의 의견을 보고 다시 수정한 의견을 제시하는, 일련 의 절차를 계속 거쳐 최종 결정을 내리는 방법이다.

② 브레인스토밍 : 여러 명이 한 가지의 문제를 놓고 아 이디어를 무작위로 개진하여 그중에서 최선책을 찾아 내는 방법으로 조직에서 많이 사용되고 있는 효과적인 방법이다.

④ 명목집단기법 : 참석자들로 하여금 서로 대화에 의한 의사소통을 못 하도록 하고, 각 집단의 다양한 구성원 들이 마음속에 생각하고 있는 바를 서면으로 작성한 후 토의를 진행, 투표 후 최종 결정을 내리는 방법이다.

21

정답 | ②

해설 | 공공재의 주요 특성으로는 외부성, 내부성, 파생적 외부 효과 등이 있다. 이 중 파생적 외부효과는 정부실패의 원 인이 된다.

> **파생적 외부효과**
> 시장실패를 바로잡기 위한 정부의 개입 결과 나타나 는 잠재적 · 비의도적 확산효과나 부작용을 말한다. 개입 후 상당 기간 경과 후에 나타나는 것이 특징이 며, 결과는 긍정적일 수도, 부정적일 수도 있는데, 부 정적 효과가 파생되는 경우 정부실패의 원인이 될 수 있다.

22

정답 | ②

해설 | 관료제하에서 구성원들은 보편타당한 행정을 위해 인간 으로서의 감정이나 충동을 멀리해야 하는 비정의적 행동 (impersonal conduct)을 요구받는다.

① 테일러의 과학적 관리론은 행정관리설, 원리주의, 관료 제이론등과 함께 고전적 조직론의 주류를 이루었던 이 론으로 1900년대 초까지 효율성과 구조중심의 조직관 을 담고 있었다.

③ 관료제는 피라미드의 계층제를 기반으로 하는 수직적 명령복종 관계를 근간으로 하고 있다.

④ 고전적 · 기계적 조직으로서의 관료제는 합리적 경제 인의 인간관을 반영하고 있는데 테일러의 차등성과급 제가 이러한 인간관에 기초한 대표적인 보상 시스템이 다.

23

정답 | ③

해설 | 현금주의 회계방식은 현금의 유입과 유출 여부에 따라 수 익과 비용을 인식한다. 따라서 현금이 수반되지 않은 수 익 비용 및 자산 및 부채의 증감은 고려되지 않는다. 부채 규모의 파악이 용이한 것은 발생주의 회계방식이다.

24

정답 | ④

해설 | 계약에 의한 민간위탁은 내부민간화 방법 중 하나이다. 민간위탁은 조사, 검사, 검정, 관리 등 국민의 권리 및 의 무와 직접 관계되지 않는 사무업무만을 그 대상으로 하 며, 이 외에도 공익보다는 능률성이 더 요구되는 사무, 특 수한 전문지식과 기술을 요하는 사무 등도 민간위탁의 대 상이 된다.

25

정답 | ④

해설 |

> **「주민투표법」 제7조(주민투표의 대상)**
> 제2항 제6호에 따르면 동일한 사항에 대하여 주민투
> 표가 실시된 후 2년이 경과되지 않은 사항에 대해서
> 는 주민투표에 부칠 수 없다.

1	2	3	4	5	6	7	8	9	10
④	③	②	①	③	②	③	④	③	①

11	12	13	14	15	16	17	18	19	20
①	①	④	③	①	④	①	③	②	④

21	22	23	24	25					
②	②	④	③	①					

01

정답 | ④

해설 | 앤더슨은 정책결정자의 행동에 영향을 미치는 요소들을 다섯 가지 범주로 나누었는데, '정치적 가치', '조직의 가치', '개인의 가치', '정책의 가치', '이념적 가치' 등이 그것이다.

02

정답 | ③

해설 | 해당 설명은 시네틱스가 아닌 가정분석에 대한 설명이다. 시네틱스는 유추분석이라고도 하며, 과거에 등장하였거나 다루어 본 적이 있는 유사한 문제에 대한 분석에 활용되는 방법이다. 인적 유추, 직접적 유추, 상징적 유추, 환상적 유추 등의 네 가지 유형으로 분류된다.

03

정답 | ②

해설 | 합리성이 아닌 합법성에 대한 설명이다. 합리성은 목표 성취에 부합되는 수단을 강구하고 이에 따르는 행위로서, 합리성에 대한 정의 및 분류는 학자에 따라 다양하게 나타난다.

04

정답 | ①

해설 | 금고 이상의 형을 받고 그 집행유예의 기간이 완료된 날로부터 2년을 경과하지 않은 경우 공무원 임용 결격 사유에 해당한다.

> **공무원 임용 결격 사유(「국가공무원법」 제33조)**
> • 피성년후견인 또는 피한정후견인
> • 파산선고를 받고 복권되지 아니한 자
> • 금고 이상의 실형을 선고받고 그 집행이 종료되거나 집행을 받지 아니하기로 확정된 후 5년이 지나지 아니한 자
> • 금고 이상의 형을 선고받고 그 집행유예 기간이 끝난 날부터 2년이 지나지 아니한 자
> • 금고 이상의 형의 선고유예를 받은 경우에 그 선고유예 기간 중에 있는 자
> • 공무원으로 재직기간 중 직무와 관련하여 형법상 횡령 또는 배임죄를 범한 자로서 300만 원 이상의 벌금형을 선고받고 그 형이 확정된 후 2년이 지나지 아니한 자
> • 성폭력범죄를 범한 사람으로서 100만 원 이상의 벌금형을 선고받고 그 형이 확정된 후 3년이 지나지 아니한 사람
> • 미성년자에 대하여 성폭력범죄, 아동 · 청소년 대상 성범죄 등을 저질러 파면 · 해임되거나 형 또는 치료감호를 선고받아 그 형 또는 치료감호가 확정된 사람(집행유예를 선고받은 후 그 집행유예기간이 경과한 사람을 포함한다)
> • 징계로 파면 처분을 받은 때부터 5년이 지나지 아니한 자
> • 징계로 해임 처분을 받은 때부터 3년이 지나지 아니한 자

05

정답 | ③

해설 | • 행정쇄신위원회 : 김영삼 정부의 대통령 직속 자문기구이다.
   • 정부혁신지방분권위원회 : 노무현 정부 출범 이후 정부혁신에 관한 사항과 지방분권에 관한 사항에 대하여 종합적이고 체계적인 심의 필요성에 대응하기 위하여 대통령 소속 국가기관으로 설립되었다.
   • 정부 3.0 : 공공정보를 적극 개방·공유하고, 부처간 칸막이를 없애 소통·협력함으로써 국민 맞춤형 서비스를 제공하고, 일자리 창출과 창조 경제를 지원하는 박근혜 정부의 새로운 정부운영 패러다임이다.
   • 열린 혁신 : 문재인 대통령의 "국민과 함께 하겠다"는 국정철학을 구현하고 혁신 공감대 형성을 위해 정부혁신 정책으로 지역사회와 협력체계 구축, 과제발굴에 초점을 둔 새로운 정부혁신 정책이다.

06

정답 | ②

해설 | 사회적 합리성이 아닌 정치적 합리성에 대한 설명이다. 사회적 합리성은 사회 구성요소 간의 이해 조정과 갈등의 해결을 위한 통합력을 말한다.

07

정답 | ③

해설 | 평가자가 중간 정도의 점수로 평정하는 경향은 집중화의 오류이다. 관대화 오류란 평정자가 자신의 인간관계 등의 영향을 받아 후한 점수를 주는 경향을 말한다.
   ② 상동적 오류는 편견이나 선입견, 고정관념 등에 의한 오차로서, 특정 대학 출신 피평정자의 업무 능력이 좋을 것이라고 생각하는 것 등을 말한다. 따라서 피평정자의 개인 신상정보를 밝히지 않음으로써 방지할 수 있다.

08

정답 | ④

해설 | 정기국회의 심의를 거쳐 확정된 최초의 예산이자 당초예산이라고 하는 것은 본예산이다. 수정예산은 예산이 국회를 통과한 후에 예산집행과정에서 다시 제출되는 예산을 뜻한다.

> **준예산과 잠정예산**
> • 준예산 : 새로운 회계연도가 개시될 때까지 예산이 국회에서 의결되지 못하면 정부가 예산안이 의결될 때까지 전년도 예산에 준하여 경비를 지출할 수 있게 하는 예산
> • 잠정예산 : 회계연도개시 전에 예산이 의결되지 못하는 경우를 대비해 의회가 미리 1개월분 예산만 의결해 정부로 하여금 집행할 수 있도록 하는 예산

09

정답 | ③

해설 | 욕구체계이론은 예산이론과는 관계가 없으며 동기부여이론 중 욕구이론과 연관성이 있다.
   ① 점증주의예산은 예산은 항상 전년 대비 일정 비율로 계속 늘어나는 경향이 있다는 이론으로 총체주의와 상반되는 이론이다.
   ② 다중합리성 모형은 예산단계별(세입, 세출, 균형 집행, 과정)로 복수의 서로 다른 합리성이 지배한다고 보는 예산이론이다. 다중합리성 이론은 예산결정조직에 다양한 합리성이 존재하며 이는 다양한 가치 반영, 이들이 상호작용하는 특징이 있다고 본다. 예산과정에서 예산결정자와 예산결정조직이 경제적 합리성이라는 하나의 기준이 아닌 다양한 합리성을 추구할 수 있음을 강조한다.
   ④ 단절균형이론은 균형상태가 지속되다가 어떤 조건에서 단절적인 변화가 발생하고 다시 균형상태가 지속된다고 본다. 예산은 점증적으로 진행되는 것이 아니라 단절을 겪은 후에 다시 균형을 이루어나간다는 이론이다.

10

정답 | ①

해설 | 비용·효과의 사회적 배분을 중시하는 것은 정책분석, 자원 배분의 내적 효율성을 중시하는 것은 체제분석이다.

정책분석과 체제분석의 비교

정책분석	체제분석
• 비용·효과의 사회적 배분 중시 • 정치적 공익성에 기반을 둔 평가 • 기본적 가치 문제에 대한 고찰 • 질적 분석의 중시 • 정치적·비합리적 요인 고려 • 정치학, 행정학, 심리학, 정책과학 등	• 자원 배분의 내적 효율성 중시 • 경제적 합리성에 기반을 둔 평가 • 가치 문제를 다루기 어려움 • 계량분석 및 비용편익분석 위주 • 정치적 요인 고려하지 않음 • 경제학, 응용조사 등 계량적 결정이론

11

정답 | ①

해설 | 전자정부의 유형 중 능률적 전자정부는 내부적인 효율성 제고를 목적으로 한다. 따라서 통제 위주로 이용될 가능성이 있다는 점이 한계로 지적된다. 정책 결정 과정에 국민이 직접 참여함으로써 정부에 대한 국민의 신뢰 구축을 목적으로 하는 것은 민주형 전자정부이다.

12

정답 | ①

해설 | 신공공서비스론이 아닌 신공공관리론의 내용이다. 신공공서비스론은 신공공관리론의 지나친 시장주의와 시민의 객체화 등에 대한 대안적 이론으로서 정부의 소유주인 시민의 권리를 회복하고 지역공동체 의식을 회복하는 데 초점을 두며, 기존 이론들이 강조하던 행정의 생산성, 효과성 등에 밀려 소홀히 여겨 왔던 시민정신, 참여의식, 공익과 같은 공동체적 가치들을 중시하고 민주주의정신을 새롭게 부활시키고자 하는 규범적 이론이다.

신공공서비스론의 긍정적, 부정적 측면

긍정적	시민들의 참여와 시민의식의 발휘가 공동체사회의 발전과 참여행정 · 민주행정의 실현에 기여
부정적	행정의 규범적 특성과 가치를 강조한 나머지 행정에서 요구되는 전문성 · 효율성 등의 실천적 또는 수단적 가치의 유지를 위한 상호관계의 재정립에 대해서는 논의가 부족

13

정답 | ④

해설 | 특별지방행정기관은 중앙 정부로부터 독립된 법인격을 가지고 있지 않으며, 따라서 피소 시 피고는 대한민국이 된다.

14

정답 | ③

해설 | ① 철의 삼각 유형은 참여자 간 의견 일치를 보지 못하는 등 일부 경우에 따라 외부 참여자들에게 개방될 수 있다.
② 정책 공동체 유형은 참여자들 간 높은 의존성을 보이며 배제성과 지속성은 일반적인 수준을 보인다.
④ 철의 듀엣 유형은 정부기구와 관련 전문가 집단 간의 동맹관계인 '전문관료 정치'를 정형화한 형태로 참여자의 수는 매우 제한적이며, 두 집단 외의 외부 집단의 참여는 배제된다.

정책 네트워크의 유형

구분	참여자의 수	주된 참여자 종류	의존성	배제성	지속성
정책 커튼 (Policy curtain)	외부 참여 없음	정부기구	–	매우 높음	–
철의 듀엣 (Iron duet)	높은 제한성	정부기구, 소수의 관련 전문가 집단	높음	높음	높음
철의 삼각 (Iron triangle)	제한적	정부 부처, 소수의 관련 전문가 집단, 의회 소관 상임위원회	높음	높음	높음
정책 공동체 (Policy community)	낮은 제한성	정부기구, 관련 전문가 집단	높음	보통	보통
이슈 네트워크 (Issue Network)	제한 없음	정부 부처, 다수의 이해관계 집단	낮음	낮음	낮음

15

정답 | ①

해설 | 예비타당성조사제도는 대형 신규 공공투자사업의 정책적 의의와 경제성을 판단하고, 사업의 효율적이고 현실적인 추진 방안을 제시하는 것을 목적으로 하는 제도이다. 2007년부터는 대통령령이 정하는 일정 규모 이상의 대규모사업에 대한 예비타당성조사가 의무화되었다.

우리나라의 주요 재정개혁

구분	내용
자율예산편성제도	• 예산의 총액에 대해 사전에 한도를 정해주는 Top—down 예산제도 • 전략적 재원 배분과 부처 자율성 강화를 통한 재정 운용의 효율성 제고 • 악순환, 예산의 대폭적 삭감 등 관행을 제거하고 재정의 경기대응 및 조절기능을 강화
총액계상예산제도	• 세부 내용의 확정이 곤란한 사업의 경우, 예산편성단계에서는 총액으로만 계상하고 세부 내역은 집행단계에서 각 중앙관서의 장이 자율적으로 결정하는 제도 • 사정 변동에 적응하고 예산 운영의 탄력성을 제고
예비타당성조사제도	• 대규모 개발사업에 대해 개략적인 사전조사를 통해 타당성을 검증, 대형신규 사업의 신중한 착수와 재정투자의 효율성을 제고 • 대형 신규 공공투자사업의 효율적이고 현실적인 추진 방안을 제시

총사업비제도	• 완성에 긴 기간이 소요되는 대규모 사업에 대해 사업 규모와 총사업비, 사업 기간 등을 미리 정하여 중앙예산기관장과 협의하도록 하는 제도 • 총사업비의 증액과 팽창을 억제하고 재정지출의 효율성을 높이는 제정 통제 장치

16

정답 | ④

해설 | ① 직무평가는 직무의 곤란도와 책임도 등을 측정·평가하여 횡적(수평적)으로 분류하는 것이다.
② 분류법이 아닌 서열법에 대한 설명이다. 분류법은 사전에 작성된 등급표에 의해 직무를 분류하는 방법이다.
③ 서열법과 분류법은 비계량적 방법에, 점수법과 요소비교법은 계량적 방법에 해당한다.

17

정답 | ①

해설 | '자율적으로 사용 가능한 재원'이란 자주재원을 말하는 것이 아니라 중앙정부의 통제를 받지 않는 일반재원을 말한다. 따라서 문제는 '재정자립도'를 묻는 것이 아니라 '재정자주도'를 묻는 것이다.

지방재정지표

재정규모 (재정력)	자주재원＋의존재원＋지방채	지방재정자립도 등을 반영하지 못한다.
재정 자립도	자주재원/ 일반회계 총세입	자립도가 높다고 해서 재정이 건전하다 할 수 없다(재정규모, 세출의 질 실질적 재정상태, 정부지원규모 내역 등을 알수 없기 때문).
재정력 지수	기준재정수입액/ 기준재정수요액	지수가 클수록 재정력이 좋다(보통교부세 교부기준).
재정 자주도	일반재원/ 일반회계 총세입	차등보조금 교부기준, 재정자립도 미반영이 한계이다.

18

정답 | ③

해설 | 중앙정부기능이 필요 이상으로 확대되는 것을 막는 계층구조는 다층제(중층제)이다. 단층제 자치구조는 광역사무 처리가 불가능할 경우 중앙정부의가 직접 사무처리를 담당하므로 중앙집권화의 우려가 발생한다.

19

정답 | ②

해설 | 정책평가의 외적 타당도를 저해하는 여인으로는 호손효과, 크리밍효과, 다수적 처리에 의한 간섭, 표본의 대표성 부족, 실험 조작과 측정의 상호작용 등이 있다. ㄱ은 호손효과, ㄷ은 크리밍효과, ㄹ은 다수적 처리에 의한 간섭에 대한 설명이다. ㄴ은 성숙효과, ㅁ은 역사적 요소에 대한 설명이며, 이들은 정책평가의 내적 타당도를 저해하는 요인에 해당한다.

20

정답 | ④

해설 | 전달 내용의 기밀 유지 곤란은 공식적 의사전달의 단점이다.

21

정답 | ②

해설 | 문화전략은 기업가적 조직문화를 창출하는 것으로, 조직구성원의 사고의 틀을 혁신하는 것을 말한다. 내부 규제를 줄여 재량권을 부여함으로써 조직구성원에 권한을 이양하고 결과에 대해 책임을 확보하는 분권 전략은 통제전략(Control strategy)에 해당한다.

22

정답 | ②

해설 | 구조적 접근방법은 권위주의적 복종관계, 공직사유관 등 공무원의 잘못된 의식구조로 인해 부패가 발생했다고 보는 접근방법이다. 법과 행정구조, 제도 등의 결함이나 미비를 부패의 원인으로 보는 것은 제도적 접근방법이다.

23

정답 | ④

해설 | 우리나라 자치분권의 기본원칙은 「지방자치분권 및 지방행정체제개편에 관한 특별법」을 통해 확인할 수 있으며, 이 중 사무배분의 원칙은 제9조에 나타나 있다. 법 제9조 3항에 따르면 국가가 지방자치단체에 사무를 배분하거나 지방자치단체가 사무를 다른 지방자치단체에 재배분할 때는 배분 또는 재배분받는 지방자치단체가 그 사무를 자기의 책임하에 종합적으로 처리할 수 있도록 관련 사무를 포괄적으로 배분하여야 한다.

24

정답 | ③

해설 | 뉴거버넌스(New Governance) 이론은 1990년부터 등장한 개념으로 정부만이 아니라 다양한 주체자(비정부조직, 기관 등)들이 공공서비스의 공급 또는 결정에 참여하는 것을 강조한 이론이다. 참여자들 간의 관계는 수평적인 네트워크가 형성되며 정부–비정부 간에 자율적인 네트워크가 형성된다.

신공공관리와 뉴거버넌스

신공공관리	뉴거버넌스
참여자 간의 경쟁관계	참여자 간의 상호 기반 협조관계
관료 : 공공기업가	관료 : 조정가
국민 : 고객	국민 : 주인
정치 · 행정 이원론	정치 · 행정 일원론
탈정치화	재정치화

25

정답 | ①

해설 | ② 프랑스, 우리나라 등에서만 행정부에 소속되고 대부분의 국가에서는 입법부에 소속된다.

③ 비위자를 처벌할 권한은 가지고 있으나 행정기관 혹은 법원의 결정 및 행위를 무효 · 취소 · 변경할 권한은 가지고 있지 않다.

④ 우리나라의 옴부즈만 제도인 국민고충처리위원회는 사전조사권과 직권조사권이 없으며, 오로지 신청에 의한 조사만이 가능하다. 다만 일정한 경우 직권의 조정은 가능하다.

빠르게 잘라쓰는 실전모의고사 정답 마킹표

1회 모의고사

날 짜		회 차	
풀이시간		점 수	

문 번	답 란	문 번	답 란
1	① ② ③ ④	14	① ② ③ ④
2	① ② ③ ④	15	① ② ③ ④
3	① ② ③ ④	16	① ② ③ ④
4	① ② ③ ④	17	① ② ③ ④
5	① ② ③ ④	18	① ② ③ ④
6	① ② ③ ④	19	① ② ③ ④
7	① ② ③ ④	20	① ② ③ ④
8	① ② ③ ④	21	① ② ③ ④
9	① ② ③ ④	22	① ② ③ ④
10	① ② ③ ④	23	① ② ③ ④
11	① ② ③ ④	24	① ② ③ ④
12	① ② ③ ④	25	① ② ③ ④
13	① ② ③ ④		

2회 모의고사

날 짜		회 차	
풀이시간		점 수	

문 번	답 란	문 번	답 란
1	① ② ③ ④	14	① ② ③ ④
2	① ② ③ ④	15	① ② ③ ④
3	① ② ③ ④	16	① ② ③ ④
4	① ② ③ ④	17	① ② ③ ④
5	① ② ③ ④	18	① ② ③ ④
6	① ② ③ ④	19	① ② ③ ④
7	① ② ③ ④	20	① ② ③ ④
8	① ② ③ ④	21	① ② ③ ④
9	① ② ③ ④	22	① ② ③ ④
10	① ② ③ ④	23	① ② ③ ④
11	① ② ③ ④	24	① ② ③ ④
12	① ② ③ ④	25	① ② ③ ④
13	① ② ③ ④		

3회 모의고사

날 짜		회 차	
풀이시간		점 수	

문 번	답 란	문 번	답 란
1	① ② ③ ④	14	① ② ③ ④
2	① ② ③ ④	15	① ② ③ ④
3	① ② ③ ④	16	① ② ③ ④
4	① ② ③ ④	17	① ② ③ ④
5	① ② ③ ④	18	① ② ③ ④
6	① ② ③ ④	19	① ② ③ ④
7	① ② ③ ④	20	① ② ③ ④
8	① ② ③ ④	21	① ② ③ ④
9	① ② ③ ④	22	① ② ③ ④
10	① ② ③ ④	23	① ② ③ ④
11	① ② ③ ④	24	① ② ③ ④
12	① ② ③ ④	25	① ② ③ ④
13	① ② ③ ④		

MEMO

MEMO

MEMO

MEMO

MEMO

2022 9급 군무원 15개년 기출문제집
[행정학]

초 판 발 행   2022년 02월 25일

편 저 자   군무원시험편집부
발 행 인   정용수
발 행 처   예문사
주   소   경기도 파주시 직지길 460(출판도시) 도서출판 예문사
T E L   031) 955-0550
F A X   031) 955-0660

등 록 번 호   11-76호

정   가   18,000원

홈페이지 http://www.yeamoonsa.com

I S B N   978-89-274-4271-4   [13350]